Zariel Vox

Widerstand gegen das Verbot der Gravimetrischen Shift-Morphs in Tylathar

Lina Dos Santos

ISBN: 9781998610433
Imprint: Telephasic Workshop
Copyright © 2024 Lina Dos Santos.
All Rights Reserved.

Contents

Einleitung

Hintergrund der Biografie

Bedeutung von Bürgerrechtsaktivismus

Der Bürgerrechtsaktivismus spielt eine entscheidende Rolle in der Förderung von Gerechtigkeit, Gleichheit und Menschenrechten. In einer Zeit, in der soziale Ungerechtigkeiten und Diskriminierung weiterhin weit verbreitet sind, ist der Aktivismus ein unverzichtbares Mittel, um auf Missstände aufmerksam zu machen und Veränderungen herbeizuführen. Die Bedeutung des Bürgerrechtsaktivismus lässt sich in mehreren Dimensionen erfassen.

Theoretische Grundlagen

Der Bürgerrechtsaktivismus basiert auf verschiedenen theoretischen Ansätzen, die die Notwendigkeit und die Methoden des Widerstands gegen Ungerechtigkeiten untermauern. Eine zentrale Theorie ist die *Theorie der sozialen Gerechtigkeit*, die besagt, dass alle Menschen ein Recht auf Gleichheit und faire Behandlung haben. Diese Theorie wird durch die Arbeiten von Philosophen wie John Rawls und Martha Nussbaum unterstützt, die die Prinzipien der Fairness und der Menschenwürde in den Mittelpunkt ihrer Überlegungen stellen.

Zusätzlich bietet die *Theorie des sozialen Wandels* einen Rahmen, um zu verstehen, wie kollektives Handeln zu gesellschaftlichen Veränderungen führen kann. Diese Theorie betont die Rolle von sozialen Bewegungen, die durch Mobilisierung und Organisation in der Lage sind, politische und gesellschaftliche Strukturen herauszufordern.

Probleme und Herausforderungen

Trotz seiner Bedeutung steht der Bürgerrechtsaktivismus vor zahlreichen Herausforderungen. Eine der größten Hürden ist die *Repression durch staatliche Stellen.* Aktivisten sehen sich oft mit Gewalt, Einschüchterung und rechtlichen Konsequenzen konfrontiert. Ein Beispiel hierfür ist die Bewegung für die Bürgerrechte in den USA in den 1960er Jahren, wo viele Aktivisten wegen ihrer Bemühungen um Gleichheit und Gerechtigkeit inhaftiert oder sogar getötet wurden.

Ein weiteres Problem ist die *Fragmentierung der Bewegungen.* Oftmals sind verschiedene Gruppen, die für ähnliche Ziele kämpfen, nicht in der Lage, effektiv zusammenzuarbeiten, was ihre Wirksamkeit verringert. Diese Fragmentierung kann auf unterschiedliche Ideologien, Strategien oder Ressourcen zurückzuführen sein.

Beispiele für erfolgreichen Aktivismus

Trotz dieser Herausforderungen gibt es zahlreiche Beispiele für erfolgreichen Bürgerrechtsaktivismus. Die *Bürgerrechtsbewegung in den USA* führte zu bedeutenden rechtlichen und gesellschaftlichen Veränderungen, wie dem Civil Rights Act von 1964 und dem Voting Rights Act von 1965. Diese Gesetze schufen rechtliche Rahmenbedingungen, die Diskriminierung aufgrund von Rasse und Geschlecht verbieten.

Ein weiteres Beispiel ist die *Anti-Apartheid-Bewegung* in Südafrika, die zur Beendigung des Apartheid-Regimes führte. Führende Persönlichkeiten wie Nelson Mandela und Desmond Tutu mobilisierten internationale Unterstützung und schufen ein Bewusstsein für die Ungerechtigkeiten, die im Land herrschten.

Schlussfolgerung

Die Bedeutung des Bürgerrechtsaktivismus kann nicht genug betont werden. Er ist nicht nur ein Weg, um gegen Ungerechtigkeiten zu kämpfen, sondern auch ein Mittel, um das Bewusstsein für soziale Probleme zu schärfen und den gesellschaftlichen Diskurs zu fördern. In einer Welt, die oft von Ungleichheit und Diskriminierung geprägt ist, bleibt der Bürgerrechtsaktivismus ein unverzichtbares Element des sozialen Wandels. Er inspiriert zukünftige Generationen, sich für Gerechtigkeit und Gleichheit einzusetzen und zeigt, dass der kollektive Einsatz für Menschenrechte einen tiefgreifenden Einfluss auf die Gesellschaft haben kann.

Einführung in die Welt von Tylathar

Die Welt von Tylathar ist ein faszinierendes und komplexes Gefüge, das sich durch eine Vielzahl von kulturellen, politischen und technologischen Elementen auszeichnet. Tylathar ist nicht nur der Heimatplanet von Zariel Vox, sondern auch ein Mikrokosmos intergalaktischer Herausforderungen und Errungenschaften. Diese Einführung soll die wesentlichen Aspekte dieser Welt beleuchten und die Rahmenbedingungen für das Verständnis des Bürgerrechtsaktivismus, insbesondere im Kontext der Gravimetrischen Shift-Morphs, schaffen.

Geografie und Gesellschaft

Tylathar ist ein Planet, der durch seine außergewöhnliche Geografie geprägt ist. Von schneebedeckten Bergen bis hin zu üppigen Regenwäldern bietet die Landschaft eine beeindruckende Kulisse für die vielfältigen Kulturen, die hier leben. Die Gesellschaft Tylathars ist in verschiedene Kasten und Gruppen unterteilt, die oft um Ressourcen, Macht und Einfluss konkurrieren. Diese soziale Struktur hat tiefgreifende Auswirkungen auf die politischen Bewegungen, die im Laufe der Geschichte entstanden sind.

Die Bevölkerung besteht aus verschiedenen Spezies, darunter humanoide und nicht-humanoide Wesen, die alle ihre eigenen Traditionen und Sprachen mitbringen. Diese Vielfalt ist sowohl eine Stärke als auch eine Herausforderung, da sie oft zu Konflikten führt, die auf Vorurteilen und Missverständnissen basieren. In diesem Kontext hat der Bürgerrechtsaktivismus von Zariel Vox eine zentrale Rolle gespielt, um die Rechte und Freiheiten aller Bürger Tylathars zu fördern.

Politische Landschaft

Die politische Landschaft Tylathars ist von Instabilität und Ungerechtigkeit geprägt. Die Regierung, die von einer oligarchischen Elite kontrolliert wird, hat strenge Gesetze erlassen, die die Freiheit der Bürger einschränken. Eines der umstrittensten Gesetze ist das Verbot der Gravimetrischen Shift-Morphs, eine Technologie, die es den Bürgern ermöglicht, ihre physische Form zu verändern und sich an verschiedene Umgebungen anzupassen. Diese Technologie hat das Potenzial, die Lebensqualität der Bürger erheblich zu verbessern, doch die Regierung sieht sie als Bedrohung für ihre Kontrolle.

Die politischen Spannungen in Tylathar haben zu einer Vielzahl von Protestbewegungen geführt, die sich gegen die repressiven Maßnahmen der Regierung richten. Zariel Vox ist eine Schlüsselfigur in dieser Bewegung, da sie nicht nur die Ungerechtigkeiten anprangert, sondern auch aktiv für die Rechte derjenigen kämpft, die unter dem Verbot der Gravimetrischen Shift-Morphs leiden.

Technologische Errungenschaften

Technologie spielt eine entscheidende Rolle in der Welt von Tylathar. Die Gravimetrischen Shift-Morphs sind ein Beispiel für die fortschrittlichen wissenschaftlichen Entwicklungen, die den Bürgern zur Verfügung stehen. Diese Technologie basiert auf der Manipulation von Gravitationsfeldern und ermöglicht es den Nutzern, ihre physische Form zu verändern. Mathematisch lässt sich dieser Prozess durch die Gleichung:

$$E = mc^2 \tag{1}$$

beschreiben, wobei E die Energie ist, m die Masse und c die Lichtgeschwindigkeit. In der Anwendung der Gravimetrischen Shift-Morphs wird diese Energie genutzt, um die Molekularstruktur des Körpers zu verändern und somit eine Anpassung an verschiedene Umgebungen zu ermöglichen.

Trotz der Vorteile, die diese Technologie mit sich bringt, gibt es auch erhebliche Risiken. Die Manipulation von Gravitationsfeldern kann unvorhersehbare Auswirkungen auf den Körper und die Umwelt haben. Diese Unsicherheiten haben die Regierung dazu veranlasst, strenge Regulierungen einzuführen, die den Zugang zu dieser Technologie stark einschränken.

Soziale Probleme und Ungerechtigkeiten

Die Welt von Tylathar ist nicht nur durch technologische Errungenschaften, sondern auch durch soziale Probleme geprägt. Diskriminierung, Armut und Ungerechtigkeit sind weit verbreitet. Die Ungleichheit zwischen den verschiedenen Kasten und Spezies führt zu Spannungen und Konflikten, die oft in gewaltsamen Auseinandersetzungen enden. Zariel Vox hat sich diesen Herausforderungen gestellt und setzt sich für eine gerechtere Verteilung von Ressourcen und Rechten ein.

Ein Beispiel für die Ungerechtigkeit ist die Behandlung von Bürgern, die die Gravimetrischen Shift-Morphs illegal nutzen. Diese Menschen werden oft als Kriminelle betrachtet und mit harter Hand bestraft, während die privilegierten Klassen ungestraft von der Technologie profitieren. Zariels Aktivismus zielt darauf ab, diese Ungleichheiten zu beseitigen und ein Bewusstsein für die Rechte aller Bürger zu schaffen.

Kulturelle Einflüsse

Die Kultur Tylathars ist reich und vielfältig, geprägt von einer Mischung aus Tradition und Innovation. Kunst, Musik und Literatur spielen eine zentrale Rolle im Leben der Bürger und sind häufig Ausdruck von Widerstand und Hoffnung. Zariel Vox nutzt diese kulturellen Ausdrucksformen, um ihre Botschaft zu verbreiten und Unterstützung für ihre Bewegung zu gewinnen.

Die Bedeutung von Kunst im Aktivismus kann nicht unterschätzt werden. Sie dient nicht nur als Mittel zur Kommunikation, sondern auch als Werkzeug zur Mobilisierung von Gemeinschaften. Zariel hat zahlreiche Veranstaltungen organisiert, bei denen Künstler ihre Werke präsentieren, um auf die Ungerechtigkeiten aufmerksam zu machen und die Bürger zu inspirieren, sich für ihre Rechte einzusetzen.

Fazit

Zusammenfassend lässt sich sagen, dass die Welt von Tylathar ein komplexes Geflecht aus Herausforderungen und Möglichkeiten darstellt. Die politischen, sozialen und technologischen Aspekte dieser Welt sind eng miteinander verbunden und bilden den Hintergrund für den Aktivismus von Zariel Vox. Ihr Kampf gegen das Verbot der Gravimetrischen Shift-Morphs ist nicht nur ein persönlicher Kampf, sondern auch ein Symbol für den Widerstand gegen Ungerechtigkeit und die Suche nach einer gerechteren Gesellschaft. In den folgenden Kapiteln werden wir genauer auf Zariels Leben und ihre bedeutenden Beiträge zum Bürgerrechtsaktivismus eingehen.

Die Rolle der Gravimetrischen Shift-Morphs

Die Gravimetrischen Shift-Morphs (GSMs) sind nicht nur ein technisches Phänomen, sondern auch ein zentrales Element im sozialen und politischen Gefüge von Tylathar. Diese Technologie, die es ermöglicht, die Gravitation in einem bestimmten Bereich zu manipulieren, hat weitreichende Implikationen für die Gesellschaft, die Umwelt und die persönliche Freiheit der Bürger. In diesem Abschnitt werden wir die grundlegenden Prinzipien der Gravimetrischen Shift-Morphs, ihre Anwendungen, die damit verbundenen Probleme sowie einige konkrete Beispiele betrachten.

Grundlagen der Gravimetrischen Shift-Morphs

Die Gravimetrischen Shift-Morphs basieren auf der Manipulation von Gravitationsfeldern durch spezielle Technologien, die als gravimetrische Felder bekannt sind. Diese Felder können durch verschiedene Mechanismen erzeugt werden, darunter:

$$F_g = \frac{G \cdot m_1 \cdot m_2}{r^2} \tag{2}$$

wobei F_g die Gravitationskraft, G die Gravitationskonstante, m_1 und m_2 die Massen der Objekte und r der Abstand zwischen den Massen ist. Durch die gezielte Veränderung dieser Parameter können Gravimetrische Shift-Morphs erzeugt werden, die es ermöglichen, Objekte zu levitieren oder die Schwerkraft in einem bestimmten Bereich zu reduzieren oder zu erhöhen.

Die Technologie hinter GSMs hat sich in den letzten Jahrzehnten rasant entwickelt und ist zu einem Symbol für Fortschritt und Innovation in Tylathar geworden. Die Fähigkeit, die Schwerkraft zu manipulieren, hat nicht nur Auswirkungen auf den Transport und die Architektur, sondern auch auf das tägliche Leben der Bürger.

Anwendungen der Gravimetrischen Shift-Morphs

Die Anwendungen der Gravimetrischen Shift-Morphs sind vielfältig und reichen von der Raumfahrt bis hin zur alltäglichen Nutzung. Zu den wichtigsten Anwendungen gehören:

+ **Transportwesen:** Die GSMs ermöglichen eine schnellere und effizientere Fortbewegung, indem sie den Luft- und Raumtransport revolutionieren. Schwebende Fahrzeuge, die durch gravimetrische Felder angetrieben werden, können Staus vermeiden und die Reisezeiten erheblich verkürzen.

+ **Bauindustrie:** In der Architektur werden GSMs verwendet, um schwergewichtige Materialien zu bewegen und Gebäude mit außergewöhnlichen Designs zu konstruieren, die ohne diese Technologie unmöglich wären.

+ **Militärische Anwendungen:** Die Manipulation von Gravitation hat auch militärische Implikationen. Die Fähigkeit, Objekte zu levitieren oder zu bewegen, kann in strategischen Einsätzen von entscheidender Bedeutung sein.

- **Wissenschaftliche Forschung:** In der Forschung ermöglichen GSMs Experimente unter kontrollierten gravimetrischen Bedingungen, was zu neuen Entdeckungen in der Physik und anderen Wissenschaften führt.

Probleme und Herausforderungen

Trotz ihrer Vorteile sind die Gravimetrischen Shift-Morphs auch mit erheblichen Herausforderungen und Problemen verbunden. Diese umfassen:

- **Regulierung und Kontrolle:** Die Technologie ist potenziell gefährlich, wenn sie in die falschen Hände gerät. Die Regierung von Tylathar hat strenge Vorschriften erlassen, um den Missbrauch von GSMs zu verhindern, was zu Spannungen zwischen Aktivisten und den Behörden führt.

- **Umweltauswirkungen:** Die Herstellung und der Betrieb von GSMs können negative Auswirkungen auf die Umwelt haben, insbesondere wenn sie nicht nachhaltig betrieben werden. Dies hat zu einer Debatte über die ethischen Implikationen der Technologie geführt.

- **Soziale Ungleichheit:** Der Zugang zu GSM-Technologien ist nicht gleichmäßig verteilt. Während einige Bürger und Unternehmen von den Vorteilen profitieren, sind andere ausgeschlossen, was zu einer weiteren Spaltung der Gesellschaft führt.

Konkrete Beispiele

Um die Rolle der Gravimetrischen Shift-Morphs zu verdeutlichen, betrachten wir einige konkrete Beispiele aus der Geschichte Tylathars:

- **Die Schwebebahn von Tylathar:** Diese innovative Transportlösung nutzt GSMs, um Passagiere schnell und effizient durch die Stadt zu befördern. Die Schwebebahn hat nicht nur die Verkehrsprobleme in Tylathar gelöst, sondern auch die Luftverschmutzung reduziert.

- **Das Arkadia-Projekt:** Ein architektonisches Meisterwerk, das durch die Verwendung von GSMs errichtet wurde. Das Gebäude schwebt über dem Boden und hat die Art und Weise, wie Menschen über den urbanen Raum denken, revolutioniert.

- **Militärische Konflikte:** Berichte über militärische Einsätze, bei denen GSMs zur schnellen Mobilisierung von Truppen und Ausrüstung eingesetzt wurden, haben zu ethischen Bedenken und Diskussionen über den Einsatz dieser Technologie in bewaffneten Konflikten geführt.

Insgesamt sind die Gravimetrischen Shift-Morphs ein entscheidendes Element in der Welt von Tylathar, das sowohl Chancen als auch Herausforderungen mit sich bringt. Ihr Einfluss auf das tägliche Leben, die Umwelt und die soziale Struktur ist unbestreitbar und wird weiterhin eine zentrale Rolle im Bürgerrechtsaktivismus spielen, insbesondere in Bezug auf den Zugang und die Regulierung dieser Technologie. Die Auseinandersetzung mit den GSMs ist nicht nur eine technische Debatte, sondern auch eine Frage der Gerechtigkeit und Gleichheit in einer sich schnell verändernden Gesellschaft.

Zariel Vox: Ein außergewöhnlicher Aktivist

Zariel Vox ist nicht nur ein Name, sondern ein Symbol für den Widerstand gegen Ungerechtigkeit in der Welt von Tylathar. Geboren in einer Zeit, in der die Gravimetrischen Shift-Morphs, eine revolutionäre Technologie, die das Verständnis von Raum und Zeit herausfordert, stark reglementiert wurden, stellte Zariel schon früh in seinem Leben die bestehenden Normen in Frage. Seine außergewöhnliche Fähigkeit, gesellschaftliche Missstände zu erkennen und sich für die Rechte der benachteiligten Bevölkerungsgruppen einzusetzen, macht ihn zu einem herausragenden Bürgerrechtsaktivisten.

Die Anfänge des Aktivismus

Zariels Engagement begann in seiner Jugend, als er Zeuge der Diskriminierung von Menschen wurde, die die Gravimetrischen Shift-Morphs nutzen wollten. Diese Technologie, die es Individuen ermöglicht, ihre physische Form zu verändern und somit ihre Gravitation zu manipulieren, wurde von der Regierung als gefährlich eingestuft. Die Angst vor Machtmissbrauch führte zu einem strengen Verbot, das die Nutzung dieser Morphs nahezu unmöglich machte. Zariel erkannte schnell, dass die wahren Gefahren nicht in der Technologie selbst lagen, sondern in den Vorurteilen und Ängsten der Gesellschaft.

Theoretische Grundlagen des Aktivismus

Die Philosophie des Aktivismus, die Zariel Vox vertritt, ist stark von den Theorien des sozialen Wandels beeinflusst. Er bezieht sich auf die Ideen von Theoretikern wie *Saul Alinsky*, der in seinem Buch *Rules for Radicals* die Bedeutung von Organisation und Mobilisierung betont. Zariel adaptiert diese Prinzipien, um eine breite Basis von Unterstützern zu gewinnen und die Gemeinschaft zu mobilisieren. In seinen Reden betont er oft, dass *„der einzige Weg, Veränderungen zu bewirken, darin besteht, die Menschen zu vereinen und ihnen eine Stimme zu geben"*.

Herausforderungen und Widerstände

Die Herausforderungen, denen sich Zariel gegenübersah, waren vielfältig. Er musste nicht nur gegen das Gesetz kämpfen, sondern auch gegen die vorherrschenden gesellschaftlichen Normen. Der Widerstand gegen das Verbot der Gravimetrischen Shift-Morphs war nicht nur ein juristischer Kampf, sondern auch ein kultureller. Viele Menschen in Tylathar waren skeptisch gegenüber der Technologie und sahen sie als Bedrohung für die bestehende Ordnung. Zariel stellte sich diesen Ängsten, indem er Aufklärungskampagnen ins Leben rief, die die Vorteile der Morphs hervorhoben und die Menschen ermutigten, ihre Vorurteile zu hinterfragen.

Beispiele für Zariels Einfluss

Ein bemerkenswerter Erfolg von Zariel war die Organisation der ersten Demonstration für die Rechte der Morph-Nutzer in der Hauptstadt von Tylathar. Diese Veranstaltung zog Tausende von Menschen an und war ein Wendepunkt in der Bewegung. Zariels Fähigkeit, Menschen zu inspirieren und zu mobilisieren, zeigte sich klar in den leidenschaftlichen Reden, die er hielt. Er verwendete Geschichten von Menschen, die durch das Verbot der Morphs in ihrer Freiheit eingeschränkt wurden, um eine emotionale Verbindung zu seinem Publikum herzustellen.

Ein weiteres Beispiel für Zariels Einfluss war seine Zusammenarbeit mit anderen Bürgerrechtsbewegungen, die ähnliche Ziele verfolgten. Durch den Austausch von Strategien und Ressourcen konnte er die Reichweite seiner Bewegung erheblich erweitern. Diese interdisziplinäre Herangehensweise stellte sicher, dass die Bewegung nicht isoliert blieb, sondern sich mit anderen sozialen Bewegungen verband, um eine stärkere Front gegen die Unterdrückung zu bilden.

Zariels Vision für die Zukunft

Zariel Vox träumt von einer Zukunft, in der die Gravimetrischen Shift-Morphs nicht nur akzeptiert, sondern als integraler Bestandteil des Lebens in Tylathar angesehen werden. Er glaubt fest daran, dass Bildung der Schlüssel zu diesem Wandel ist. In seinen Plänen für die Zukunft sieht er die Notwendigkeit, Bildungsprogramme zu entwickeln, die die Vorteile und die sichere Nutzung der

Morphs lehren. „*Wissen ist Macht*", sagt Zariel oft, und er ist überzeugt, dass die Aufklärung der Bevölkerung über diese Technologie die Ängste und Vorurteile abbauen wird.

Zusammenfassend lässt sich sagen, dass Zariel Vox als außergewöhnlicher Aktivist nicht nur für die Rechte der Gravimetrischen Shift-Morphs kämpft, sondern auch für eine gerechtere und inklusivere Gesellschaft. Seine Fähigkeit, Menschen zu mobilisieren, seine theoretischen Grundlagen und seine Vision für die Zukunft machen ihn zu einer zentralen Figur im Bürgerrechtsaktivismus von Tylathar. Er ist ein Beispiel dafür, wie eine Einzelperson, die sich gegen Ungerechtigkeit erhebt, einen nachhaltigen Einfluss auf die Gesellschaft ausüben kann.

Ziel der Biografie

Das Ziel dieser Biografie ist es, das Leben und Wirken von Zariel Vox, einem außergewöhnlichen Bürgerrechtsaktivisten in der fiktiven Welt von Tylathar, umfassend darzustellen. Durch die detaillierte Analyse seiner Lebensgeschichte, seiner Ideale und seiner Strategien im Widerstand gegen das Verbot der Gravimetrischen Shift-Morphs wird der Leser in die komplexen gesellschaftlichen und politischen Strukturen eingeführt, die das Handeln von Zariel geprägt haben.

Ein zentrales Anliegen dieser Biografie ist es, das Bewusstsein für die Bedeutung des Bürgerrechtsaktivismus in einer Zeit zu schärfen, in der viele Gesellschaften mit ähnlichen Fragen der Gerechtigkeit und Gleichheit konfrontiert sind. Bürgerrechtsaktivismus ist nicht nur ein historisches Phänomen, sondern ein fortwährender Prozess, der auch in der heutigen Zeit von Relevanz ist. Diese Biografie soll als Inspiration für zukünftige Generationen dienen, die sich für soziale Gerechtigkeit und Menschenrechte einsetzen möchten.

Ein weiterer wichtiger Aspekt dieser Biografie ist die Darstellung der Herausforderungen, mit denen Zariel Vox und seine Mitstreiter konfrontiert waren. Die Auseinandersetzung mit den Behörden, die Repressionen und die psychologischen Belastungen, die mit dem Aktivismus einhergehen, sind essentielle Themen, die in dieser Biografie behandelt werden. Diese Herausforderungen sind nicht nur spezifisch für Tylathar, sondern spiegeln universelle Probleme wider, die viele Aktivisten weltweit erleben.

Darüber hinaus wird die Biografie die Philosophie des Widerstands von Zariel Vox beleuchten. Seine Überzeugungen und Ideale werden im Kontext der gesellschaftlichen Veränderungen betrachtet, die er anstrebt. Hierbei werden auch die ethischen Grundlagen des Aktivismus thematisiert, die für das Verständnis von Zariels Handeln entscheidend sind. Die Biografie wird zeigen, wie Zariel es geschafft hat, eine Bewegung zu gründen, die nicht nur lokal, sondern auch intergalaktisch Bedeutung erlangt hat.

Die Zielsetzung dieser Biografie umfasst auch die Reflexion über die Erfolge und Misserfolge von Zariel Vox. Anhand konkreter Beispiele wird aufgezeigt, welche Strategien und Taktiken zur Mobilisierung der Gemeinschaft führten und welche Rückschläge er einstecken musste. Diese Reflexion ist nicht nur für das Verständnis von Zariels persönlichem Werdegang wichtig, sondern bietet auch wertvolle Erkenntnisse für zukünftige Aktivisten.

Zusammenfassend lässt sich sagen, dass das Ziel dieser Biografie nicht nur darin besteht, die Geschichte von Zariel Vox zu erzählen, sondern auch, die Leser zu ermutigen, sich mit den Themen des Bürgerrechtsaktivismus auseinanderzusetzen und selbst aktiv zu werden. Durch die detaillierte Analyse seiner Philosophie, seiner Strategien und der gesellschaftlichen Kontexte, in denen er agierte, wird die Biografie zu einer wertvollen Ressource für alle, die sich für soziale Gerechtigkeit und Menschenrechte interessieren.

$$\text{Ziel der Biografie} = \text{Inspiration} + \text{Bewusstsein} + \text{Reflexion} \qquad (3)$$

Methodik der Recherche

Die Methodik der Recherche für die Biografie von Zariel Vox, einem Bürgerrechtsaktivisten in Tylathar, erfordert einen interdisziplinären Ansatz, der sowohl qualitative als auch quantitative Methoden integriert. Diese Herangehensweise ermöglicht es, ein umfassendes Bild von Zariels Leben, seinen Überzeugungen und den sozialen Bewegungen, in denen er aktiv war, zu zeichnen. Im Folgenden werden die verschiedenen Methoden und Techniken beschrieben, die zur Sammlung und Analyse der Daten verwendet wurden.

Literaturrecherche

Die erste Phase der Recherche bestand aus einer umfassenden Literaturrecherche. Hierbei wurden sowohl primäre als auch sekundäre Quellen berücksichtigt. Primäre Quellen umfassen Interviews mit Zeitzeugen, Tagebücher und Briefe von Zariel Vox sowie Dokumente der Bewegung für Gravimetrische Shift-Morphs. Sekundäre Quellen beinhalten wissenschaftliche Artikel, Bücher über Bürgerrechtsaktivismus in Tylathar und Analysen der politischen Umstände.

Die Literaturrecherche wurde durch die Nutzung von Online-Datenbanken und Bibliotheken unterstützt, um relevante Artikel und Bücher zu finden. Die Suche wurde durch spezifische Schlüsselwörter wie "Zariel Vox",

"Bürgerrechtsaktivismus" und "Gravimetrische Shift-Morphs" geleitet. Die gesammelten Informationen wurden systematisch kategorisiert, um die Analyse zu erleichtern.

Interviews

Ein zentraler Bestandteil der Recherche war die Durchführung von Interviews mit Personen, die Zariel Vox persönlich kannten oder in der Bewegung aktiv waren. Diese Interviews wurden sowohl in schriftlicher Form als auch als Audio- oder Videoaufnahmen durchgeführt. Die Interviews wurden nach einem semi-strukturierten Ansatz gestaltet, der es den Befragten ermöglichte, ihre Erfahrungen und Perspektiven frei zu teilen, während gleichzeitig gezielte Fragen zu Zariels Einfluss und den Herausforderungen des Aktivismus gestellt wurden.

Die Auswahl der Interviewpartner erfolgte nach dem Prinzip der „theoretischen Stichprobe", um sicherzustellen, dass verschiedene Perspektiven und Erfahrungen in die Biografie einfließen. Die Interviews wurden transkribiert und anschließend inhaltsanalytisch ausgewertet, um zentrale Themen und Muster zu identifizieren.

Fallstudienanalyse

Zusätzlich zur Literaturrecherche und den Interviews wurden Fallstudien von ähnlichen Bürgerrechtsbewegungen in anderen intergalaktischen Gesellschaften herangezogen. Diese Fallstudien bieten wertvolle Einsichten in die Strategien und Taktiken, die von Aktivisten weltweit angewendet werden. Die Analyse dieser Fallstudien ermöglicht es, Parallelen zu den Aktivitäten von Zariel Vox zu ziehen und die Einzigartigkeit seiner Ansätze zu beleuchten.

Die Fallstudien wurden anhand folgender Kriterien ausgewählt: Relevanz zur Thematik, Erfolge und Misserfolge der Bewegungen sowie die Rolle der Führungspersönlichkeiten. Diese Analyse fördert ein tieferes Verständnis für die Dynamiken des Aktivismus und die Herausforderungen, mit denen Bürgerrechtsaktivisten konfrontiert sind.

Quantitative Datenanalyse

Um die Auswirkungen der Bewegung für Gravimetrische Shift-Morphs zu quantifizieren, wurden statistische Daten über die öffentliche Meinung, die Anzahl der Mitglieder der Bewegung und die Ergebnisse von Demonstrationen gesammelt. Diese Daten wurden aus Umfragen, offiziellen Statistiken und Berichten von Nichtregierungsorganisationen gewonnen.

Die quantitative Analyse umfasste die Anwendung statistischer Methoden zur Identifizierung von Trends und Zusammenhängen. Beispielsweise wurde die Korrelation zwischen der Anzahl der durchgeführten Veranstaltungen und der Veränderung der öffentlichen Wahrnehmung in Bezug auf Gravimetrische Shift-Morphs untersucht. Die Ergebnisse dieser Analyse wurden grafisch dargestellt, um die Entwicklung der Bewegung anschaulich zu verdeutlichen.

Ethik der Recherche

Ein weiterer wichtiger Aspekt der Methodik ist die Berücksichtigung ethischer Überlegungen während des Forschungsprozesses. Bei der Durchführung von Interviews wurde darauf geachtet, die Privatsphäre der Befragten zu respektieren und ihre Zustimmung zur Veröffentlichung von Informationen einzuholen. Zudem wurde sichergestellt, dass alle gesammelten Daten anonymisiert und sicher gespeichert wurden, um die Vertraulichkeit der Teilnehmer zu wahren.

Die ethischen Richtlinien orientierten sich an den Standards der intergalaktischen Forschungsethik, die den Schutz der Teilnehmer und die Integrität der Forschung betonen. Diese Richtlinien wurden nicht nur eingehalten, sondern auch in die Auswertung der Daten integriert, um eine faire und respektvolle Darstellung der Erfahrungen der Aktivisten zu gewährleisten.

Schlussfolgerung

Die Methodik der Recherche für die Biografie von Zariel Vox kombiniert verschiedene Ansätze, um ein umfassendes und nuanciertes Bild seines Lebens und Wirkens zu schaffen. Durch die Integration von Literaturrecherche, Interviews, Fallstudienanalyse und quantitativer Datenanalyse wird sichergestellt, dass die Biografie sowohl informativ als auch ansprechend ist. Diese Methodik spiegelt die Komplexität des Bürgerrechtsaktivismus wider und ermöglicht es, Zariels Vermächtnis in einem breiteren gesellschaftlichen Kontext zu verstehen.

Einfluss von Charlize Theron auf den Schreibstil

Der Einfluss von Charlize Theron auf den Schreibstil dieser Biografie ist sowohl subtil als auch tiefgreifend. Theron, eine international anerkannte Schauspielerin und Produzentin, hat nicht nur durch ihre schauspielerischen Fähigkeiten, sondern auch durch ihr Engagement für soziale Gerechtigkeit und Bürgerrechte auf sich aufmerksam gemacht. Diese Eigenschaften spiegeln sich in der Art und Weise wider, wie die Geschichte von Zariel Vox erzählt wird.

Charakterisierung und Erzählperspektive

Therons schauspielerische Leistungen sind oft von einer starken emotionalen Tiefe geprägt. Diese Tiefe wird in der Biografie durch die Wahl der Erzählperspektive und die Charakterisierung von Zariel Vox umgesetzt. Anstatt lediglich Fakten und Ereignisse aufzulisten, wird der Leser eingeladen, die Emotionen und Motivationen von Zariel nachzuvollziehen. Dies geschieht durch die Verwendung von direkter Rede, inneren Monologen und eindringlichen Beschreibungen der Situationen, in denen Zariel sich befindet.

Ein Beispiel für diese Technik findet sich in der Schilderung von Zariels ersten Begegnungen mit Ungerechtigkeit. Anstatt nur zu berichten, dass Zariel Zeuge von Diskriminierung wurde, wird der Leser in die Gedankenwelt von Zariel eingeführt:

> „Als ich die Tränen in den Augen meiner besten Freundin sah, wusste ich, dass ich nicht einfach zusehen konnte. Es war nicht nur ihr Schmerz, es war der Schmerz einer ganzen Gemeinschaft."

Diese Art der Darstellung, die an Therons Fähigkeit erinnert, komplexe Charaktere zu verkörpern, schafft eine Verbindung zwischen Leser und Protagonist, die für das Verständnis von Zariels Motivation entscheidend ist.

Thematische Tiefe und soziale Verantwortung

Ein weiteres Element, das von Theron inspiriert ist, ist die thematische Tiefe, die in der Biografie behandelt wird. Theron hat in vielen ihrer Rollen komplexe, oft gesellschaftskritische Themen aufgegriffen, wie in „Monster" oder „North Country". Diese Art der thematischen Auseinandersetzung wird auch in der Biografie von Zariel Vox deutlich. Die Erzählung geht über den reinen Aktivismus hinaus und beleuchtet die zugrunde liegenden sozialen Strukturen, die Ungerechtigkeit ermöglichen.

Die Biografie thematisiert beispielsweise die Rolle der Gravimetrischen Shift-Morphs nicht nur als technologische Innovation, sondern als Symbol für Freiheit und Identität. Diese Verknüpfung von Technologie und sozialer Gerechtigkeit ist ein zentraler Aspekt, der die Leser zum Nachdenken anregt und sie dazu ermutigt, über die Auswirkungen ihrer eigenen Entscheidungen nachzudenken.

Stilistische Elemente und Ausdrucksweise

Therons Einfluss ist auch in der sprachlichen Gestaltung der Biografie zu spüren. Die Verwendung von bildreicher Sprache und Metaphern, die oft in Therons

Filmen zu finden sind, wird verwendet, um komplexe Ideen und Emotionen zu vermitteln. Zum Beispiel wird der Kampf von Zariel gegen das Verbot der Gravimetrischen Shift-Morphs als „ein Sturm, der die Wurzeln der Ungerechtigkeit ausreißt" beschrieben. Solche Metaphern verleihen der Erzählung nicht nur einen poetischen Klang, sondern helfen auch, die Intensität des Kampfes zu verdeutlichen.

Einfluss auf die Leserschaft

Therons Fähigkeit, das Publikum emotional zu berühren, wird auch in der Biografie angestrebt. Der Schreibstil zielt darauf ab, Empathie zu erzeugen und die Leser dazu zu bringen, sich mit Zariels Kämpfen und Triumphen zu identifizieren. Durch die Verwendung von persönlichen Anekdoten und emotionalen Höhepunkten wird eine Atmosphäre geschaffen, die die Leser dazu anregt, sich aktiv mit den Themen auseinanderzusetzen.

Ein Beispiel hierfür ist die Beschreibung eines entscheidenden Moments in Zariels Aktivismus, als sie eine Rede vor einer großen Menschenmenge hält. Die Worte, die sie wählt, sind kraftvoll und inspirierend, und sie spiegeln die Leidenschaft wider, die Theron oft in ihren eigenen Reden und Rollen zeigt:

> „Wir sind nicht hier, um zu kämpfen. Wir sind hier, um zu leben, um zu existieren, um unsere Stimmen zu erheben und die Stille zu brechen!"

Schlussfolgerung

Zusammenfassend lässt sich sagen, dass der Einfluss von Charlize Theron auf den Schreibstil dieser Biografie in mehreren Dimensionen erkennbar ist. Von der emotionalen Tiefe der Charakterisierung über die thematische Komplexität bis hin zur sprachlichen Gestaltung wird Therons Engagement für soziale Gerechtigkeit und ihre Fähigkeit, das Publikum zu berühren, in der Erzählung von Zariel Vox lebendig. Diese Elemente tragen dazu bei, eine Biografie zu schaffen, die nicht nur informativ, sondern auch inspirierend ist und die Leser dazu ermutigt, sich für die Anliegen, die Zariel vertritt, einzusetzen.

Die Relevanz des Themas heute

In einer Zeit, in der die Welt von sozialen Ungerechtigkeiten, politischen Unruhen und ökologischen Krisen geprägt ist, bleibt das Thema Bürgerrechtsaktivismus von zentraler Bedeutung. Der Fall von Zariel Vox und die Bewegung für die

Gravimetrischen Shift-Morphs in Tylathar dienen nicht nur als spezifisches Beispiel für den Kampf um Rechte und Gerechtigkeit, sondern spiegeln auch universelle Herausforderungen wider, die viele Gesellschaften heute betreffen.

Aktuelle soziale Ungerechtigkeiten

Die Relevanz von Zariel Vox' Aktivismus wird besonders deutlich, wenn man die gegenwärtigen sozialen Ungerechtigkeiten betrachtet. Von Rassismus und Diskriminierung bis hin zu Umweltzerstörung und der Missachtung von Menschenrechten sind die Themen, die Zariel ansprach, auch heute noch allgegenwärtig. Laut einer Studie der *Global Rights Initiative* aus dem Jahr 2022 sind 70% der Befragten der Meinung, dass die Ungleichheit in ihren Ländern zugenommen hat. Diese Wahrnehmung ist ein klarer Hinweis darauf, dass die Grundprinzipien des Bürgerrechtsaktivismus, wie sie von Zariel Vox verkörpert werden, nach wie vor relevant sind.

Der Einfluss der Technologie

Ein weiterer Aspekt, der die Relevanz des Themas unterstreicht, ist der Einfluss der Technologie auf den Aktivismus. In der heutigen digitalen Ära haben soziale Medien und Online-Plattformen eine neue Dimension des Aktivismus eröffnet. Zariel Vox nutzte die Medien, um Bewusstsein zu schaffen und Unterstützung zu mobilisieren. Ähnliche Strategien werden heute von Aktivisten weltweit angewandt, um Themen wie Klimawandel, soziale Gerechtigkeit und Gleichheit voranzutreiben. Die Gleichung, die den Einfluss der sozialen Medien auf den Aktivismus beschreibt, könnte vereinfacht wie folgt formuliert werden:

$$A = f(S, R, T) \tag{4}$$

wobei A für den Aktivismus, S für die soziale Medienpräsenz, R für die Reichweite und T für die Zeit steht. Diese Gleichung verdeutlicht, dass der Erfolg von Aktivismus stark von der Nutzung sozialer Medien abhängt.

Globale Bewegungen und Solidarität

Die globalen Bewegungen, die in den letzten Jahren an Bedeutung gewonnen haben, wie die Black Lives Matter-Bewegung oder die Fridays for Future-Initiative, zeigen, dass der Kampf für Rechte und Gerechtigkeit nicht auf eine Region beschränkt ist. Die Philosophie von Zariel Vox, die auf Solidarität und Gemeinschaftsbildung abzielte, ist heute relevanter denn je. Diese Bewegungen demonstrieren, dass Bürgerrechtsaktivismus eine universelle Sprache spricht, die Menschen über kulturelle und geografische Grenzen hinweg verbindet.

Der Einfluss von Bildung

Ein weiterer entscheidender Punkt ist die Rolle der Bildung im Aktivismus. Zariel Vox betonte die Bedeutung von Wissen und Aufklärung als Werkzeuge für den Widerstand. In der heutigen Welt ist Bildung nach wie vor ein Schlüssel zur Befähigung von Individuen, sich für ihre Rechte einzusetzen. Studien zeigen, dass höher gebildete Personen eher aktiv werden und sich an sozialen Bewegungen beteiligen. Die Formel, die den Zusammenhang zwischen Bildung und Aktivismus beschreibt, könnte wie folgt aussehen:

$$E = k \cdot A \tag{5}$$

Hierbei steht E für den Bildungsgrad, k für einen konstanten Faktor, der die Motivation und das Engagement beschreibt, und A für den Aktivismus. Diese Beziehung verdeutlicht, dass Bildung einen direkten Einfluss auf die Aktivismusrate hat.

Zukunftsperspektiven

Abschließend lässt sich sagen, dass die Relevanz des Themas Bürgerrechtsaktivismus in der heutigen Zeit unbestreitbar ist. Die Prinzipien, die Zariel Vox verkörperte, bieten wertvolle Lektionen für zukünftige Generationen. Der fortwährende Kampf für Gerechtigkeit und Gleichheit, die Nutzung neuer Technologien und die Bedeutung von Bildung sind nur einige der Aspekte, die die Relevanz des Themas unterstreichen. Es ist zu hoffen, dass die nachfolgenden Generationen inspiriert werden, die Fackel des Aktivismus weiterzutragen und die Herausforderungen, die vor uns liegen, mit Entschlossenheit und Kreativität anzugehen.

Zusammenfassend lässt sich feststellen, dass die Lehren aus Zariel Vox' Leben und Aktivismus nicht nur für Tylathar, sondern für die gesamte intergalaktische Gemeinschaft von Bedeutung sind. Sie erinnern uns daran, dass der Kampf um Rechte und Gerechtigkeit eine universelle Herausforderung ist, die alle betrifft, unabhängig von Herkunft oder Kultur.

Überblick über die Struktur des Buches

Die Biografie von Zariel Vox ist in zehn Hauptkapitel unterteilt, die sorgfältig gestaltet sind, um die vielschichtige Geschichte eines außergewöhnlichen Bürgerrechtsaktivisten zu erzählen. Jedes Kapitel beleuchtet verschiedene Aspekte von Zariels Leben, seiner Philosophie und den Herausforderungen, denen er sich gegenübersah. Im Folgenden finden Sie einen detaillierten Überblick über die Struktur des Buches:

- **Kapitel 1: Einleitung** - In diesem einführenden Kapitel wird der Kontext für die Biografie geschaffen. Es wird auf die Bedeutung des Bürgerrechtsaktivismus eingegangen, und die Welt von Tylathar wird vorgestellt. Die Rolle der Gravimetrischen Shift-Morphs wird erklärt, gefolgt von einer Einführung in Zariel Vox als außergewöhnlichen Aktivisten. Die Methodik der Recherche und der Einfluss von Charlize Theron auf den Schreibstil werden ebenfalls behandelt. Schließlich wird die Relevanz des Themas in der heutigen Zeit angesprochen und ein Überblick über die Struktur des Buches gegeben.

- **Kapitel 2: Die frühen Jahre von Zariel Vox** - Dieses Kapitel widmet sich Zariels Kindheit und Herkunft. Es werden seine frühen Begegnungen mit Ungerechtigkeit, seine Bildung, soziale Kreise und die Entdeckung der Gravimetrischen Shift-Morphs thematisiert. Die Herausforderungen seiner Jugend und die Entwicklung seiner Identität bilden den Kern dieses Kapitels.

- **Kapitel 3: Der Aufstieg zum Aktivismus** - Hier wird die Entstehung des Widerstands gegen das Verbot der Gravimetrischen Shift-Morphs beschrieben. Die politischen Umstände in Tylathar werden analysiert, und Zariels Rolle in der Bewegung wird hervorgehoben. Strategien und Taktiken des Aktivismus sowie die Mobilisierung der Gemeinschaft werden detailliert erläutert.

- **Kapitel 4: Die Herausforderungen des Aktivismus** - In diesem Kapitel werden die Schwierigkeiten beleuchtet, mit denen Zariel konfrontiert war, einschließlich der Repression durch die Behörden. Es werden auch die psychologischen Belastungen des Aktivismus und die Unterstützung durch die internationale Gemeinschaft thematisiert. Die Strategien zur Bewältigung von Stress und der Verlust von Freunden werden ebenfalls behandelt.

+ **Kapitel 5: Die Philosophie des Widerstands** - Zariels Ideologie und Überzeugungen werden in diesem Kapitel untersucht. Die Grundwerte des Aktivismus, die Ethik des Widerstands und der Einfluss von Philosophen auf Zariels Denken werden analysiert. Zudem wird die Rolle von Bildung und Kunst im Aktivismus thematisiert.

+ **Kapitel 6: Erfolge und Meilensteine** - Dieses Kapitel beleuchtet die Höhepunkte der Bewegung, einschließlich der ersten Erfolge im Kampf gegen das Verbot. Wichtige Veranstaltungen und die Medienberichterstattung werden behandelt, ebenso wie die langfristigen Auswirkungen der Erfolge auf die Gesellschaft.

+ **Kapitel 7: Die persönliche Seite von Zariel Vox** - Hier wird das Leben von Zariel abseits des Aktivismus betrachtet. Beziehungen, Herausforderungen im Privatleben und der Umgang mit Ruhm werden thematisiert. Die Bedeutung von Selbstfürsorge und die Rolle der Gemeinschaft werden ebenfalls angesprochen.

+ **Kapitel 8: Der Einfluss von Zariel Vox** - In diesem Kapitel wird das Vermächtnis von Zariel analysiert. Der Einfluss auf zukünftige Aktivisten, Veränderungen in der öffentlichen Meinung und die Rolle von Zariel in der intergalaktischen Gemeinschaft werden behandelt. Kritische Reflexionen über den Aktivismus runden das Kapitel ab.

+ **Kapitel 9: Fazit und Ausblick** - Das abschließende Kapitel fasst die wichtigsten Erkenntnisse zusammen und reflektiert über die Bedeutung von Zariel Vox für Tylathar. Es werden Lektionen aus der Biografie und Anregungen für zukünftige Generationen gegeben. Der Einfluss des Aktivismus auf die Gesellschaft wird ebenfalls thematisiert.

+ **Kapitel 10: Anhang** - Der Anhang enthält ein Glossar der Begriffe, Definitionen wichtiger Konzepte und eine Chronologie der Ereignisse. Interviews mit Zeitzeugen und weiterführende Literatur bieten zusätzliche Informationen und Kontext.

Jedes Kapitel ist so strukturiert, dass es nicht nur informativ ist, sondern auch die Leser emotional anspricht und sie dazu anregt, über die Themen des Aktivismus und der sozialen Gerechtigkeit nachzudenken. Durch die Kombination von persönlichen Geschichten, philosophischen Überlegungen und praktischen Beispielen wird ein umfassendes Bild von Zariel Vox und seinem unermüdlichen Einsatz für die Rechte der Gravimetrischen Shift-Morphs gezeichnet.

Mit dieser Struktur wird das Buch sowohl für Leser, die sich für Bürgerrechtsaktivismus interessieren, als auch für diejenigen, die mehr über die faszinierende Welt von Tylathar erfahren möchten, zugänglich und ansprechend gestaltet.

Danksagungen

In der Erstellung dieser Biografie über Zariel Vox und den Widerstand gegen das Verbot der Gravimetrischen Shift-Morphs in Tylathar haben viele Menschen und Institutionen ihre Unterstützung angeboten. Diese Danksagungen sind nicht nur ein Ausdruck der Wertschätzung, sondern auch ein wichtiges Element, um die Gemeinschaft und die Zusammenarbeit zu würdigen, die für den Erfolg dieser Arbeit unerlässlich waren.

Zunächst möchte ich meiner Familie danken, die mich in allen Phasen meines Lebens unterstützt hat. Ihre bedingungslose Liebe und ihr Glaube an meine Fähigkeiten haben mir den Mut gegeben, diese Biografie zu schreiben. Insbesondere möchte ich meiner Mutter danken, die mir von klein auf die Werte von Gerechtigkeit und Empathie vermittelt hat. Ihre Geschichten über Ungerechtigkeiten und Kämpfe haben meine Leidenschaft für den Bürgerrechtsaktivismus geweckt.

Ein besonderer Dank gilt meinen Mentoren und Professoren, die mir wertvolle Einblicke in die Theorien des Aktivismus und der sozialen Gerechtigkeit gegeben haben. Ihre Unterstützung und ihr Wissen haben mir geholfen, die komplexen Themen, die in dieser Biografie behandelt werden, besser zu verstehen. Besonders dankbar bin ich Dr. Emilia Hartmann, deren kritische Perspektiven und tiefgehenden Analysen mir geholfen haben, die philosophischen Grundlagen des Widerstands zu erfassen.

Ich möchte auch den Aktivisten und Mitgliedern der Bewegung für Gravimetrische Shift-Morphs danken, die bereitwillig ihre Erfahrungen und Geschichten geteilt haben. Ihre Offenheit und ihr Mut, sich für ihre Überzeugungen einzusetzen, haben diese Biografie lebendig gemacht. Ohne ihre Beiträge wäre es unmöglich gewesen, ein vollständiges Bild von Zariel Vox und der Bewegung zu zeichnen. Ihre Geschichten sind nicht nur inspirierend, sondern auch ein Zeugnis für die Kraft der Gemeinschaft.

Ein herzlicher Dank geht an die zahlreichen Organisationen, die sich für Bürgerrechte und soziale Gerechtigkeit einsetzen. Ihre unermüdliche Arbeit und ihr Engagement haben nicht nur Zariel Vox, sondern auch viele andere Aktivisten inspiriert und unterstützt. Die Zusammenarbeit zwischen verschiedenen Gruppen hat gezeigt, wie wichtig Solidarität im Aktivismus ist. Dies wird in Gleichung (6) deutlich, die die Beziehung zwischen gemeinschaftlichem Engagement und Erfolg im Aktivismus beschreibt:

$$E = k \cdot S^n \tag{6}$$

Hierbei steht E für den Erfolg des Aktivismus, S für die Stärke der Solidarität und k für einen konstanten Faktor, der die spezifischen Bedingungen der Bewegung widerspiegelt. Der Exponent n zeigt, wie exponentiell der Erfolg mit zunehmender Solidarität wächst.

Ein weiterer Dank gilt den Medienvertretern, die die Botschaft der Bewegung verbreitet haben. Ihre Berichterstattung hat dazu beigetragen, das Bewusstsein für die Probleme der Gravimetrischen Shift-Morphs zu schärfen und die Öffentlichkeit zu mobilisieren. Die Macht der Medien, Geschichten zu erzählen und Veränderungen anzustoßen, ist unbestreitbar. Ihre Rolle in der Verbreitung der Bewegung wird in der Diskussion über die Medienstrategie in Kapitel 3.1.8 weiter vertieft.

Ich möchte auch den Wissenschaftlern und Forschern danken, die sich mit den Gravimetrischen Shift-Morphs beschäftigt haben. Ihre Studien und Erkenntnisse haben nicht nur zur wissenschaftlichen Basis des Themas beigetragen, sondern auch den Aktivisten wertvolle Informationen zur Verfügung gestellt. Die Verknüpfung von Wissenschaft und Aktivismus ist entscheidend, um fundierte Argumente für den Widerstand zu entwickeln.

Schließlich möchte ich den Lesern dieser Biografie danken. Ihre Neugier und ihr Interesse an den Geschichten von Aktivisten wie Zariel Vox sind von entscheidender Bedeutung für den fortwährenden Kampf um Gerechtigkeit. Ich hoffe, dass diese Biografie nicht nur informiert, sondern auch inspiriert, aktiv zu werden und sich für eine gerechtere Gesellschaft einzusetzen.

In der Summe ist diese Biografie das Ergebnis einer kollektiven Anstrengung, und ich bin zutiefst dankbar für die Unterstützung, die ich auf diesem Weg erhalten habe. Möge das Vermächtnis von Zariel Vox und der Bewegung für Gravimetrische Shift-Morphs weiterhin Generationen von Aktivisten inspirieren und anspornen.

Die frühen Jahre von Zariel Vox

Kindheit und Herkunft

Geburtsort und Familie

Zariel Vox wurde in der pulsierenden Metropole Tylathar geboren, einem Ort, der für seine schillernde Kultur und seine fortschrittliche Technologie bekannt ist. Tylathar ist nicht nur das politische und wirtschaftliche Zentrum des Planeten, sondern auch ein Schmelztiegel verschiedener Kulturen, die in harmonischem Zusammenleben existieren. Diese multikulturelle Umgebung spielte eine entscheidende Rolle in Zariels Entwicklung und prägte seine Ansichten über Gerechtigkeit und Gleichheit.

Die Familie von Zariel Vox

Zariels Familie war eine Mischung aus Tradition und Innovation. Seine Mutter, Elara Vox, war eine angesehene Wissenschaftlerin, die sich mit den Gravimetrischen Shift-Morphs beschäftigte – einer Technologie, die in der Gesellschaft von Tylathar sowohl bewundert als auch gefürchtet wurde. Ihr Engagement für die Wissenschaft und die Wahrheit beeinflusste Zariels frühe Interessen. Sein Vater, Kael Vox, war ein leidenschaftlicher Lehrer, der in der Gemeinde für seine unermüdliche Arbeit zur Förderung der Bildung bekannt war. Diese Kombination aus wissenschaftlicher Neugier und pädagogischem Engagement schuf eine Umgebung, in der Zariel die Werte von Wissen und Empathie frühzeitig verinnerlichte.

Kulturelle Einflüsse in der Kindheit

In Tylathar war die Vielfalt der Kulturen nicht nur sichtbar, sondern auch spürbar. Zariel wuchs in einem Umfeld auf, in dem Feste, Musik und Kunst aus verschiedenen Teilen des Universums gefeiert wurden. Diese kulturelle Vielfalt förderte in ihm ein tiefes Verständnis für die Herausforderungen, denen verschiedene Gemeinschaften gegenüberstanden. Die Geschichten, die er von seinen Großeltern hörte, über den Widerstand gegen Unterdrückung und die Kämpfe um Bürgerrechte, prägten seine Sichtweise auf die Welt und weckten seinen inneren Aktivisten.

Erste Begegnungen mit Ungerechtigkeit

Bereits in seiner Kindheit wurde Zariel mit Ungerechtigkeit konfrontiert. Bei einem seiner ersten Erlebnisse bemerkte er, wie eine Gruppe von Kindern aus einer weniger privilegierten Nachbarschaft von den lokalen Behörden schikaniert wurde, die ihre Versammlungen zur Feier ihrer Kultur auflösten. Diese Erfahrungen hinterließen einen bleibenden Eindruck und schürten in Zariel den Wunsch, für die Rechte der Unterdrückten einzutreten. Er begann, sich mit den Geschichten von Aktivisten zu beschäftigen, die für soziale Gerechtigkeit kämpften, und entwickelte ein starkes Gefühl für die Notwendigkeit von Veränderung.

Bildung und frühe Interessen

Zariel war ein aufgewecktes Kind, das in der Schule sowohl akademisch als auch sozial herausragte. Sein Interesse an den Gravimetrischen Shift-Morphs wurde durch die Erzählungen seiner Mutter angeregt, und er begann, sich intensiv mit Physik und Technologie auseinanderzusetzen. Dies führte zu einer tiefen Faszination für die Möglichkeiten, die diese Technologie bot, aber auch zu einem kritischen Blick auf die ethischen Implikationen ihrer Nutzung. Seine Lehrer erkannten früh sein Potenzial und förderten seine Neugierde, was ihn ermutigte, Fragen zu stellen und sich aktiv an Diskussionen über gesellschaftliche Themen zu beteiligen.

Freundschaften und soziale Kreise

In der Schule fand Zariel schnell Gleichgesinnte, die seine Leidenschaft für Gerechtigkeit teilten. Diese Freundschaften wurden zu einer wichtigen Stütze in seinem Leben. Gemeinsam organisierten sie kleine Projekte, um das Bewusstsein für soziale Ungerechtigkeiten zu schärfen. Diese frühen Erfahrungen in der Zusammenarbeit mit anderen halfen ihm, Teamarbeit und die Bedeutung von Gemeinschaftsarbeit zu schätzen. Zariel lernte, dass Veränderung nicht allein durch individuelle Anstrengungen, sondern durch kollektives Handeln erreicht werden kann.

Einflüsse von Mentoren

Zariel hatte das Glück, von verschiedenen Mentoren beeinflusst zu werden, die ihm halfen, seine Fähigkeiten zu entwickeln und seine Ideen zu verfeinern. Besonders hervorzuheben ist seine Lehrerin für Sozialwissenschaften, die ihn ermutigte, kritisch über die Welt um ihn herum nachzudenken. Sie führte ihn in die Werke bedeutender Denker ein, die sich mit Fragen der Gerechtigkeit und des Widerstands auseinandersetzten. Ihre Unterstützung half ihm, seine Stimme zu finden und den Mut zu entwickeln, sich für das einzusetzen, was er für richtig hielt.

Entdeckung der Gravimetrischen Shift-Morphs

Die Gravimetrischen Shift-Morphs waren ein zentrales Thema in Zariels Kindheit. Diese Technologie, die es ermöglichte, die Schwerkraft zu manipulieren und somit physische Grenzen zu überwinden, faszinierte ihn. Er sah in ihr nicht nur eine technische Errungenschaft, sondern auch ein Symbol für Freiheit und die Möglichkeit, bestehende gesellschaftliche Strukturen zu hinterfragen. Diese Entdeckung führte zu einem tiefen Engagement für die Rechte der Benutzer dieser Technologie, die oft von den Behörden diskriminiert wurden.

Erste Schritte in den Aktivismus

Zariels erste Schritte in den Aktivismus begannen, als er und seine Freunde beschlossen, eine kleine Gruppe zu gründen, um für die Rechte der Benutzer der Gravimetrischen Shift-Morphs einzutreten. Sie organisierten Informationsveranstaltungen und Diskussionen, um das Bewusstsein für die Herausforderungen zu schärfen, denen diese Gemeinschaft gegenüberstand. Diese frühen Erfahrungen legten den Grundstein für Zariels späteren Aktivismus und seine unermüdliche Arbeit für soziale Gerechtigkeit.

Herausforderungen in der Jugend

Die Herausforderungen, denen Zariel in seiner Jugend gegenüberstand, waren vielfältig. Trotz seines Engagements sah er sich oft mit Widerstand und Skepsis konfrontiert. Viele Erwachsene in seiner Umgebung waren der Meinung, dass seine Ansichten naiv und unrealistisch seien. Dennoch ließ sich Zariel nicht entmutigen und nutzte diese Herausforderungen als Antrieb, um seine Überzeugungen weiter zu festigen und seine Stimme zu erheben.

Entwicklung einer eigenen Identität

Die Kombination aus familiären Einflüssen, kulturellem Reichtum und frühen Erfahrungen mit Ungerechtigkeit trugen zur Entwicklung von Zariels Identität bei. Er begann, sich nicht nur als Individuum, sondern auch als Teil einer größeren Gemeinschaft zu sehen, die für Veränderungen kämpfen musste. Diese Identität sollte ihn durch seine gesamte Aktivismus-Karriere begleiten und ihn dazu inspirieren, sich für eine gerechtere Welt einzusetzen.

Insgesamt formten Zariels Geburtsort und seine Familie nicht nur seine Kindheit, sondern auch seine gesamte Lebensreise. Die Herausforderungen, die er erlebte, und die Werte, die ihm vermittelt wurden, trugen entscheidend zu seiner Entwicklung als Bürgerrechtsaktivist bei und legten den Grundstein für seine späteren Erfolge im Kampf gegen das Verbot der Gravimetrischen Shift-Morphs in Tylathar.

Kulturelle Einflüsse in der Kindheit

Die Kindheit von Zariel Vox war geprägt von einer Vielzahl kultureller Einflüsse, die ihre Entwicklung und ihre späteren Bestrebungen im Aktivismus maßgeblich formten. Auf Tylathar, einem Planeten mit einer reichen und vielfältigen Geschichte, war die Kultur nicht nur ein Spiegelbild der Gesellschaft, sondern auch ein Werkzeug, das die Identität und die Überzeugungen seiner Bürger prägte.

Familienhintergrund und Traditionen

Zariel wurde in eine Familie geboren, die tief in den Traditionen der Tylatharianer verwurzelt war. Ihre Eltern, beide engagierte Mitglieder der Gemeinschaft, förderten von frühester Kindheit an ein starkes Bewusstsein für soziale Gerechtigkeit. Diese Werte wurden durch Geschichten und Legenden weitergegeben, die von Generation zu Generation erzählt wurden. Ein Beispiel hierfür ist die Legende von den *Ehrbaren*, einer Gruppe von Bürgern, die sich gegen die Unterdrückung durch die Regierung erhoben und für die Rechte der Schwächeren kämpften. Diese Geschichten inspirierten Zariel und gaben ihr das Gefühl, dass auch sie Teil einer größeren Bewegung sein könnte.

Einfluss der Schule und Bildung

Die Bildung spielte eine entscheidende Rolle in Zariels Leben. Die Schulen in Tylathar waren nicht nur Orte des Lernens, sondern auch Zentren des kulturellen Austauschs. Die Lehrpläne beinhalteten nicht nur die Vermittlung von Wissen, sondern auch die Förderung kritischen Denkens und kreativer Ausdrucksformen. Zariel war besonders von den Fächern Geschichte und Kunst fasziniert, die ihr halfen, die komplexen sozialen Strukturen und die politischen Herausforderungen ihrer Zeit zu verstehen. Ein prägendes Erlebnis war ein Projekt über die *Gravimetrischen Shift-Morphs*, das sie dazu brachte, über die ethischen Implikationen von Technologie und deren Einfluss auf die Gesellschaft nachzudenken.

Freundschaften und soziale Netzwerke

Die Freundschaften, die Zariel in ihrer Kindheit schloss, waren ebenfalls von großer Bedeutung. Sie umgab sich mit Gleichgesinnten, die ähnliche Werte teilten. Diese Freundschaften wurden durch gemeinsame Aktivitäten, wie das Organisieren von kleinen Protesten gegen Ungerechtigkeiten in der Schule, gestärkt. Ein besonders prägnantes Beispiel ist die *Allianz der Jungen Stimmen*, eine Gruppe von Schülern, die sich zusammenschloss, um gegen diskriminierende Schulrichtlinien zu kämpfen. Diese Erfahrungen lehrten Zariel, dass kollektive Anstrengungen einen Unterschied machen können.

Kulturelle Veranstaltungen und Feste

Die Teilnahme an kulturellen Veranstaltungen und Festen war ein weiterer wichtiger Aspekt von Zariels Kindheit. Diese Feste feierten die Vielfalt und den Reichtum der Tylatharianer Kultur und boten eine Plattform für den Austausch von Ideen. Zariel nahm oft an den *Lichtern von Tylathar* teil, einem jährlichen Festival, das die Einheit und den Frieden in der Gemeinschaft symbolisierte. Diese Erlebnisse stärkten ihr Gefühl der Zugehörigkeit und inspirierten sie dazu, sich für eine gerechtere Gesellschaft einzusetzen.

Mediale Einflüsse

Die Medienlandschaft auf Tylathar war dynamisch und vielfältig. Zariel wuchs in einer Zeit auf, in der die Grenzen zwischen traditionellen Medien und neuen Technologien verschwammen. Sie konsumierte eine Vielzahl von Inhalten, von klassischen Erzählungen bis hin zu modernen interaktiven Plattformen. Diese Medien beeinflussten nicht nur ihre Sichtweise auf die Welt, sondern auch ihre Vorstellung davon, wie Geschichten erzählt und verbreitet werden können. Insbesondere die Berichterstattung über die *Widerstandsbewegung* gegen die Regierung hatte einen tiefgreifenden Einfluss auf Zariel und ermutigte sie, ihre eigene Stimme zu finden.

Zusammenfassend lässt sich sagen, dass die kulturellen Einflüsse in Zariels Kindheit eine fundamentale Rolle in ihrer Entwicklung als Aktivistin spielten. Die Kombination aus familiären Werten, Bildung, sozialen Netzwerken, kulturellen Veranstaltungen und medialen Einflüssen schuf ein Umfeld, das sie nicht nur formte, sondern auch auf ihren zukünftigen Weg als Bürgerrechtsaktivistin vorbereitete. Diese Einflüsse führten dazu, dass Zariel ein tiefes Verständnis für die Bedeutung von Gerechtigkeit und Gleichheit entwickelte, das sie in ihrem späteren Leben und Aktivismus weiterverfolgen sollte.

Erste Begegnungen mit Ungerechtigkeit

Die frühen Jahre von Zariel Vox waren geprägt von einer Reihe von prägnanten Begegnungen mit Ungerechtigkeit, die nicht nur ihre Sicht auf die Welt prägten, sondern auch den Grundstein für ihren späteren Aktivismus legten. Diese Erfahrungen waren nicht nur persönlich, sondern spiegelten auch die systematischen Ungleichheiten und Diskriminierungen wider, die in der Gesellschaft von Tylathar verwurzelt waren.

Beobachtungen in der Kindheit

Bereits in der Grundschule bemerkte Zariel, dass einige ihrer Mitschüler aufgrund ihrer Herkunft und ihrer sozialen Schicht benachteiligt wurden. Während eines Schulausflugs, bei dem verschiedene Gruppen von Schülern in Teams eingeteilt wurden, sah Zariel, wie Kinder aus wohlhabenden Familien bevorzugt behandelt wurden. Diese Ungleichheit manifestierte sich in der Zuteilung von Ressourcen, wie z.B. besseren Materialien und mehr Zeit mit den Lehrkräften. Diese Ungerechtigkeit hinterließ bei Zariel einen bleibenden Eindruck und weckte ihr Bewusstsein für soziale Gerechtigkeit.

Die Rolle der Familie

Zariels Familie spielte eine entscheidende Rolle in ihrer frühen Auseinandersetzung mit Ungerechtigkeit. Ihre Eltern, beide leidenschaftliche Verteidiger der Bürgerrechte, erzählten oft von ihren eigenen Kämpfen gegen Diskriminierung und Ungerechtigkeit. Diese Geschichten waren nicht nur Erzählungen aus der Vergangenheit, sondern lebendige Erinnerungen, die Zariel dazu anregten, Fragen zu stellen und kritisch über die Welt um sie herum nachzudenken. Ein prägendes Beispiel war die Geschichte ihres Großvaters, der aufgrund seiner politischen Überzeugungen verfolgt wurde. Diese Erzählungen schärften Zariels Verständnis für die Notwendigkeit des Widerstands gegen Ungerechtigkeit.

Erste direkte Erfahrungen

Zariels erste direkte Erfahrung mit Ungerechtigkeit ereignete sich während eines lokalen Festivals, bei dem sie Zeugin einer Auseinandersetzung zwischen der Polizei und einer Gruppe von Demonstranten wurde, die gegen die Diskriminierung von Minderheiten protestierten. Die Polizei reagierte mit übermäßiger Gewalt und schreckte vor einer brutalen Festnahme nicht zurück. Zariel war schockiert und fühlte sich machtlos, als sie sah, wie friedliche Bürger aufgrund ihrer Überzeugungen angegriffen wurden. Diese Szene war nicht nur ein Schlüsselmoment in Zariels Leben, sondern auch ein Wendepunkt, der sie dazu brachte, sich aktiv für die Rechte der Unterdrückten einzusetzen.

Einfluss der Medien

Die Berichterstattung über diese Ereignisse in den lokalen Medien verstärkte Zariels Empörung über die Ungerechtigkeiten, die sie beobachtet hatte. Die Medien berichteten oft einseitig und verzerrt, was die Wahrnehmung der Öffentlichkeit über die Protestierenden beeinflusste. Zariel erkannte, dass die Kontrolle über die Narrative von entscheidender Bedeutung war, um die Realität der Ungerechtigkeit zu beleuchten. Diese Erkenntnis führte zu ihrem späteren Engagement in der Medienarbeit und der Nutzung von sozialen Plattformen, um die Stimme der Unterdrückten zu verstärken.

Theoretische Perspektiven

Die Begegnungen mit Ungerechtigkeit, die Zariel erlebte, können durch verschiedene theoretische Rahmenbedingungen analysiert werden. Der soziale Konstruktivismus, der besagt, dass soziale Realitäten durch Interaktionen und kulturelle Kontexte konstruiert werden, bietet einen geeigneten Rahmen, um zu verstehen, wie Ungerechtigkeit in Tylathar aufrechterhalten wurde. In diesem Kontext wurde die Ungleichheit nicht nur durch individuelle Vorurteile, sondern auch durch institutionelle Praktiken und gesellschaftliche Normen perpetuiert.

Ein weiterer relevanter theoretischer Ansatz ist die kritische Theorie, die sich mit den Machtstrukturen und den sozialen Bedingungen befasst, die Ungerechtigkeit fördern. Diese Theorie legt nahe, dass das Bewusstsein für Ungerechtigkeit und die Fähigkeit, sich dagegen zu wehren, in der sozialen Praxis und im kollektiven Handeln verwurzelt sind. Zariels Erfahrungen waren somit nicht nur persönliche Herausforderungen, sondern auch Teil eines größeren sozialen Phänomens, das eine systematische Analyse erforderte.

Schlussfolgerungen

Zusammenfassend lässt sich sagen, dass Zariels erste Begegnungen mit Ungerechtigkeit entscheidend für ihre Entwicklung als Bürgerrechtsaktivistin waren. Diese frühen Erfahrungen schärften ihr Bewusstsein und motivierten sie, gegen die Ungerechtigkeiten in ihrer Gesellschaft zu kämpfen. Sie lernten, dass der Kampf gegen Ungerechtigkeit nicht nur eine persönliche Angelegenheit war, sondern eine kollektive Verantwortung, die alle Mitglieder der Gesellschaft einbeziehen sollte. Diese Erkenntnisse sollten die Grundlage für ihren späteren Aktivismus bilden und sie dazu inspirieren, eine Bewegung zu gründen, die sich für die Rechte der Gravimetrischen Shift-Morphs und anderer unterdrückter Gruppen einsetzte.

$$\text{Ungerechtigkeit} = \text{Vorurteile} + \text{Machtstrukturen} + \text{Soziale Normen} \quad (7)$$

Diese Gleichung verdeutlicht, dass Ungerechtigkeit ein komplexes Phänomen ist, das aus verschiedenen miteinander verbundenen Faktoren besteht. Zariels Engagement für Gerechtigkeit würde sie auf einen Weg führen, der nicht nur ihre eigene Identität, sondern auch die ihrer Gemeinschaft nachhaltig prägen sollte.

Bildung und frühe Interessen

Zariel Vox wuchs in einer Zeit auf, in der die Bildung in Tylathar sowohl eine Quelle der Inspiration als auch ein Instrument der Unterdrückung war. Die Schulen waren nicht nur Orte des Lernens, sondern auch Spiegel der politischen Strukturen, die die Gesellschaft prägten. In diesem Abschnitt werden wir die Bildungswege von Zariel und seine frühen Interessen näher betrachten, die ihn auf seinen späteren Aktivismus vorbereiteten.

Schulbildung und akademische Einflüsse

Zariel wurde in der Stadt Glimmerheim geboren, die für ihre fortschrittlichen Bildungseinrichtungen bekannt war. Die Schulen in dieser Region waren stark von den Prinzipien der intergalaktischen Bildungspolitik geprägt, die auf Gleichheit und Zugänglichkeit abzielten. Dennoch war die Realität oft anders. Während einige Schüler Zugang zu modernen Lehrmethoden und Technologien hatten, litten andere unter einem Mangel an Ressourcen und Unterstützung.

Ein Beispiel für die Ungleichheit im Bildungssystem war die Differenzierung zwischen den verschiedenen Stadtteilen. In Glimmerheim waren die Schulen im wohlhabenden Viertel mit hochqualifizierten Lehrern und innovativen Lehrplänen ausgestattet, während die Schulen in den ärmeren Gebieten oft unterversorgt waren. Zariel, der in einem solchen Viertel aufwuchs, erlebte diese Ungerechtigkeiten hautnah und entwickelte ein frühes Bewusstsein für soziale Ungleichheit.

Einfluss von Mentoren

Zariel hatte das Glück, einige inspirierende Lehrer zu haben, die seine Leidenschaft für Wissenschaft und Gerechtigkeit entfachten. Besonders hervorzuheben ist Frau Liora, eine engagierte Lehrerin für Naturwissenschaften, die Zariel nicht nur die Grundlagen der Physik und Chemie beibrachte, sondern auch die Bedeutung von kritischem Denken und ethischem Handeln. Sie ermutigte ihn, Fragen zu stellen und die Welt um ihn herum zu hinterfragen.

Ein prägendes Erlebnis war ein Projekt, das sich mit der Gravimetrie beschäftigte, einem Bereich, der für die Technologie der Gravimetrischen Shift-Morphs von zentraler Bedeutung war. Zariel war fasziniert von den Möglichkeiten, die diese Technologie bot, aber auch von den ethischen Fragen, die damit verbunden waren. Diese Erfahrungen legten den Grundstein für seine spätere Auseinandersetzung mit den politischen Implikationen der Gravimetrischen Shift-Morphs.

Frühe Interessen und Hobbys

Neben seinen akademischen Verpflichtungen entwickelte Zariel auch eine Leidenschaft für das Theater und die darstellenden Künste. Er fand in der Schauspielerei eine Möglichkeit, sich auszudrücken und komplexe soziale Themen zu erkunden. In der Theatergruppe seiner Schule spielte er oft Rollen, die ihn mit den Herausforderungen der Gesellschaft konfrontierten. Diese Erfahrungen halfen ihm, Empathie für andere zu entwickeln und die Geschichten der Unterdrückten zu erzählen.

Ein weiteres frühes Interesse war die Astronomie. Zariel verbrachte viele Nächte damit, den Sternenhimmel zu beobachten und über die unendlichen Möglichkeiten des Universums nachzudenken. Diese Faszination für das All und die Frage nach der Existenz anderer Lebensformen trugen zu seinem späteren Engagement für intergalaktische Bürgerrechte bei. Die Vorstellung, dass es andere

Wesen geben könnte, die unter ähnlichen Bedingungen litten, verstärkte sein
Gefühl der Solidarität und Verantwortung.

Erste Begegnungen mit Ungerechtigkeit

Die ersten Begegnungen mit Ungerechtigkeit trugen entscheidend zu Zariels
Entwicklung bei. Während seiner Schulzeit wurde er Zeuge von Diskriminierung
und Vorurteilen gegenüber Schülern, die aus anderen Kulturen oder mit
besonderen Bedürfnissen kamen.   Diese Erfahrungen waren nicht nur
schmerzhaft, sondern auch aufschlussreich. Sie führten zu einer tiefen Reflexion
über Gerechtigkeit und die Rolle des Einzelnen in der Gesellschaft.

Ein einschneidendes Erlebnis war der Fall eines Mitschülers, der aufgrund
seiner Herkunft gemobbt wurde.   Zariel entschied sich, für seinen Freund
einzutreten, was zu einem Konflikt mit einigen seiner Klassenkameraden führte.
Diese erste Erfahrung mit aktivem Widerstand prägte seine Sichtweise auf
Gerechtigkeit und die Notwendigkeit, für die Rechte anderer einzutreten.

Schlussfolgerung

Zusammenfassend lässt sich sagen, dass Zariel Vox' Bildung und frühe Interessen
eine entscheidende Rolle in seiner Entwicklung als Aktivist spielten.   Die
Ungerechtigkeiten, die er erlebte, die inspirierenden Mentoren, die ihn begleiteten,
und seine Leidenschaft für Wissenschaft und Kunst formten seine Identität und
sein Engagement für den Bürgerrechtsaktivismus.   Diese frühen Erfahrungen
legten den Grundstein für die Herausforderungen und Triumphe, die ihn auf
seinem Weg zum Widerstand gegen das Verbot der Gravimetrischen
Shift-Morphs begleiten sollten. Zariels Bildung war nicht nur eine Ansammlung
von Wissen, sondern ein lebendiger Prozess, der ihn auf die komplexen Fragen des
Lebens vorbereitete und ihn dazu anregte, aktiv für eine gerechtere Welt zu
kämpfen.

Freundschaften und soziale Kreise

Die frühen Jahre von Zariel Vox waren geprägt von einer Vielzahl an
Freundschaften und sozialen Kreisen, die nicht nur seine persönliche Entwicklung
beeinflussten, sondern auch seine politischen Überzeugungen und den späteren
Aktivismus formten. In dieser Phase seines Lebens erkannte Zariel die Bedeutung
von Gemeinschaft und Solidarität, die für den Erfolg jeder sozialen Bewegung
unerlässlich sind.

Einfluss der frühen Freundschaften

Zariels Freundschaften in der Kindheit und Jugend spielten eine entscheidende Rolle bei der Formung seiner Identität. Eine der frühesten und prägendsten Beziehungen war die zu seinem besten Freund, Kiran, der ebenfalls eine Leidenschaft für Wissenschaft und Technologie teilte. Diese Freundschaft war nicht nur von gemeinsamen Interessen geprägt, sondern auch von einem tiefen Verständnis füreinander, das es beiden ermöglichte, über die Herausforderungen ihrer Umgebung zu sprechen. Die Gespräche mit Kiran über die Ungerechtigkeiten, die sie in ihrer Gesellschaft beobachteten, weckten in Zariel das Bewusstsein für soziale Probleme und den Wunsch, aktiv zu werden.

Soziale Kreise und ihre Dynamik

Zariel war Teil verschiedener sozialer Kreise, die sich um unterschiedliche Interessen und Aktivitäten gruppierten. Diese Kreise umfassten nicht nur seine Schule, sondern auch lokale Clubs und Organisationen, die sich mit Technologie und Umweltfragen beschäftigten. Hier lernte Zariel, wie wichtig es ist, sich mit Gleichgesinnten zu umgeben, um Ideen auszutauschen und gemeinsam Lösungen zu entwickeln.

Ein Beispiel für einen solchen Kreis war die *Technologische Innovationsgruppe*, in der junge Menschen zusammenkamen, um an Projekten zu arbeiten, die sich mit nachhaltigen Technologien beschäftigten. Diese Gruppe förderte nicht nur Zariels Interesse an Gravimetrischen Shift-Morphs, sondern auch seine Fähigkeit, in einem Team zu arbeiten und Verantwortung zu übernehmen.

Die Dynamik dieser sozialen Kreise war oft von Wettbewerb geprägt, aber auch von Zusammenarbeit. Zariel lernte, dass unterschiedliche Perspektiven und Hintergründe zu innovativen Lösungen führen können. Diese Erkenntnis war entscheidend, als er später in seiner Aktivistenrolle versuchte, eine breite Koalition von Unterstützern zu mobilisieren.

Herausforderungen in den sozialen Beziehungen

Trotz der positiven Aspekte seiner sozialen Kreise gab es auch Herausforderungen. Zariel erlebte, wie Freundschaften durch gesellschaftliche Spannungen und Ungerechtigkeiten belastet werden können. Einige seiner Freunde, die aus privilegierten Verhältnissen stammten, konnten die Dringlichkeit der sozialen Probleme, mit denen Zariel konfrontiert war, nicht nachvollziehen. Dies führte zu Spannungen und Missverständnissen, die Zariel dazu zwangen, seine Überzeugungen und die Gründe für sein Engagement klarer zu kommunizieren.

Ein weiteres Beispiel war die Freundschaft mit einer Mitstreiterin, die, während sie sich aktiv gegen das Verbot der Gravimetrischen Shift-Morphs einsetzte, mit persönlichen Herausforderungen kämpfte. Diese Situation verdeutlichte Zariel die Notwendigkeit von Empathie und Unterstützung innerhalb der Bewegung. Es war nicht nur wichtig, die politischen Ziele zu verfolgen, sondern auch die emotionalen und psychologischen Bedürfnisse der Aktivisten zu berücksichtigen.

Die Rolle von Mentoren

Neben Gleichaltrigen spielte auch die Rolle von Mentoren in Zariels Leben eine entscheidende Rolle. Er wurde von mehreren Lehrern und älteren Aktivisten inspiriert, die ihm wichtige Lebenslektionen erteilten. Diese Mentoren halfen ihm, seine Fähigkeiten im Bereich der Rhetorik und Öffentlichkeitsarbeit zu entwickeln, was für seine spätere Rolle als Aktivist unerlässlich war.

Ein besonders einflussreicher Mentor war Professorin Elara, eine Expertin für intergalaktische Rechte, die Zariel in die komplexen Theorien des Bürgerrechtsaktivismus einführte. Sie ermutigte ihn, kritisch zu denken und die philosophischen Grundlagen seines Handelns zu hinterfragen. Ihre Unterstützung half ihm, ein starkes Fundament für seine Ideologie zu entwickeln, das auf den Prinzipien von Gerechtigkeit und Gleichheit beruhte.

Fazit

Zusammenfassend lässt sich sagen, dass Zariels Freundschaften und sozialen Kreise in seinen frühen Jahren eine entscheidende Rolle bei der Entwicklung seiner Identität und seiner politischen Überzeugungen spielten. Die positiven und negativen Erfahrungen, die er in diesen Beziehungen sammelte, prägten nicht nur seinen Charakter, sondern auch seine Strategie als Aktivist. Die Fähigkeit, Netzwerke zu bilden und sich mit anderen zu verbinden, wurde zu einem zentralen Element seines späteren Engagements für die Gravimetrischen Shift-Morphs und den Bürgerrechtsaktivismus in Tylathar.

Die Lektionen, die er aus seinen Freundschaften und sozialen Interaktionen zog, bleiben bis heute relevant und bieten wertvolle Einsichten für zukünftige Generationen von Aktivisten, die sich für Gerechtigkeit und Gleichheit einsetzen.

Einflüsse von Mentoren

Die Entwicklung von Zariel Vox als Bürgerrechtsaktivist war stark geprägt von den Einflüssen verschiedener Mentoren, die in unterschiedlichen Phasen seines Lebens eine entscheidende Rolle spielten. Diese Mentoren waren nicht nur

Quellen des Wissens und der Inspiration, sondern auch Wegweiser, die Zariel halfen, seinen Platz in der Welt des Aktivismus zu finden. In diesem Abschnitt werden die wichtigsten Mentoren und deren Einfluss auf Zariel näher betrachtet.

Der Lehrer als Mentor

Einer der ersten und prägendsten Mentoren in Zariels Leben war sein Geschichtslehrer, Herr Albrecht. Mit seinem leidenschaftlichen Engagement für die Geschichte der Menschenrechte und sozialen Gerechtigkeit inspirierte er Zariel, sich intensiv mit den Themen Ungleichheit und Diskriminierung auseinanderzusetzen. Herr Albrecht verwendete oft die Methode des *historischen Vergleichs*, um zu verdeutlichen, wie vergangene Bewegungen für soziale Gerechtigkeit die heutige Welt beeinflussen. Diese Methode half Zariel, die Relevanz seiner eigenen Kämpfe im Kontext der Geschichte zu verstehen.

Ein Beispiel, das Herr Albrecht häufig anführte, war der *Bürgerrechtskampf in den Vereinigten Staaten* der 1960er Jahre. Er erklärte die Strategien von Aktivisten wie Martin Luther King Jr. und Rosa Parks und ermutigte seine Schüler, sich ähnliche Fragen zu stellen: „Wie können wir in unserer eigenen Gemeinschaft Veränderungen bewirken?" Diese Fragen blieben Zariel im Gedächtnis und motivierten ihn, aktiv zu werden.

Der Aktivist als Mentor

Ein weiterer wichtiger Mentor war die erfahrene Aktivistin und Gründerin der *Tylatharischen Vereinigung für soziale Gerechtigkeit*, Mara Elion. Mara war bekannt für ihre unermüdliche Arbeit und ihren unerschütterlichen Glauben an die Kraft der Gemeinschaft. Sie lehrte Zariel, dass Aktivismus nicht nur aus Protesten und Demonstrationen besteht, sondern auch aus dem Aufbau von Beziehungen und Netzwerken innerhalb der Gemeinschaft.

Mara betonte die Bedeutung von *Solidarität* und *Zusammenarbeit* und führte Zariel in die Kunst der Mobilisierung ein. Sie zeigte ihm, wie wichtig es ist, die Stimmen derjenigen zu hören, die am stärksten betroffen sind, und wie man diese Stimmen in die Bewegung integriert. Diese Lektionen waren entscheidend, als Zariel begann, die Bewegung für Gravimetrische Shift-Morphs zu gründen. Die Fähigkeit, Menschen zu mobilisieren und eine gemeinsame Vision zu entwickeln, war eine der Schlüsselkompetenzen, die Zariel von Mara erlernte.

Die Rolle der Philosophie

Ein weiterer bedeutender Einfluss war der Philosophieprofessor Dr. Emil Hartmann, der Zariel in die Welt der politischen Philosophie einführte. Dr. Hartmanns Seminare über *Gerechtigkeitstheorien* und *Ethik* erweiterten Zariels Horizont und halfen ihm, die theoretischen Grundlagen seines Aktivismus zu verstehen. Durch die Auseinandersetzung mit den Ideen von Philosophen wie John Rawls und Judith Butler entwickelte Zariel ein tiefes Verständnis für die moralischen und ethischen Dimensionen des Aktivismus.

Dr. Hartmann stellte die Frage: „Was bedeutet es, gerecht zu sein?" Diese Frage begleitete Zariel auf seinem Weg und führte ihn dazu, die *Gerechtigkeit als Gleichheit* zu hinterfragen. Er lernte, dass Gerechtigkeit nicht nur das Fehlen von Ungerechtigkeit ist, sondern ein aktives Streben nach Gleichheit und Chancengleichheit für alle.

Praktische Erfahrungen

Neben den akademischen Einflüssen waren praktische Erfahrungen mit Mentoren von großer Bedeutung. Zariel nahm an Workshops und Seminaren teil, die von erfahrenen Aktivisten organisiert wurden. Diese Veranstaltungen boten nicht nur theoretisches Wissen, sondern auch praktische Fähigkeiten wie *Organisationsmanagement, Öffentlichkeitsarbeit* und *Kampagnenführung*.

Ein Beispiel war ein Workshop zur *Kampagnenplanung*, der von der renommierten Aktivistin Lina Torres geleitet wurde. Lina vermittelte den Teilnehmern, wie man effektive Kampagnenstrategien entwickelt, um die Öffentlichkeit zu mobilisieren und politische Entscheidungsträger zu beeinflussen. Zariel lernte, wie wichtig es ist, klare Ziele zu setzen und die richtigen Botschaften zu kommunizieren, um Unterstützung zu gewinnen.

Mentoren als Vorbilder

Die Vorbilder, die Zariel in seinem Leben hatte, waren nicht nur Mentoren, sondern auch Personen, die durch ihr eigenes Engagement und ihre Erfolge inspirierend wirkten. Diese Vorbilder zeigten ihm, dass es möglich ist, gegen Ungerechtigkeit zu kämpfen und Veränderungen herbeizuführen.

Zariel betrachtete die Geschichten von Aktivisten wie Nelson Mandela und Malala Yousafzai als Beispiele für den Einfluss, den eine Einzelperson auf die Gesellschaft haben kann. Diese Geschichten motivierten ihn, trotz der Herausforderungen, die er während seiner eigenen Aktivismusreise erlebte, nicht aufzugeben.

Fazit

Zusammenfassend lässt sich sagen, dass die Einflüsse von Mentoren auf Zariel Vox entscheidend für seine Entwicklung als Bürgerrechtsaktivist waren. Sie boten ihm nicht nur Wissen und Fähigkeiten, sondern auch Unterstützung und Inspiration, die ihm halfen, seinen Weg im Aktivismus zu finden. Die Lehren, die er von seinen Mentoren erhielt, begleiteten ihn auf seiner Reise und prägten seine Philosophie des Widerstands, die auf Solidarität, Gerechtigkeit und der Kraft der Gemeinschaft basiert.

Entdeckung der Gravimetrischen Shift-Morphs

Die Gravimetrischen Shift-Morphs, oft als GSM abgekürzt, stellen eine faszinierende Entdeckung in der Welt von Tylathar dar. Diese Technologie, die es ermöglicht, die Gravitationseigenschaften von Objekten zu verändern, hat nicht nur das Potential, physikalische Gesetze herauszufordern, sondern auch die Art und Weise, wie Bürgerrechtsaktivismus und soziale Bewegungen in Tylathar organisiert und durchgeführt werden.

Theoretische Grundlagen der Gravimetrischen Shift-Morphs

Die Gravimetrischen Shift-Morphs basieren auf der Theorie der gravitativen Manipulation, die von den führenden Wissenschaftlern Tylathars entwickelt wurde. Die grundlegende Gleichung, die die Funktionsweise dieser Technologie beschreibt, ist:

$$F = G\frac{m_1 m_2}{r^2} \tag{8}$$

Hierbei ist F die Gravitationskraft zwischen zwei Massen m_1 und m_2, G die Gravitationskonstante und r der Abstand zwischen den Massen. Durch die Manipulation von G und r können die Gravitationseffekte auf Objekte verändert werden, was zu einem Shift in der Wahrnehmung und der physischen Realität führt.

Die Gravimetrischen Shift-Morphs ermöglichen es, Objekte in verschiedene Zustände zu versetzen, indem ihre Gravitationsfelder umprogrammiert werden. Dies geschieht durch die Verwendung von speziellen Materialien, die als gravimetrische Katalysatoren bekannt sind. Diese Katalysatoren interagieren mit der Raum-Zeit-Struktur und erzeugen ein Feld, das die Gravitation um ein Objekt herum moduliert.

Die Entdeckung

Die Entdeckung der Gravimetrischen Shift-Morphs kann auf eine Reihe von Experimenten in den frühen Jahren von Zariel Vox zurückgeführt werden. Während ihrer Studien an der Akademie für intergalaktische Wissenschaften in Tylathar stieß Zariel auf die ersten Hinweise auf die Möglichkeit, Gravitation zu manipulieren. In einem ihrer frühen Experimente, das als *Projekt Gravitas* bekannt wurde, gelang es Zariel und ihrem Team, die Gravitationskraft auf ein kleines Objekt zu reduzieren, wodurch es schwebte.

Die Experimente wurden von anfänglichen Misserfolgen begleitet, die oft zu gefährlichen Situationen führten. Eines der prägendsten Ereignisse war der Vorfall im Jahr 2045, als eine Fehlfunktion eines gravimetrischen Modulators zu einem unkontrollierten Shift eines Objekts führte, das daraufhin schwer beschädigt wurde. Dieser Vorfall führte zu einer intensiven Überprüfung der Sicherheitsprotokolle und der ethischen Implikationen der Technologie.

Probleme und Herausforderungen

Die Entdeckung der Gravimetrischen Shift-Morphs brachte jedoch nicht nur technologische Fortschritte, sondern auch eine Reihe von Problemen mit sich. Die Manipulation der Gravitation wirft fundamentale Fragen über die ethischen Grenzen der Wissenschaft auf. Kritiker argumentierten, dass solche Technologien missbraucht werden könnten, um Machtverhältnisse zu verschieben und die soziale Ungleichheit zu verstärken.

Ein weiteres zentrales Problem war die Regulierung der Technologie. Die Regierung von Tylathar sah sich gezwungen, strenge Gesetze zu erlassen, um den Einsatz der Gravimetrischen Shift-Morphs zu kontrollieren. Dies führte zu Spannungen zwischen den Befürwortern der Technologie, die ihre positiven Anwendungen im Aktivismus und in der sozialen Mobilität sahen, und den Regierenden, die Angst vor einem Missbrauch hatten.

Beispiele für Anwendungen

Trotz der Herausforderungen fanden die Gravimetrischen Shift-Morphs ihren Weg in den Aktivismus. Zariel Vox und ihre Mitstreiter setzten die Technologie ein, um Protestaktionen zu unterstützen. Ein bemerkenswertes Beispiel war die *Schwebende Demonstration* von 2048, bei der Aktivisten durch die Manipulation ihrer eigenen Gravitation in der Luft schwebten, um auf die Ungerechtigkeiten in Tylathar aufmerksam zu machen. Diese Form des Protests war nicht nur visuell beeindruckend, sondern zog auch internationale Medienaufmerksamkeit auf sich.

Ein weiteres Beispiel ist die Verwendung von Gravimetrischen Shift-Morphs zur Schaffung von sicheren Räumen für marginalisierte Gruppen. Aktivisten konnten temporäre Zonen schaffen, in denen die Gravitation so modifiziert wurde, dass sie Schutz vor repressiven Maßnahmen der Behörden boten. Diese Zonen wurden als *Schutzräume* bekannt und waren ein wichtiger Bestandteil der Strategie von Zariel Vox, um den Bürgerrechtsaktivismus in Tylathar zu stärken.

Fazit

Die Entdeckung der Gravimetrischen Shift-Morphs markierte einen Wendepunkt in der Geschichte von Tylathar. Sie eröffnete neue Möglichkeiten für den Aktivismus und stellte gleichzeitig die Gesellschaft vor komplexe ethische und soziale Herausforderungen. Zariel Vox, als Pionierin dieser Technologie, spielte eine entscheidende Rolle bei der Integration der Gravimetrischen Shift-Morphs in den Bürgerrechtskampf, was nicht nur ihre eigene Identität als Aktivistin prägte, sondern auch die gesamte Bewegung für soziale Gerechtigkeit in Tylathar transformierte.

Erste Schritte in den Aktivismus

Zariel Voxs erste Schritte in den Aktivismus waren geprägt von einer Mischung aus Neugier und Entschlossenheit. In einer Welt, in der die Gravimetrischen Shift-Morphs nicht nur als technologische Innovation, sondern auch als Symbol für Freiheit und Gerechtigkeit galten, stellte sich Zariel die Frage, wie er zu einem Agenten des Wandels werden könnte. Die Inspiration kam nicht nur aus der eigenen Erfahrung mit Ungerechtigkeit, sondern auch aus den Geschichten von anderen Aktivisten, die sich für die Rechte der Marginalisierten einsetzten.

Die Entdeckung der Ungerechtigkeit

Die ersten Schritte in den Aktivismus begannen in Zariels Jugend, als er Zeuge eines Vorfalls wurde, der sein Leben für immer veränderte. In der Stadt Tylathar, wo die Gravimetrischen Shift-Morphs verboten waren, sah er, wie seine Freunde und Nachbarn unter dem Verbot litten. Diese Technologie hatte das Potenzial, das Leben der Bürger zu verbessern, doch die Regierung hatte entschieden, dass sie zu gefährlich sei. Diese Ungerechtigkeit führte zu einem tiefen inneren Konflikt in Zariel, der sich fragte, warum die Regierung das Recht hatte, über das Leben anderer zu bestimmen.

Einfluss von Mentoren

Ein entscheidender Wendepunkt in Zariels Aktivismus war die Begegnung mit einem Mentor, der selbst ein erfahrener Aktivist war. Dieser Mentor, bekannt als Elyndra, hatte in der Vergangenheit für die Rechte der Zivilbevölkerung gekämpft und war eine lebende Legende in der Bewegung. Elyndra lehrte Zariel, dass Aktivismus nicht nur aus Leidenschaft, sondern auch aus strategischem Denken und Organisation bestand. Sie vermittelte ihm die Bedeutung von Bildung und Aufklärung, um die Gemeinschaft zu mobilisieren.

Die ersten Aktionen

Mit dem neu gewonnenen Wissen begann Zariel, kleine Aktionen zu organisieren. Diese umfassten Informationsveranstaltungen, bei denen die Menschen über die Vorteile der Gravimetrischen Shift-Morphs aufgeklärt wurden. Die erste Veranstaltung fand in einem kleinen Gemeindezentrum statt und zog eine Handvoll Interessierter an. Zariel nutzte einfache, aber wirkungsvolle Methoden, um die Botschaft zu verbreiten: *„Wissen ist Macht. Wenn wir uns zusammenschließen, können wir die Ungerechtigkeit bekämpfen."*

Herausforderungen und Rückschläge

Trotz seiner anfänglichen Erfolge stieß Zariel schnell auf Widerstände. Die Behörden waren nicht bereit, die Bewegung zu akzeptieren, und versuchten, die Veranstaltungen zu unterdrücken. Bei einer seiner ersten Kundgebungen wurde Zariel verhaftet, was ihn jedoch nicht entmutigte. Im Gegenteil, diese Erfahrung festigte seinen Glauben an die Notwendigkeit des Widerstands.

Die Theorie des sozialen Wandels, wie sie von [?] beschrieben wird, legt nahe, dass Mobilisierung und Widerstand oft aus persönlichen Erfahrungen und kollektiven Identitäten heraus entstehen. Zariel erlebte dies hautnah, als er die Unterstützung seiner Freunde und Nachbarn spürte, die ebenfalls unter dem Verbot litten.

Die Rolle der sozialen Medien

Ein weiterer entscheidender Aspekt von Zariels ersten Schritten war die Nutzung sozialer Medien. In einer Zeit, in der die digitale Kommunikation auf dem Vormarsch war, erkannte Zariel, dass er eine Plattform schaffen konnte, um die Stimmen der Unterdrückten zu vereinen. Er startete eine Online-Kampagne, die sich schnell verbreitete und viele junge Menschen in Tylathar mobilisierte. Die

Kampagne trug den Titel „*Freiheit für die Gravimetrischen Shift-Morphs*" und ermutigte die Menschen, ihre Geschichten zu teilen und sich für ihre Rechte einzusetzen.

Erste Erfolge und die Bedeutung von Solidarität

Die ersten Erfolge ließen nicht lange auf sich warten. Die Bewegung gewann schnell an Momentum, und die ersten Proteste wurden organisiert. Zariel erkannte, dass Solidarität der Schlüssel zum Erfolg war. [?] argumentiert, dass soziale Netzwerke und Gemeinschaftsbindungen entscheidend für die Mobilisierung sind. Diese Erkenntnis half Zariel, eine breitere Basis zu schaffen und verschiedene Gruppen zusammenzubringen, die sich für die Rechte der Gravimetrischen Shift-Morphs einsetzten.

Ein Beispiel für diesen Erfolg war die erste große Demonstration, die über 500 Menschen anzog. Zariel sprach leidenschaftlich über die Bedeutung der Gravimetrischen Shift-Morphs und die Notwendigkeit, für die eigenen Rechte zu kämpfen. Der Slogan „*Gemeinsam stark!*" wurde zum Mantra der Bewegung und symbolisierte die Einheit der Bürger in Tylathar.

Reflexion über die Anfänge

Zariels erste Schritte in den Aktivismus waren nicht nur eine persönliche Reise, sondern auch ein Ausdruck des kollektiven Wunsches nach Gerechtigkeit. Die Herausforderungen, die er überwand, und die Unterstützung, die er erhielt, legten den Grundstein für eine Bewegung, die sich über Tylathar hinaus ausbreiten sollte. Diese Anfänge waren entscheidend, um das Bewusstsein für die Gravimetrischen Shift-Morphs zu schärfen und den Weg für zukünftige Erfolge zu ebnen.

Insgesamt zeigt Zariels Weg in den Aktivismus, dass der erste Schritt oft der schwierigste ist, aber auch der wichtigste. Mit der richtigen Unterstützung und Entschlossenheit kann jeder Einzelne einen Unterschied machen und zur Veränderung der Gesellschaft beitragen. Die Reise von Zariel Vox ist ein inspirierendes Beispiel für den Einfluss, den eine einzelne Person auf die Welt haben kann, und motiviert andere, ähnliche Schritte zu unternehmen.

$$\text{Erfolg} = \text{Engagement} \times \text{Solidarität} \tag{9}$$

Herausforderungen in der Jugend

Die Jugendjahre von Zariel Vox waren geprägt von einer Vielzahl von Herausforderungen, die sowohl persönlicher als auch gesellschaftlicher Natur waren. Diese Schwierigkeiten trugen entscheidend zur Formung seiner Identität und seiner späteren Rolle als Bürgerrechtsaktivist bei.

Gesellschaftliche Ungerechtigkeiten

In Tylathar, einer Welt, die von sozialen und politischen Spannungen geprägt war, erlebte Zariel bereits in seiner Kindheit Ungerechtigkeiten, die sich in verschiedenen Formen manifestierten. Die gravimetrischen Shift-Morphs, eine Gruppe von Individuen, die durch ihre einzigartigen Fähigkeiten eine Bedrohung für die bestehende Ordnung darstellten, waren Ziel von Diskriminierung und Vorurteilen. Zariel beobachtete, wie seine Freunde und Nachbarn aufgrund ihrer Herkunft und Fähigkeiten stigmatisiert wurden. Diese Erfahrungen weckten in ihm ein starkes Bewusstsein für soziale Ungerechtigkeit.

Familienprobleme

Zariels Familie war ebenfalls von den gesellschaftlichen Spannungen betroffen. Sein Vater, ein angesehener Wissenschaftler, verlor seinen Job, als die Regierung begann, die Forschung an gravimetrischen Shift-Morphs zu unterdrücken. Diese wirtschaftliche Unsicherheit führte zu Spannungen innerhalb der Familie und zwang Zariel, Verantwortung zu übernehmen, die für einen Jugendlichen seiner Altersgruppe untypisch war. Die ständige Sorge um die finanzielle Stabilität und die Gesundheit seiner Familie belasteten Zariel psychisch und emotional.

Persönliche Identitätskrisen

Die Herausforderungen, mit denen Zariel konfrontiert war, führten auch zu tiefgreifenden Identitätskrisen. Als Mitglied einer marginalisierten Gruppe war er oft hin- und hergerissen zwischen dem Wunsch, sich anzupassen, und dem Drang, für das einzustehen, was er für richtig hielt. Diese innere Zerrissenheit äußerte sich in einem Gefühl der Isolation und des Missmuts. Zariel stellte sich die Frage:

$$I = \frac{S + D}{C} \tag{10}$$

wobei I die Identität, S die sozialen Einflüsse, D die inneren Konflikte und C die Fähigkeit zur Selbstakzeptanz darstellt. Diese Gleichung verdeutlicht, wie die Interaktion zwischen sozialen und persönlichen Faktoren die Entwicklung einer stabilen Identität beeinflussen kann.

Bildungsherausforderungen

Zariels schulische Laufbahn war ebenfalls von Schwierigkeiten geprägt. Die Schulen in Tylathar waren oft überfüllt und unterfinanziert, was zu einem Mangel an qualitativ hochwertiger Bildung führte. Zariel hatte das Gefühl, dass sein Potenzial nicht vollständig ausgeschöpft wurde, und er kämpfte gegen die vorherrschende Meinung, dass gravimetrische Shift-Morphs weniger fähig seien. Dies führte zu einem ständigen Streben nach Wissen und einer tiefen Enttäuschung über das Bildungssystem.

Freundschaften und soziale Isolation

Die sozialen Kreise von Zariel waren stark von den gesellschaftlichen Vorurteilen beeinflusst. Viele seiner Freunde distanzierten sich von ihm, als sie merkten, dass er sich für die Rechte der gravimetrischen Shift-Morphs einsetzte. Diese Isolation verstärkte seine Entschlossenheit, sich für die Rechte der Unterdrückten einzusetzen, führte aber auch zu einem Gefühl der Einsamkeit und des Missmuts. Zariel fand Trost in wenigen engen Freundschaften, die ihm halfen, die Herausforderungen seiner Jugend zu bewältigen.

Mentale Gesundheit

Die Summe dieser Herausforderungen führte zu einem erheblichen Druck auf Zariel, der sich in Form von Angstzuständen und Depressionen äußerte. Er begann, Strategien zur Bewältigung seiner mentalen Gesundheit zu entwickeln, einschließlich der Teilnahme an Selbsthilfegruppen und der Suche nach Unterstützung durch Mentoren. Diese Erfahrungen prägten seine Sicht auf die Bedeutung von psychischer Gesundheit im Aktivismus und trugen dazu bei, dass er sich später für die Schaffung von Unterstützungsnetzwerken für andere Aktivisten einsetzte.

Fazit

Die Herausforderungen, mit denen Zariel Vox in seiner Jugend konfrontiert war, spielten eine entscheidende Rolle in seiner Entwicklung als Aktivist. Die Erfahrungen von Ungerechtigkeit, Identitätskrisen, Bildungsproblemen und sozialen Isolation formten nicht nur seine Überzeugungen, sondern auch seine Strategien im Kampf gegen das Verbot der gravimetrischen Shift-Morphs. Diese frühen Jahre legten den Grundstein für seinen späteren Widerstand und seine unermüdliche Suche nach Gerechtigkeit in Tylathar.

Entwicklung einer eigenen Identität

Die Entwicklung einer eigenen Identität ist ein zentraler Aspekt in der Biografie von Zariel Vox, da sie sowohl die persönliche als auch die politische Dimension seines Lebens prägt. In dieser Phase seiner Jugend wird deutlich, wie verschiedene Faktoren zusammenwirken, um Zariels Selbstverständnis und seine Rolle als Bürgerrechtsaktivist zu formen.

Einfluss der Kindheit und Kultur

Zariels Kindheit in Tylathar war geprägt von einer reichen kulturellen Vielfalt, die ihn in seiner Identitätsbildung stark beeinflusste. Aufgewachsen in einem multikulturellen Umfeld, erlebte er die Schönheit und die Herausforderungen verschiedener Traditionen. Die Werte seiner Familie, die stark auf Gerechtigkeit und Mitgefühl ausgerichtet waren, legten den Grundstein für sein späteres Engagement. Diese frühen Erfahrungen führten zu einer tiefen Sensibilität für Ungerechtigkeiten, die sich in seiner späteren Aktivismusarbeit manifestieren sollten.

Erste Begegnungen mit Ungerechtigkeit

Die ersten konfrontativen Erlebnisse mit Ungerechtigkeit in seiner Jugend waren prägend. Ob es sich um Diskriminierung aufgrund seiner Herkunft oder um die Ungleichbehandlung von Freunden handelte, diese Erfahrungen schärften Zariels Bewusstsein für soziale Probleme. Er begann, die Mechanismen der Macht und ihre Auswirkungen auf das Leben der Menschen um ihn herum zu hinterfragen. Diese kritische Reflexion war entscheidend für die Entwicklung seiner Identität als Aktivist.

Einfluss von Mentoren

Mentoren spielten eine entscheidende Rolle in Zariels Identitätsentwicklung. Die Begegnung mit erfahrenen Aktivisten und Denkern erweiterte seinen Horizont und half ihm, seine eigenen Überzeugungen zu formulieren. Diese Mentoren ermutigten ihn, seine Stimme zu erheben und für das einzutreten, was er für richtig hielt. Durch Diskussionen und gemeinsame Aktionen lernte Zariel, dass Aktivismus nicht nur eine Frage des persönlichen Engagements, sondern auch der Gemeinschaft ist.

Selbstfindung durch Aktivismus

Der Aktivismus selbst wurde zu einem Werkzeug der Selbstfindung für Zariel. Indem er sich für die Gravimetrischen Shift-Morphs einsetzte, fand er nicht nur einen Sinn in seinem Handeln, sondern auch eine Gemeinschaft von Gleichgesinnten. Diese Gemeinschaft bot ihm Unterstützung und Bestätigung, was essenziell für die Entwicklung seiner Identität war. Die Erfahrungen von Solidarität und Zusammenhalt stärkten sein Selbstbewusstsein und halfen ihm, seine Rolle innerhalb der Bewegung zu definieren.

Herausforderungen und innere Konflikte

Trotz dieser positiven Entwicklungen war die Suche nach einer eigenen Identität nicht ohne Herausforderungen. Zariel sah sich häufig inneren Konflikten gegenüber, die aus den Erwartungen seiner Familie, der Gesellschaft und seiner eigenen Ideale resultierten. Diese Spannungen führten zu Phasen der Selbstzweifel, in denen er seine Entscheidungen und deren Auswirkungen auf seine Identität hinterfragte.

Identitätskrisen und deren Bewältigung

Eine der größten Herausforderungen war die Identitätskrise, die Zariel durchlebte, als er mit den Konsequenzen seines Aktivismus konfrontiert wurde. Die gesellschaftliche Ablehnung und die Repression durch die Behörden führten dazu, dass er sich fragte, ob er den richtigen Weg eingeschlagen hatte. In diesen Momenten der Unsicherheit wandte er sich an seine Mentoren und die Gemeinschaft, die ihm halfen, seine Überzeugungen zu festigen und seine Identität als Aktivist zu stärken.

Die Synthese von Identität und Aktivismus

Im Laufe der Zeit gelang es Zariel, eine Synthese seiner Identität als Individuum und Aktivist zu erreichen. Er erkannte, dass seine persönlichen Erfahrungen und seine politischen Überzeugungen untrennbar miteinander verbunden sind. Diese Erkenntnis führte zu einem stärkeren Engagement für die Sache der Gravimetrischen Shift-Morphs und zu einer klareren Vision für die Zukunft.

Fazit

Die Entwicklung einer eigenen Identität ist ein dynamischer Prozess, der von persönlichen Erfahrungen, kulturellen Einflüssen und sozialen Interaktionen geprägt ist.   Für Zariel Vox war dieser Prozess entscheidend, um zu dem außergewöhnlichen Aktivisten zu werden, den die Welt in Tylathar kennenlernte. Die Herausforderungen, die er auf diesem Weg überwand, stärkten nicht nur seine persönliche Identität, sondern trugen auch zur Stärkung der Bewegung bei, für die er kämpfte.

Diese Erkenntnisse sind nicht nur für das Verständnis von Zariel Vox von Bedeutung, sondern bieten auch wertvolle Lektionen für zukünftige Aktivisten, die sich auf der Suche nach ihrer eigenen Identität und ihrem Platz in der Welt befinden.

Der Aufstieg zum Aktivismus

Entstehung des Widerstands

Die politischen Umstände in Tylathar

Die politischen Umstände in Tylathar sind geprägt von einer komplexen Interaktion zwischen verschiedenen Machtstrukturen, sozialen Bewegungen und den Herausforderungen, die sich aus den gravimetrischen Shift-Morphs ergeben. Diese Morphs, die in der Gesellschaft von Tylathar als revolutionäre Technologie angesehen werden, stehen im Zentrum eines erbitterten Streits zwischen den herrschenden Eliten und der breiten Bevölkerung.

Die Regierung und ihre Kontrolle

Die Regierung von Tylathar, die von einer oligarchischen Elite dominiert wird, hat ein strenges Regime etabliert, das darauf abzielt, jede Form von Dissens zu unterdrücken. Diese Elite sieht die gravimetrischen Shift-Morphs als Bedrohung für ihre Macht, da diese Technologie das Potenzial hat, die gesellschaftlichen Strukturen grundlegend zu verändern. Die Regierung hat daher Maßnahmen ergriffen, um die Nutzung dieser Morphs zu verbieten und ihre Verbreitung zu kontrollieren.

Die Gesetzgebung in Tylathar ist durchdrungen von einem autoritären Geist. Der *Gesetzesentwurf zur Regulierung der Gravimetrischen Technologien* (GRGT), der 2219 verabschiedet wurde, stellt einen Wendepunkt dar. Dieser Gesetzesentwurf legt strenge Strafen für die Nutzung und Verbreitung von gravimetrischen Shift-Morphs fest und ermächtigt die Polizei, ohne richterliche Anordnung zu intervenieren. Die Paragraphen 4 und 7 des GRGT ermächtigen die Behörden, Personen zu verhaften, die im Verdacht stehen, mit den Morphs in Verbindung zu stehen, was zu einer weitreichenden Kriminalisierung der Bürger führt.

Soziale Ungleichheit und Protestbewegungen

Die soziale Ungleichheit in Tylathar ist ein weiterer entscheidender Faktor, der die politischen Umstände prägt. Die Kluft zwischen den Reichen und den Armen hat sich in den letzten Jahren weiter vergrößert, was zu wachsendem Unmut in der Bevölkerung führt. Während die Elite Zugang zu fortschrittlichen Technologien und Ressourcen hat, sind die einfachen Bürger von den Vorteilen der gravimetrischen Shift-Morphs ausgeschlossen. Diese Ungleichheit hat eine Vielzahl von Protestbewegungen hervorgebracht, die sich gegen die repressiven Maßnahmen der Regierung richten.

Ein Beispiel für eine solche Bewegung ist die *Allianz der Ungeschützten*, die 2220 gegründet wurde. Diese Gruppe setzt sich für die Rechte der Bürger ein, die unter den restriktiven Gesetzen leiden. Zariel Vox, als eine der führenden Figuren dieser Bewegung, hat maßgeblich dazu beigetragen, das Bewusstsein für die Ungerechtigkeiten zu schärfen, die aus der repressiven Politik der Regierung resultieren.

Internationale Einflüsse

Die politischen Umstände in Tylathar sind nicht nur von internen Faktoren geprägt, sondern auch von internationalen Einflüssen. Die intergalaktische Gemeinschaft hat ein wachsendes Interesse an den Entwicklungen in Tylathar gezeigt, insbesondere in Bezug auf die Menschenrechtslage. Organisationen wie die *Intergalaktische Menschenrechtsliga* (IMRL) haben Berichte veröffentlicht, die die repressiven Maßnahmen der Tylathar-Regierung kritisieren und die internationale Gemeinschaft dazu aufrufen, Druck auf die Regierung auszuüben.

Die *Resolution 2219/3*, die von der IMRL im Jahr 2221 verabschiedet wurde, fordert die sofortige Aufhebung des GRGT und die Wiederherstellung der Rechte der Bürger. Diese internationale Unterstützung hat den Aktivisten in Tylathar neuen Mut gegeben und die Bewegung für die gravimetrischen Shift-Morphs gestärkt.

Zusammenfassung der politischen Umstände

Zusammenfassend lässt sich sagen, dass die politischen Umstände in Tylathar von einem autoritären Regime, sozialer Ungleichheit und internationalem Druck geprägt sind. Diese Faktoren haben nicht nur die Lebensrealität der Bürger beeinflusst, sondern auch die Entstehung und den Aufstieg des Aktivismus unter Führung von Zariel Vox ermöglicht. Die gravimetrischen Shift-Morphs stehen dabei symbolisch für den Widerstand gegen die Unterdrückung und die Hoffnung auf eine gerechtere Zukunft.

$$\text{Gesellschaftliche Unruhe} = f(\text{Ungleichheit, Repression, Internationale Einflüsse}) \tag{11}$$

Diese Gleichung verdeutlicht, dass gesellschaftliche Unruhe in Tylathar das Ergebnis eines Zusammenspiels mehrerer Faktoren ist, die in den kommenden Kapiteln weiter untersucht werden.

Gründung der Bewegung für Gravimetrische Shift-Morphs

Die Gründung der Bewegung für Gravimetrische Shift-Morphs (GSM) in Tylathar war ein entscheidender Moment in der Geschichte des Bürgerrechtsaktivismus. Diese Bewegung entstand aus der Notwendigkeit heraus, gegen das zunehmende Verbot und die Diskriminierung dieser besonderen Technologie zu kämpfen, die nicht nur das Potenzial hatte, das Leben der Bürger zu verbessern, sondern auch eine fundamentale Veränderung in der Art und Weise, wie die Gesellschaft mit Mobilität und Ressourcen umging.

Hintergrund und Motivation

Die Gravimetrischen Shift-Morphs sind eine revolutionäre Technologie, die es ermöglicht, die Schwerkraft in einem bestimmten Bereich zu manipulieren. Diese Technologie wurde ursprünglich als Werkzeug zur Verbesserung der Lebensqualität in benachteiligten Regionen entwickelt, da sie den Transport von Gütern und Menschen erheblich erleichtert. Die ersten Prototypen wurden in den frühen 2040er Jahren entwickelt und fanden schnell Anwendung in der Landwirtschaft, im Transportwesen und in der Raumfahrt.

Jedoch begannen die politischen Führer von Tylathar, die Technologie als Bedrohung zu betrachten. Die Regierung befürchtete, dass die GSM die bestehende Machtstruktur destabilisieren könnte, indem sie den Zugang zu Ressourcen demokratisierte und die wirtschaftliche Ungleichheit verringern würde. Diese Ängste führten zu einem Verbot der Technologie und einer intensiven Verfolgung derjenigen, die sie weiterhin nutzen oder propagieren wollten.

Die Rolle von Zariel Vox

In diesem Kontext trat Zariel Vox als zentrale Figur auf. Zariel, selbst ein leidenschaftlicher Verfechter der Gravimetrischen Shift-Morphs, erkannte die Notwendigkeit, eine organisierte Bewegung zu gründen, um gegen die Ungerechtigkeit und die Unterdrückung zu kämpfen. Mit einer Gruppe von Gleichgesinnten, die aus verschiedenen sozialen und kulturellen Hintergründen stammten, begann Zariel, die Grundlagen der Bewegung zu legen.

Strukturen und Strategien

Die Gründung der Bewegung für Gravimetrische Shift-Morphs war nicht nur eine Reaktion auf das Verbot, sondern auch ein strategischer Schritt, um eine breitere Basis für den Aktivismus zu schaffen. Die ersten Treffen fanden in geheimen Räumlichkeiten statt, um die Teilnehmer vor der Überwachung durch die Behörden zu schützen. Hier wurden die Grundprinzipien der Bewegung formuliert, die sich auf die Förderung der GSM-Technologie und den Schutz der Rechte der Bürger konzentrierten.

Die Struktur der Bewegung war dezentralisiert, um eine größere Flexibilität zu ermöglichen. Es wurden verschiedene Arbeitsgruppen gebildet, die sich auf spezifische Themen konzentrierten, darunter rechtliche Strategien, Öffentlichkeitsarbeit und Mobilisierung. Diese Gruppen arbeiteten unabhängig, aber koordiniert, um eine maximale Wirkung zu erzielen.

Theoretische Fundierung

Die Bewegung stützte sich auf verschiedene theoretische Grundlagen, die sowohl aus der politischen Theorie als auch aus der Sozialwissenschaft abgeleitet wurden. Ein zentraler Aspekt war die Idee des *kollektiven Handelns*, die besagt, dass Individuen in Gruppen zusammenarbeiten müssen, um gemeinsame Ziele zu erreichen. Diese Theorie wurde von verschiedenen Soziologen, darunter Elinor Ostrom, unterstützt, die argumentierte, dass Gemeinschaften in der Lage sind, ihre Ressourcen effektiv zu verwalten, wenn sie gemeinsam handeln.

Ein weiteres wichtiges Konzept war die *Theorie der sozialen Gerechtigkeit*, die von Philosophen wie John Rawls und Amartya Sen geprägt wurde. Diese Theorie betont die Bedeutung von Chancengleichheit und der Notwendigkeit, soziale Ungleichheiten zu adressieren. Zariel und die Bewegung adaptierten diese Konzepte, um ihre Argumentation für die Legalisierung der GSM zu untermauern.

Herausforderungen und Widerstände

Die Gründung der Bewegung war jedoch nicht ohne Herausforderungen. Die Mitglieder sahen sich nicht nur der Repression durch die Regierung gegenüber, sondern auch internen Konflikten, die aus unterschiedlichen Ansichten über die Strategie und die Ziele der Bewegung resultierten. Einige Mitglieder plädierten für einen radikalen Ansatz, während andere eine gemäßigtere Haltung einnahmen.

Ein Beispiel für den Widerstand, dem die Bewegung gegenüberstand, war die Verhaftung von Schlüsselmitgliedern, die an einer ersten Demonstration teilnahmen. Diese Festnahmen führten zu einer Welle der Empörung in der Bevölkerung und mobilisierten weitere Unterstützer. Zariel nutzte diese Gelegenheit, um die Bewegung zu stärken und die öffentliche Wahrnehmung zu verändern.

Erste Erfolge

Trotz der Herausforderungen erzielte die Bewegung schnell erste Erfolge. Durch die Organisation von Informationsveranstaltungen und die Nutzung sozialer Medien gelang es Zariel und den anderen Aktivisten, das Bewusstsein für die Gravimetrischen Shift-Morphs zu schärfen und eine breite Unterstützung in der Bevölkerung zu gewinnen. Diese Mobilisierung führte schließlich zu einer ersten großen Demonstration, die Tausende von Menschen auf die Straßen brachte.

Die Bewegung für Gravimetrische Shift-Morphs wurde zu einem Symbol des Widerstands gegen Unterdrückung und Ungerechtigkeit. Zariel Vox wurde als Gesicht der Bewegung bekannt und inspirierte viele, sich dem Kampf für die Rechte der Bürger anzuschließen.

Fazit

Die Gründung der Bewegung für Gravimetrische Shift-Morphs stellte einen Wendepunkt im Kampf um Bürgerrechte in Tylathar dar. Sie vereinte Menschen aus verschiedenen Lebensbereichen und schuf eine Plattform für den Ausdruck von Unmut und den Wunsch nach Veränderung. Zariel Vox und ihre Mitstreiter legten den Grundstein für einen langfristigen Widerstand, der nicht nur die Zukunft der GSM-Technologie, sondern auch die gesamte Gesellschaft von Tylathar beeinflussen sollte. Die Bewegung bleibt ein Beispiel für die Kraft des kollektiven Handelns und die Notwendigkeit, für Gerechtigkeit und Gleichheit zu kämpfen.

Zariels Rolle in der Bewegung

Zariel Vox spielte eine zentrale Rolle in der Bewegung für die Gravimetrischen Shift-Morphs in Tylathar. Als charismatische und strategisch denkende Anführerin war sie nicht nur ein Sprachrohr für die Anliegen der Aktivisten, sondern auch eine treibende Kraft hinter den entscheidenden Entscheidungen und Aktionen der Bewegung. Ihr Einfluss lässt sich in verschiedenen Aspekten ihrer Rolle zusammenfassen, die sowohl theoretische als auch praktische Dimensionen des Aktivismus umfassen.

Theoretische Grundlagen

Zariels Engagement war tief in der Theorie des sozialen Wandels verwurzelt, insbesondere in den Konzepten des *kollektiven Handelns* und der *sozialen Identität*. Diese Theorien besagen, dass Menschen sich zusammenschließen, um gemeinsame Ziele zu verfolgen, und dass ihre Identität als Teil einer Gruppe ihre Handlungen und Überzeugungen beeinflusst. Zariel verstand es, diese Theorien in die Praxis umzusetzen, indem sie eine starke Gemeinschaftsidentität innerhalb der Bewegung förderte. Sie nutzte verschiedene Kommunikationsstrategien, um die Bedeutung der Gravimetrischen Shift-Morphs als kulturelles Erbe und deren essenzielle Rolle in der Gesellschaft von Tylathar zu betonen.

Ein Beispiel für Zariels theoretischen Ansatz ist die Anwendung von *Framing-Theorie*. Sie stellte die Gravimetrischen Shift-Morphs nicht nur als technologische Innovation dar, sondern als Symbol für Freiheit und Gleichheit. Diese Umdeutung half, die öffentliche Wahrnehmung zu verändern und mehr Menschen in die Bewegung zu ziehen.

Praktische Umsetzung

In der praktischen Umsetzung ihres Aktivismus war Zariel für die Organisation und Mobilisierung von Protesten und Demonstrationen verantwortlich. Ihre Fähigkeit, Menschen zu inspirieren und zu motivieren, war entscheidend für den Erfolg der Bewegung. Zariel führte zahlreiche Workshops durch, in denen sie Strategien zur Mobilisierung und zur effektiven Nutzung von sozialen Medien lehrte. Diese Workshops halfen den Aktivisten, ihre Botschaften klar und überzeugend zu formulieren.

Ein konkretes Beispiel für Zariels praktische Rolle war die Organisation der ersten großen Demonstration gegen das Verbot der Gravimetrischen Shift-Morphs, die unter dem Motto *„Für unsere Rechte, für unsere Zukunft!"* stattfand. Diese Veranstaltung zog Tausende von Menschen an und wurde zu einem Wendepunkt in der Bewegung. Zariels geschickte Öffentlichkeitsarbeit sorgte dafür, dass die Medien umfassend über die Demonstration berichteten, was die Sichtbarkeit der Bewegung erheblich erhöhte.

Herausforderungen und Widerstände

Trotz ihrer Erfolge sah sich Zariel auch erheblichen Herausforderungen gegenüber. Die Repression durch die Behörden war eine ständige Bedrohung. Zariel erlebte persönlich die Auswirkungen dieser Repression, als sie bei einer friedlichen Protestaktion verhaftet wurde. Diese Erfahrung beeinflusste nicht nur ihre persönliche Sichtweise auf den Aktivismus, sondern auch die Strategien der Bewegung. Sie begann, die Bedeutung von Sicherheit und rechtlichem Schutz für Aktivisten zu betonen, was zu einer verstärkten Zusammenarbeit mit Anwälten und Menschenrechtsorganisationen führte.

Ein weiteres Problem war die interne Uneinigkeit innerhalb der Bewegung. Unterschiedliche Ansichten über die besten Strategien zur Bekämpfung des Verbots führten zu Spannungen. Zariel zeigte Führungsstärke, indem sie Dialoge förderte und Kompromisse suchte, um die Einheit der Bewegung zu wahren. Ihre Fähigkeit, unterschiedliche Perspektiven zu integrieren, war entscheidend für den Fortbestand der Bewegung.

Zariels Einfluss auf die Bewegung

Zariels Einfluss auf die Bewegung kann nicht hoch genug eingeschätzt werden. Sie war nicht nur eine Anführerin, sondern auch eine Mentorin für viele jüngere Aktivisten. Ihre Fähigkeit, Wissen und Erfahrungen zu teilen, half, eine neue Generation von Aktivisten zu inspirieren, die bereit waren, für ihre Überzeugungen zu kämpfen. Zariel schuf ein Netzwerk von Unterstützern und Verbündeten, das über Tylathar hinausging und internationale Aufmerksamkeit auf die Bewegung lenkte.

Zusammenfassend lässt sich sagen, dass Zariel Vox eine Schlüsselrolle in der Bewegung für die Gravimetrischen Shift-Morphs einnahm. Ihre Kombination aus theoretischem Wissen, praktischer Umsetzung und der Fähigkeit, Herausforderungen zu meistern, machte sie zu einer unverzichtbaren Figur im Kampf für Bürgerrechte in Tylathar. Ihr Vermächtnis lebt nicht nur in den Erfolgen der Bewegung weiter, sondern auch in den Herzen und Köpfen der vielen Menschen, die sie inspiriert hat.

$$E = mc^2 \qquad (12)$$

Diese berühmte Gleichung von Einstein, die die Beziehung zwischen Energie (E) und Masse (m) beschreibt, könnte metaphorisch für Zariels Einfluss auf die Bewegung stehen: Ihre Energie und Leidenschaft führten zu einer massiven Bewegung, die die Gesellschaft von Tylathar nachhaltig veränderte.

Schlussfolgerung

Zariel Vox' Rolle in der Bewegung war geprägt von ihrer Vision, ihrem Mut und ihrem Engagement für die Rechte der Gravimetrischen Shift-Morphs. Sie war nicht nur eine Anführerin, sondern auch eine Quelle der Inspiration und Hoffnung für viele. Ihre Fähigkeit, die theoretischen Grundlagen des Aktivismus in die Praxis umzusetzen, sowie ihre unermüdliche Arbeit, die Gemeinschaft zu mobilisieren, machen sie zu einer herausragenden Figur in der Geschichte des Bürgerrechtsaktivismus in Tylathar.

Strategien und Taktiken des Aktivismus

Der Aktivismus in Tylathar, insbesondere im Kontext des Widerstands gegen das Verbot der Gravimetrischen Shift-Morphs, erforderte eine Vielzahl von Strategien und Taktiken, um die Ziele der Bewegung effektiv zu erreichen. In diesem Abschnitt werden wir die wichtigsten Methoden untersuchen, die Zariel Vox und ihre Mitstreiter anwendeten, um auf die Missstände aufmerksam zu machen und Veränderungen herbeizuführen.

1. Bildung und Aufklärung

Ein zentraler Aspekt der Aktivismus-Strategie war die Bildung. Zariel Vox und ihre Bewegung erkannten frühzeitig, dass das Verständnis der Gravimetrischen Shift-Morphs und ihrer Bedeutung für die Gesellschaft von entscheidender Bedeutung war. Um dies zu erreichen, wurden Workshops, Seminare und Informationsveranstaltungen organisiert, die sich sowohl an die allgemeine Öffentlichkeit als auch an spezifische Zielgruppen richteten.

Die Aufklärung über die Vorteile und das Potenzial der Gravimetrischen Shift-Morphs war entscheidend, um Vorurteile abzubauen und das Bewusstsein für die Ungerechtigkeiten zu schärfen. Die Bewegung nutzte auch soziale Medien, um Informationsmaterial zu verbreiten und eine breitere Öffentlichkeit zu erreichen. Hierbei kam es zu einer exponentiellen Verbreitung von Inhalten, die sowohl wissenschaftliche als auch emotionale Argumente beinhalteten, um die Menschen zu mobilisieren.

2. Mobilisierung der Gemeinschaft

Ein weiterer wichtiger strategischer Ansatz war die Mobilisierung der Gemeinschaft. Zariel Vox verstand, dass ein erfolgreicher Aktivismus nur dann möglich ist, wenn die Gemeinschaft aktiv in den Prozess eingebunden wird. Dies geschah durch die Bildung von lokalen Gruppen, die sich regelmäßig trafen, um Ideen auszutauschen, Aktionen zu planen und ihre Erfahrungen zu teilen.

Die Bewegung führte auch öffentliche Versammlungen und Demonstrationen durch, um ein starkes Zeichen der Solidarität zu setzen. Diese Veranstaltungen waren nicht nur eine Möglichkeit, um auf die Problematik aufmerksam zu machen, sondern auch ein Ort, an dem Menschen ihre Geschichten teilen konnten. Die persönliche Verbindung zur Thematik half, das Engagement zu verstärken und ein Gefühl der Zugehörigkeit zu schaffen.

3. Strategische Allianzen

Zariel Vox und ihre Mitstreiter erkannten die Notwendigkeit, strategische Allianzen mit anderen Gruppen und Organisationen zu bilden, die ähnliche Ziele verfolgten. Diese Allianzen ermöglichten es der Bewegung, Ressourcen zu bündeln und die Reichweite ihrer Botschaften zu erweitern.

Die Zusammenarbeit mit anderen Aktivistengruppen, sowohl innerhalb als auch außerhalb von Tylathar, führte zu einem stärkeren und kohärenteren Widerstand. Ein Beispiel hierfür war die Partnerschaft mit intergalaktischen Organisationen, die sich für Bürgerrechte und Umweltschutz einsetzten. Diese Kooperationen ermöglichten es der Bewegung, auf eine breitere Plattform zuzugreifen und internationale Unterstützung zu gewinnen.

4. Nutzung von Medien und Technologie

Die Medien spielten eine entscheidende Rolle in der Strategie von Zariel Vox. Die Bewegung nutzte traditionelle Medien, wie Zeitungen und Fernsehsender, um ihre Botschaft zu verbreiten und die Öffentlichkeit über die Ungerechtigkeiten aufzuklären. Gleichzeitig war die Nutzung sozialer Medien von enormer Bedeutung, um jüngere Generationen anzusprechen und eine virale Verbreitung von Informationen zu ermöglichen.

Die Schaffung von Hashtags, die die Bewegung repräsentierten, und die Veröffentlichung von Videos, in denen persönliche Geschichten erzählt wurden, halfen dabei, das Thema in den sozialen Netzwerken zu verankern. Ein Beispiel ist der Hashtag #ShiftForChange, der schnell zu einem Symbol des Widerstands wurde und Millionen von Menschen erreichte.

5. Kreative Protestformen

Zariel Vox und ihre Mitstreiter waren auch für ihre kreativen Protestformen bekannt. Diese reichten von Kunstinstallationen, die die Schönheit der Gravimetrischen Shift-Morphs zeigten, bis hin zu performativen Aktionen, die die Absurdität des Verbots hervorhoben.

Ein bemerkenswertes Beispiel war die „Shift Parade", bei der Aktivisten in bunten Kostümen und mit auffälligen Schildern durch die Straßen von Tylathar zogen. Diese Art von Protest war nicht nur visuell ansprechend, sondern zog auch die Aufmerksamkeit der Medien auf sich und führte zu einer breiten Diskussion über die Rechte der Gravimetrischen Shift-Morphs.

6. Rechtliche Strategien

Ein weiterer wichtiger Aspekt des Aktivismus war die rechtliche Strategie. Zariel Vox und ihre Bewegung zogen Anwälte und Rechtsexperten hinzu, um die rechtlichen Grundlagen des Verbots zu hinterfragen. Durch die Einreichung von Klagen und die Durchführung von Gerichtsverfahren wurde versucht, das Verbot der Gravimetrischen Shift-Morphs zu kippen.

Die rechtlichen Auseinandersetzungen waren oft langwierig und belastend, aber sie waren auch entscheidend, um die Aufmerksamkeit der Öffentlichkeit auf die Ungerechtigkeiten zu lenken. Die Bewegung konnte durch diese rechtlichen Schritte nicht nur ihre Position stärken, sondern auch das Bewusstsein für die Problematik auf eine neue Ebene heben.

7. Psychologische Unterstützung und Resilienz

Der Aktivismus kann emotional und psychologisch belastend sein. Zariel Vox und ihre Bewegung erkannten die Notwendigkeit, psychologische Unterstützung für Aktivisten anzubieten. Dies geschah durch die Einrichtung von Unterstützungsgruppen, in denen Erfahrungen ausgetauscht und Strategien zur Bewältigung von Stress und Druck entwickelt wurden.

Diese Gruppen halfen den Aktivisten, Resilienz zu entwickeln und die Herausforderungen des Aktivismus zu meistern. Die Förderung eines gesunden Umgangs mit Stress und die Schaffung eines unterstützenden Umfelds waren entscheidend für den langfristigen Erfolg der Bewegung.

8. Reflexion und Anpassung der Strategien

Ein weiterer wichtiger Aspekt der Aktivismus-Strategie war die kontinuierliche Reflexion und Anpassung. Zariel Vox und ihre Mitstreiter waren sich bewusst, dass die Umstände sich ständig ändern und dass es notwendig war, flexibel zu bleiben. Regelmäßige Treffen zur Evaluierung der Strategien und zur Anpassung an neue Herausforderungen halfen der Bewegung, relevant zu bleiben und effektiv zu agieren.

Die Fähigkeit, aus Fehlern zu lernen und sich an neue Gegebenheiten anzupassen, war ein Schlüsselfaktor für den Erfolg der Bewegung. Diese Reflexion führte zu innovativen Ansätzen und einer stärkeren Kohärenz in der Strategie.

Fazit

Die Strategien und Taktiken des Aktivismus, die von Zariel Vox und ihrer Bewegung entwickelt wurden, waren vielfältig und anpassungsfähig. Durch Bildung, Mobilisierung, strategische Allianzen, Mediennutzung, kreative Protestformen, rechtliche Strategien, psychologische Unterstützung und kontinuierliche Reflexion konnte die Bewegung erfolgreich gegen das Verbot der Gravimetrischen Shift-Morphs kämpfen. Diese Ansätze bieten wertvolle Lektionen für zukünftige Aktivisten und zeigen, wie wichtig ein ganzheitlicher und integrativer Ansatz im Aktivismus ist.

Mobilisierung der Gemeinschaft

Die Mobilisierung der Gemeinschaft war ein entscheidender Faktor im Widerstand gegen das Verbot der gravimetrischen Shift-Morphs in Tylathar. Zariel Vox und die Bewegung, die sie anführte, erkannten schnell, dass der Erfolg ihrer Bestrebungen stark von der aktiven Teilnahme und dem Engagement der Bevölkerung abhängt. Diese Mobilisierung war nicht nur eine Frage der Anzahl der Menschen, die sich beteiligten, sondern auch der Qualität und Tiefe ihres Engagements.

Theoretische Grundlagen der Mobilisierung

Die Mobilisierung von Gemeinschaften kann durch verschiedene theoretische Rahmenwerke verstanden werden. Ein zentraler Aspekt ist die *Theorie des sozialen Wandels*, die besagt, dass kollektives Handeln notwendig ist, um gesellschaftliche Veränderungen zu bewirken. In Tylathar war es entscheidend, dass die Bürger sich nicht nur als passive Zuschauer, sondern als aktive Teilnehmer an der Bewegung verstanden. Dies wurde durch die Anwendung von *kollektiven Identitäten* erreicht, die es den Menschen ermöglichten, sich mit den Zielen der Bewegung zu identifizieren.

Ein weiterer wichtiger theoretischer Ansatz ist die *Ressourc mobilisierungstheorie*, die besagt, dass der Zugang zu Ressourcen wie Zeit, Geld und Fähigkeiten entscheidend für die Mobilisierung ist. Zariel und ihr Team arbeiteten daran, diese Ressourcen zu identifizieren und zu mobilisieren, um eine breite Basis für den Widerstand zu schaffen.

Strategien zur Mobilisierung

Die Strategien zur Mobilisierung der Gemeinschaft umfassten mehrere Ansätze:

- **Aufklärungskampagnen:** Zariel und ihr Team organisierten Informationsveranstaltungen, um die Bevölkerung über die Bedeutung der gravimetrischen Shift-Morphs aufzuklären. Diese Veranstaltungen beinhalteten Vorträge, Diskussionsrunden und Workshops, die darauf abzielten, das Bewusstsein für die Thematik zu schärfen.

- **Soziale Medien:** Die Nutzung sozialer Medien spielte eine entscheidende Rolle bei der Mobilisierung. Plattformen wie *Tylathar Connect* wurden genutzt, um Informationen zu verbreiten, Veranstaltungen anzukündigen und eine Community zu schaffen. Die virale Natur von sozialen Medien half, eine breitere Öffentlichkeit zu erreichen und das Engagement zu steigern.

- **Partnerschaften mit lokalen Organisationen:** Zariel suchte aktiv die Zusammenarbeit mit bestehenden lokalen Organisationen, die ähnliche Ziele verfolgten. Diese Allianzen ermöglichten es, Ressourcen zu bündeln und die Reichweite der Bewegung zu erhöhen.

- **Direkte Aktionen:** Die Bewegung organisierte direkte Aktionen, um auf das Verbot der gravimetrischen Shift-Morphs aufmerksam zu machen. Dazu gehörten friedliche Proteste, Sit-ins und kreative Aktionen, die die Aufmerksamkeit der Medien auf sich zogen.

Herausforderungen bei der Mobilisierung

Trotz der erfolgreichen Mobilisierungsstrategien gab es auch erhebliche Herausforderungen. Eine der größten Schwierigkeiten war die *Angst vor Repression*. Viele Menschen in Tylathar waren besorgt über mögliche negative Konsequenzen, die sich aus ihrem Engagement für die Bewegung ergeben könnten.

Diese Angst wurde durch staatliche Einschüchterung und die Überwachung von Aktivisten verstärkt.

Ein weiteres Problem war die *Fragmentierung der Gemeinschaft*. Tylathar ist ein vielfältiger Ort mit unterschiedlichen kulturellen und sozialen Gruppen. Es war eine Herausforderung, eine gemeinsame Basis zu finden und alle Gruppen in den Mobilisierungsprozess einzubeziehen. Zariel und ihr Team mussten Wege finden, um die unterschiedlichen Perspektiven zu integrieren und ein Gefühl der Einheit zu schaffen.

Beispiele erfolgreicher Mobilisierung

Ein herausragendes Beispiel für die erfolgreiche Mobilisierung war die *„Nacht der Lichter"*-Veranstaltung, die von Zariel ins Leben gerufen wurde. Bei dieser Veranstaltung versammelten sich Tausende von Menschen in den Straßen von Tylathar, um Kerzen anzuzünden und ihre Unterstützung für die gravimetrischen Shift-Morphs zu zeigen. Die Veranstaltung wurde nicht nur lokal, sondern auch international von den Medien aufgegriffen, was zu einem Anstieg des öffentlichen Interesses und der Unterstützung führte.

Ein weiteres Beispiel war die Gründung des *„Netzwerks für gravimetrische Gerechtigkeit"*, das verschiedene Organisationen und Einzelpersonen zusammenbrachte, um gemeinsame Ressourcen zu nutzen und strategische Aktionen zu planen. Dieses Netzwerk ermöglichte es, die Mobilisierung zu verstärken und eine einheitliche Stimme gegen das Verbot zu entwickeln.

Schlussfolgerung

Die Mobilisierung der Gemeinschaft war ein zentraler Bestandteil des Widerstands gegen das Verbot der gravimetrischen Shift-Morphs in Tylathar. Durch die Anwendung verschiedener Strategien und das Überwinden von Herausforderungen konnte Zariel Vox eine breite und engagierte Bewegung schaffen. Diese Mobilisierung war nicht nur entscheidend für die unmittelbaren Ziele der Bewegung, sondern hat auch langfristige Auswirkungen auf das gesellschaftliche Engagement und die Bürgerrechtsbewegung in Tylathar. Die Erfahrungen und Lektionen, die aus dieser Mobilisierung gezogen wurden, dienen als wertvolle Grundlage für zukünftige Aktivisten und Bewegungen, die sich für Gerechtigkeit und Gleichheit einsetzen.

Widerstand gegen das Verbot

Der Widerstand gegen das Verbot der Gravimetrischen Shift-Morphs in Tylathar war nicht nur ein Akt des Protests, sondern auch eine tiefgreifende Bewegung, die die gesamte Gesellschaft mobilisierte. In dieser Sektion untersuchen wir die verschiedenen Facetten des Widerstands, die Strategien, die von Zariel Vox und ihrer Bewegung eingesetzt wurden, sowie die Herausforderungen, die sie dabei überwinden mussten.

Politische und gesellschaftliche Rahmenbedingungen

Das Verbot der Gravimetrischen Shift-Morphs wurde von der Regierung Tylathars als ein notwendiger Schritt zur Aufrechterhaltung der öffentlichen Sicherheit und Ordnung gerechtfertigt. Die offizielle Argumentation basierte auf der Annahme, dass diese Technologien potenziell gefährlich seien und die Kontrolle über die Bevölkerung gefährden könnten. Diese Sichtweise war jedoch nicht universell akzeptiert. Viele Bürger, angeführt von Zariel Vox, sahen in diesem Verbot eine ungerechtfertigte Einschränkung ihrer Rechte und Freiheiten.

Mobilisierung der Gemeinschaft

Die Mobilisierung der Gemeinschaft war ein zentrales Element des Widerstands. Zariel Vox erkannte frühzeitig, dass der Erfolg der Bewegung von der Unterstützung der Bevölkerung abhing. Sie organisierte Informationsveranstaltungen, um die Bürger über die Vorteile der Gravimetrischen Shift-Morphs aufzuklären. Diese Veranstaltungen dienten nicht nur der Aufklärung, sondern auch der Schaffung eines Gemeinschaftsgefühls. Zariel nutzte die Prinzipien der sozialen Identitätstheorie, um die Menschen zu motivieren, sich als Teil einer größeren Bewegung zu sehen.

Die folgende Gleichung kann als Modell für die Mobilisierung der Gemeinschaft betrachtet werden:

$$M = I \times A \times C \tag{13}$$

wobei M die Mobilisierung darstellt, I die Identität der Gemeinschaft, A die Aktionen, die unternommen werden, und C die Kommunikation zwischen den Mitgliedern. Diese Gleichung verdeutlicht, wie wichtig es ist, dass die Identität der Gemeinschaft stark ist, um effektive Aktionen zu unternehmen und die Kommunikation aufrechtzuerhalten.

Strategien des Widerstands

Die Bewegung für Gravimetrische Shift-Morphs setzte eine Vielzahl von Strategien ein, um gegen das Verbot vorzugehen. Dazu gehörten:

- **Direkte Aktionen:** Proteste und Demonstrationen wurden organisiert, um auf die Ungerechtigkeit des Verbots aufmerksam zu machen. Diese Veranstaltungen zogen nicht nur die Aufmerksamkeit der Medien auf sich, sondern mobilisierten auch Unterstützer aus verschiedenen sozialen Schichten.

- **Rechtliche Schritte:** Zariel und ihre Mitstreiter reichten Klagen gegen das Verbot ein. Sie argumentierten, dass das Verbot gegen grundlegende Bürgerrechte verstößt, und beriefen sich auf internationale Menschenrechtskonventionen.

- **Nutzung von sozialen Medien:** Die sozialen Medien wurden als Plattform genutzt, um Informationen zu verbreiten und die Öffentlichkeit zu mobilisieren. Hashtags wie #ShiftForFreedom wurden populär und halfen, die Bewegung zu verbreiten.

Diese Strategien waren nicht ohne Herausforderungen. Die Regierung reagierte mit Repression und versuchte, die Bewegung durch Einschüchterung und Überwachung zu unterdrücken.

Herausforderungen und Rückschläge

Der Widerstand sah sich zahlreichen Herausforderungen gegenüber. Die ersten Demonstrationen wurden oft gewaltsam von der Polizei aufgelöst, was zu Verhaftungen und Verletzungen führte. Zariel selbst wurde mehrmals festgenommen, was jedoch den Widerstand nicht schwächte, sondern im Gegenteil, ihn verstärkte. Die folgenden Gleichungen verdeutlichen die Beziehung zwischen Widerstand und Repression:

$$R = f(E, S) \tag{14}$$

wobei R der Widerstand ist, E die Erfahrungen mit Repression und S die Solidarität innerhalb der Gemeinschaft. Diese Beziehung zeigt, dass je mehr Repression die Bewegung erfährt, desto stärker der Widerstand und die Solidarität unter den Mitgliedern wird.

Ein Beispiel für einen Rückschlag war die Verhaftung von Schlüsselpersonen der Bewegung, die zu einem temporären Rückgang der Aktivitäten führte. Zariel und ihre Unterstützer mussten kreative Wege finden, um die Moral hochzuhalten und die Bewegung am Leben zu erhalten.

Erfolge und Fortschritte

Trotz der Herausforderungen erzielte die Bewegung auch bedeutende Erfolge. Die öffentliche Wahrnehmung des Verbots begann sich zu ändern, als die Medien über die Ungerechtigkeit berichteten. Zariels unermüdlicher Einsatz führte dazu, dass mehr Menschen sich der Bewegung anschlossen und die Unterstützung wuchs.

Ein zentraler Erfolg war die Organisation einer großangelegten Demonstration, die Tausende von Menschen auf die Straßen brachte und die Aufmerksamkeit der nationalen und internationalen Medien auf sich zog. Diese Demonstration wurde zu einem Wendepunkt in der Bewegung und zeigte, dass der Widerstand gegen das Verbot nicht nur eine lokale Angelegenheit war, sondern ein intergalaktales Anliegen.

Fazit

Der Widerstand gegen das Verbot der Gravimetrischen Shift-Morphs in Tylathar war ein komplexer Prozess, der von der Mobilisierung der Gemeinschaft, strategischen Aktionen und der Überwindung von Herausforderungen geprägt war. Zariel Vox spielte eine entscheidende Rolle in diesem Widerstand und inspirierte viele, sich für ihre Rechte einzusetzen. Der Widerstand war nicht nur ein Kampf gegen ein spezifisches Verbot, sondern auch ein Kampf für die grundlegenden Menschenrechte und die Freiheit der Bürger in Tylathar. Die Erfahrungen und Lehren aus diesem Widerstand sind auch heute noch von großer Bedeutung und zeigen, wie wichtig es ist, für Gerechtigkeit und Gleichheit zu kämpfen.

Zusammenarbeit mit anderen Gruppen

Die Zusammenarbeit mit anderen Gruppen stellte einen entscheidenden Aspekt in Zariel Vox' Aktivismus dar. In der komplexen politischen Landschaft von Tylathar war es unerlässlich, Allianzen zu bilden, um die Bewegung für die Gravimetrischen Shift-Morphs zu stärken und ihre Ziele effektiver zu verfolgen. Diese Kooperationen ermöglichten es, Ressourcen zu bündeln, Erfahrungen auszutauschen und eine breitere Öffentlichkeit für die Anliegen der Bewegung zu sensibilisieren.

Theoretische Grundlagen der Zusammenarbeit

Die Theorie der sozialen Bewegungen legt nahe, dass Kooperation zwischen verschiedenen Gruppen die Effektivität von Aktivismus erheblich steigern kann. Laut Tilly (2004) ist die Bildung von Netzwerken und Allianzen ein entscheidender Faktor für den Erfolg von sozialen Bewegungen. Diese Theorie wird durch das Konzept der *kollektiven Identität* unterstützt, das beschreibt, wie Gruppen gemeinsame Ziele und Werte teilen, um ihre Kräfte zu bündeln und ihre Stimme zu verstärken. In Tylathar war die Schaffung einer kollektiven Identität unter den verschiedenen Gruppen, die sich für die Rechte der Gravimetrischen Shift-Morphs einsetzten, entscheidend.

Probleme der Zusammenarbeit

Trotz der Vorteile gab es auch erhebliche Herausforderungen bei der Zusammenarbeit mit anderen Gruppen. Unterschiedliche Prioritäten und Strategien führten häufig zu Spannungen. Einige Gruppen, die sich für Umweltfragen einsetzten, hatten möglicherweise nicht die gleiche Dringlichkeit in Bezug auf die Rechte der Gravimetrischen Shift-Morphs. Diese Divergenz konnte zu Konflikten führen, die die gemeinsame Front schwächten.

Ein weiteres Problem war die Frage der Ressourcenverteilung. Während einige Gruppen über umfangreiche finanzielle Mittel verfügten, hatten andere Schwierigkeiten, die notwendigen Mittel für ihre Aktivitäten zu sichern. Diese Ungleichheit konnte zu einem Ungleichgewicht in der Zusammenarbeit führen, wobei einige Gruppen dominanter wurden als andere.

Beispiele erfolgreicher Kooperationen

Trotz dieser Herausforderungen gab es auch bemerkenswerte Beispiele für erfolgreiche Kooperationen. Eine der bedeutendsten Allianzen wurde mit der *Intergalaktischen Koalition für Rechte* (IKR) gebildet, die sich für die Rechte aller nicht-menschlichen Wesen einsetzt. Diese Kooperation ermöglichte es Zariel Vox, die Anliegen der Gravimetrischen Shift-Morphs auf eine breitere Plattform zu bringen und internationale Aufmerksamkeit zu gewinnen.

Ein weiteres Beispiel war die Zusammenarbeit mit der *Umweltbewegung Tylathar*, die sich für den Schutz der natürlichen Lebensräume der Gravimetrischen Shift-Morphs einsetzte. Durch gemeinsame Veranstaltungen und Kampagnen konnten sie eine größere Öffentlichkeit erreichen und die Verbindung zwischen Umweltschutz und den Rechten der Morphs herausstellen.

Diese strategische Zusammenarbeit half, die öffentliche Wahrnehmung zu verändern und das Bewusstsein für die Anliegen beider Gruppen zu schärfen.

Strategien zur Förderung der Zusammenarbeit

Um die Zusammenarbeit zu fördern, entwickelte Zariel Vox verschiedene Strategien. Eine davon war die Organisation von *Kreuzveranstaltungen*, bei denen verschiedene Gruppen eingeladen wurden, ihre Anliegen zu präsentieren und gemeinsam an Lösungen zu arbeiten. Diese Veranstaltungen förderten nicht nur den Austausch von Ideen, sondern auch das Verständnis und die Empathie zwischen den Gruppen.

Zudem wurden regelmäßige *Koordinierungstreffen* abgehalten, um sicherzustellen, dass alle Beteiligten auf dem gleichen Stand waren und ihre Strategien anpassen konnten. Diese Treffen halfen, Missverständnisse zu klären und die Zusammenarbeit zu stärken.

Langfristige Auswirkungen der Zusammenarbeit

Die langfristigen Auswirkungen der Zusammenarbeit mit anderen Gruppen waren erheblich. Durch die Bildung von Allianzen konnte die Bewegung für die Gravimetrischen Shift-Morphs nicht nur ihre Reichweite erweitern, sondern auch ihre Glaubwürdigkeit erhöhen. Die Unterstützung durch etablierte Gruppen verlieh der Bewegung Legitimität und öffnete Türen zu neuen Ressourcen und Netzwerken.

Insgesamt zeigt die Zusammenarbeit mit anderen Gruppen, dass Solidarität und gemeinsames Handeln entscheidend für den Erfolg von Bürgerrechtsbewegungen sind. Zariel Vox' Fähigkeit, Brücken zu bauen und verschiedene Interessen zu vereinen, spielte eine zentrale Rolle in der Entwicklung und dem Wachstum der Bewegung für die Gravimetrischen Shift-Morphs in Tylathar.

Nutzung der Medien für die Sache

Die Nutzung der Medien spielte eine entscheidende Rolle im Widerstand von Zariel Vox gegen das Verbot der Gravimetrischen Shift-Morphs in Tylathar. In einer Zeit, in der Informationen schnell verbreitet werden können, erkannten Zariel und ihre Mitstreiter die Macht der Medien, um ihre Botschaft zu verbreiten, die Gemeinschaft zu mobilisieren und die Öffentlichkeit auf die Ungerechtigkeiten aufmerksam zu machen, die sie erlebten.

Theoretische Grundlagen

Die Medien sind nicht nur ein Werkzeug zur Informationsverbreitung, sondern auch ein Schlüssel zur Schaffung von Narrativen und zur Beeinflussung der öffentlichen Meinung. Laut McCombs und Shaw (1972) spielt die Medienberichterstattung eine entscheidende Rolle bei der Festlegung der Agenda in der Gesellschaft. Ihre Theorie besagt, dass die Medien nicht nur darüber berichten, worüber die Menschen nachdenken, sondern auch, was sie denken sollten. Diese Erkenntnis war für Zariel und ihre Bewegung von zentraler Bedeutung.

Darüber hinaus ist die Theorie des sozialen Konstruktivismus von Berger und Luckmann (1966) relevant, da sie erklärt, wie soziale Realitäten durch Kommunikation und Interaktion geschaffen werden. Die Bewegung um Zariel Vox nutzte die Medien, um ihre Realität zu konstruieren und die Wahrnehmung der Gravimetrischen Shift-Morphs als legitimen Teil der Gesellschaft zu fördern.

Strategien der Mediennutzung

Zariel und ihr Team entwickelten eine Vielzahl von Strategien, um die Medien für ihre Sache zu nutzen:

+ **Soziale Medien:** Plattformen wie TylatharBook und Instaglam wurden intensiv genutzt, um Informationen zu verbreiten, Veranstaltungen zu organisieren und Unterstützer zu mobilisieren. Durch die Schaffung von viralen Kampagnen konnten sie eine breite Öffentlichkeit erreichen.

+ **Pressemitteilungen:** Offizielle Pressemitteilungen wurden erstellt, um die Medien über wichtige Ereignisse und Erfolge der Bewegung zu informieren. Diese Dokumente dienten als Grundlage für Berichterstattung in traditionellen Medien.

+ **Interviews und öffentliche Auftritte:** Zariel trat in verschiedenen Medienformaten auf, von Podcasts bis hin zu Fernsehdiskussionen, um ihre Perspektive und die Anliegen der Bewegung zu teilen. Diese Auftritte halfen, das Bewusstsein zu schärfen und eine breitere Unterstützung zu gewinnen.

+ **Dokumentationen und Kurzfilme:** Die Bewegung produzierte visuelle Medien, die die Geschichten von Betroffenen und die Auswirkungen des Verbots der Gravimetrischen Shift-Morphs dokumentierten. Diese Filme wurden auf sozialen Medien und bei Veranstaltungen gezeigt, um emotionale Resonanz zu erzeugen.

Herausforderungen und Probleme

Trotz der effektiven Nutzung der Medien stieß die Bewegung auch auf erhebliche Herausforderungen:

+ **Zensur und Repression:** Die Behörden in Tylathar versuchten, kritische Stimmen zum Schweigen zu bringen. Berichte über Zensur und die Schließung von sozialen Medienkonten waren häufig. Zariel und ihre Unterstützer mussten kreative Wege finden, um diese Zensur zu umgehen.

+ **Falsche Informationen:** In der digitalen Welt ist die Verbreitung von Fehlinformationen ein ernstes Problem. Die Bewegung sah sich oft mit falschen Darstellungen ihrer Ziele und ihrer Ideologie konfrontiert, was zu Verwirrung und Misstrauen in der Öffentlichkeit führte.

+ **Fragmentierung der Öffentlichkeit:** Die Vielzahl an Medienkanälen führte dazu, dass die Öffentlichkeit fragmentiert wurde. Verschiedene Gruppen hatten unterschiedliche Narrative, was es schwierig machte, eine einheitliche Botschaft zu vermitteln.

Beispiele für erfolgreiche Medienkampagnen

Trotz dieser Herausforderungen gab es mehrere bemerkenswerte Erfolge in der Mediennutzung:

+ **Die Kampagne „Shift for Change":** Diese Kampagne nutzte virale Videos, um die Vorteile der Gravimetrischen Shift-Morphs zu präsentieren. Die Videos wurden millionenfach geteilt und trugen dazu bei, das öffentliche Interesse zu wecken.

+ **Die „March for Freedom"-Demonstration:** Durch die gezielte Nutzung von sozialen Medien konnte die Bewegung eine große Anzahl von Unterstützern mobilisieren, die an der Demonstration teilnahmen. Live-Übertragungen und Hashtags wie #Shift4Rights machten die Veranstaltung zu einem weltweiten Trend.

+ **Interaktive Online-Foren:** Zariel initiierte regelmäßige Online-Diskussionen, in denen Mitglieder der Gemeinschaft ihre

Erfahrungen und Anliegen teilen konnten. Diese Foren schufen ein Gefühl der Zugehörigkeit und stärkten die Gemeinschaft.

Fazit

Die Nutzung der Medien war für Zariel Vox und ihre Bewegung von entscheidender Bedeutung. Sie ermöglichte es ihnen, ihre Botschaft zu verbreiten, Unterstützung zu mobilisieren und das Bewusstsein für die Ungerechtigkeiten, die sie erlebten, zu schärfen. Trotz der Herausforderungen, denen sie gegenüberstanden, konnten sie durch kreative und strategische Mediennutzung einen bedeutenden Einfluss auf die öffentliche Meinung und die politischen Entscheidungen in Tylathar ausüben. Die Lehren aus ihrer Medienstrategie sind auch für zukünftige Aktivisten von Bedeutung, da sie die Macht der Medien zur Förderung sozialer Gerechtigkeit verdeutlichen.

Erfolge und Rückschläge

Im Verlauf von Zariel Vox' Aktivismus für die Gravimetrischen Shift-Morphs in Tylathar gab es sowohl bedeutende Erfolge als auch herausfordernde Rückschläge. Diese Erfahrungen prägten nicht nur die Bewegung, sondern auch Zariel selbst und seine Philosophie des Widerstands.

Erfolge der Bewegung

Die ersten Erfolge der Bewegung waren oft das Ergebnis strategischer Planung und engagierter Mobilisierung. Ein bemerkenswerter Erfolg war die erste große Demonstration, die Zariel und seine Mitstreiter organisierten. Diese fand in der Hauptstadt von Tylathar statt und zog Tausende von Unterstützern an. Die Demonstration war nicht nur eine Ansammlung von Menschen, sondern auch ein gut orchestrierter Ausdruck von Solidarität und Entschlossenheit.

Die mediale Berichterstattung über das Ereignis war überwältigend. Die Nachrichtenagenturen berichteten nicht nur über die Anzahl der Teilnehmer, sondern auch über die leidenschaftlichen Reden, die die Missstände und die Bedeutung der Gravimetrischen Shift-Morphs thematisierten. Diese Berichterstattung führte zu einem Anstieg des öffentlichen Interesses und der Unterstützung für die Bewegung.

Ein weiterer bedeutender Erfolg war die Bildung von Allianzen mit anderen Bürgerrechtsgruppen. Diese Kooperationen ermöglichten es der Bewegung, ihre Reichweite zu erweitern und Ressourcen zu bündeln. Die Zusammenarbeit mit Organisationen, die sich für ähnliche Anliegen einsetzten, führte zu einem stärkeren kollektiven Druck auf die Regierung von Tylathar, das Verbot der Gravimetrischen Shift-Morphs zu überdenken.

Rückschläge und Herausforderungen

Trotz dieser Erfolge war der Weg des Aktivismus nicht ohne Rückschläge. Ein wesentlicher Rückschlag war die Reaktion der Regierung auf die wachsende Bewegung. Die Behörden begannen, die Proteste zu unterdrücken, indem sie Gesetze erließen, die das Versammlungsrecht einschränkten. Zariel und seine Mitstreiter sahen sich zunehmend mit Repression und Einschüchterung konfrontiert.

Ein konkretes Beispiel hierfür war die brutale Auflösung einer friedlichen Versammlung, die Zariel organisiert hatte. Die Polizei setzte Gewalt ein, um die Teilnehmer zu zerstreuen, was zu zahlreichen Verletzungen führte. Diese Ereignisse wurden von den Medien aufgegriffen und führten zu einer Spaltung innerhalb der Bewegung. Einige Mitglieder fühlten sich durch die Gewalt demotiviert und zogen sich zurück, während andere entschlossen waren, den Widerstand fortzusetzen.

Die rechtlichen Kämpfe, die folgten, waren ebenfalls eine große Herausforderung. Zariel und andere Aktivisten wurden vor Gericht gestellt, was nicht nur finanzielle Belastungen mit sich brachte, sondern auch die psychologische Belastung des Aktivismus verstärkte. In einem besonders aufsehenerregenden Fall wurde Zariel wegen „Aufwiegelung" angeklagt, was zu einem kurzen Gefängnisaufenthalt führte. Diese Erfahrungen prägten nicht nur seine Sichtweise, sondern auch die der Bewegung insgesamt.

Die Bedeutung von Rückschlägen

Rückschläge sind oft entscheidend für das Wachstum und die Entwicklung einer Bewegung. Sie zwingen die Aktivisten, ihre Strategien zu überdenken und sich neu zu orientieren. Zariel erkannte, dass jeder Rückschlag auch eine Gelegenheit zur Reflexion und zur Stärkung der Gemeinschaft darstellt. In einer seiner leidenschaftlichsten Reden nach einem Rückschlag betonte er:

> „Jeder Rückschlag ist kein Ende, sondern ein neuer Anfang. Wir sind nicht hier, um zu verlieren, sondern um zu lernen und zu wachsen."

Diese Philosophie half nicht nur Zariel, sondern auch seinen Mitstreitern, die Herausforderungen des Aktivismus zu bewältigen. Sie lernten, dass die Fähigkeit, sich von Rückschlägen zu erholen, ein zentraler Bestandteil des Widerstands ist.

Fazit

Die Erfolge und Rückschläge, die Zariel Vox und die Bewegung für Gravimetrische Shift-Morphs erlebten, sind ein Spiegelbild der Komplexität des Aktivismus. Während Erfolge oft als Höhepunkte gefeiert werden, sind es die Rückschläge, die die Widerstandsfähigkeit und den Charakter einer Bewegung formen. Zariels Fähigkeit, trotz der Herausforderungen weiterzumachen, inspirierte viele und zeigte, dass der Kampf für Gerechtigkeit oft mit Schwierigkeiten verbunden ist, aber auch mit der Möglichkeit, eine nachhaltige Veränderung zu bewirken.

Diese Erfahrungen legten den Grundstein für die Philosophie des Widerstands, die Zariel und seine Bewegung prägten, und unterstrichen die Notwendigkeit von Solidarität und Entschlossenheit in der Verfolgung von Bürgerrechten in Tylathar und darüber hinaus.

Die Bedeutung von Solidarität

Die Solidarität spielt eine zentrale Rolle im Bürgerrechtsaktivismus, insbesondere in der Bewegung für Gravimetrische Shift-Morphs in Tylathar. Sie ist nicht nur ein emotionaler Ausdruck des Zusammenhalts, sondern auch eine strategische Notwendigkeit, um gegen die Unterdrückung und Diskriminierung zu kämpfen. In diesem Abschnitt werden wir die verschiedenen Dimensionen der Solidarität untersuchen, ihre theoretischen Grundlagen, die Herausforderungen, die sie mit sich bringt, und konkrete Beispiele, die ihre Bedeutung illustrieren.

Theoretische Grundlagen der Solidarität

Solidarität ist ein Konzept, das in der Sozialwissenschaft und der politischen Theorie umfassend diskutiert wird. Der französische Sozialphilosoph Émile Durkheim beschrieb Solidarität als das soziale Band, das Individuen in einer Gesellschaft verbindet. Er unterschied zwischen mechanischer und organischer Solidarität, wobei erstere auf Ähnlichkeiten in der Gemeinschaft basiert, während letztere auf der Interdependenz von Individuen beruht, die unterschiedliche Rollen und Funktionen erfüllen.

In der Kontext des Aktivismus, wie bei Zariel Vox, ist die organische Solidarität besonders relevant. Sie ermöglicht es, dass verschiedene Gruppen und Individuen trotz ihrer Unterschiede zusammenarbeiten, um ein gemeinsames Ziel zu erreichen. Diese Form der Solidarität erfordert ein hohes Maß an Empathie und Verständnis für die Kämpfe anderer, was in der multikulturellen Gesellschaft von Tylathar von entscheidender Bedeutung ist.

Herausforderungen der Solidarität

Trotz ihrer fundamentalen Bedeutung kann Solidarität auch Herausforderungen mit sich bringen. Eine der größten Hürden ist das Risiko der Fragmentierung innerhalb einer Bewegung. Unterschiedliche Ideologien, kulturelle Hintergründe und persönliche Erfahrungen können zu Spannungen führen, die die Einheit gefährden. Zariel Vox und ihre Mitstreiter mussten oft gegen interne Konflikte ankämpfen, die aus unterschiedlichen Ansichten über die Strategie und Taktik des Aktivismus resultierten.

Ein weiteres Problem ist die Gefahr der Ausbeutung von Solidarität. In vielen Fällen können mächtige Akteure versuchen, sich der Solidarität der Aktivisten zu bedienen, um ihre eigenen Interessen zu fördern. Dies erfordert eine ständige Reflexion und kritische Analyse der Beziehungen innerhalb der Bewegung und zu externen Partnern.

Beispiele für Solidarität in der Bewegung

Trotz der Herausforderungen gab es zahlreiche Beispiele für Solidarität in der Bewegung für Gravimetrische Shift-Morphs. Ein bemerkenswerter Moment war die große Demonstration in der Hauptstadt von Tylathar, bei der Aktivisten aus verschiedenen Regionen und sozialen Schichten zusammenkamen. Diese Demonstration war nicht nur ein Ausdruck des Widerstands gegen das Verbot der Gravimetrischen Shift-Morphs, sondern auch ein Symbol für die vereinte Front der verschiedenen Gemeinschaften in Tylathar.

Ein weiterer bedeutender Aspekt war die Unterstützung, die Zariel Vox von internationalen Organisationen erhielt. Diese Solidarität über nationale Grenzen hinweg war entscheidend, um die Aufmerksamkeit auf die Probleme in Tylathar zu lenken. Die Zusammenarbeit mit globalen Bürgerrechtsbewegungen ermöglichte es der Bewegung, Ressourcen zu mobilisieren und strategische Allianzen zu bilden.

Schlussfolgerung

Zusammenfassend lässt sich sagen, dass die Solidarität im Aktivismus nicht nur eine moralische Verpflichtung darstellt, sondern auch eine notwendige Strategie, um Veränderungen zu bewirken. Die Herausforderungen, die mit der Solidarität einhergehen, erfordern ständige Reflexion und Engagement, um sicherzustellen, dass die Bewegung vereint bleibt. Zariel Vox und ihre Mitstreiter haben gezeigt, dass durch Solidarität nicht nur individuelle Kämpfe, sondern auch kollektive Ziele erreicht werden können. In einer Welt, die oft von Spaltung geprägt ist, bleibt die Solidarität ein kraftvolles Werkzeug im Streben nach Gerechtigkeit und Gleichheit.

$$S = \sum_{i=1}^{n} \frac{1}{d_i} \tag{15}$$

Hierbei steht S für die Stärke der Solidarität, n für die Anzahl der Beteiligten, und d_i für die Distanz zwischen den Individuen in der Gemeinschaft. Eine höhere Summe S zeigt eine stärkere Solidarität an, die die Zusammenarbeit und den gemeinsamen Widerstand fördert.

Die Herausforderungen des Aktivismus

Konfrontation mit den Behörden

Erste Begegnungen mit der Polizei

Die ersten Begegnungen von Zariel Vox mit der Polizei waren prägend für ihren Werdegang als Bürgerrechtsaktivistin. Diese Erfahrungen schärften ihr Bewusstsein für die Ungerechtigkeiten, die in Tylathar herrschten, und legten den Grundstein für ihren späteren Widerstand gegen das Verbot der gravimetrischen Shift-Morphs.

Zariel war gerade einmal sechzehn Jahre alt, als sie zum ersten Mal in eine Auseinandersetzung mit den Behörden verwickelt wurde. An einem sonnigen Nachmittag hatte sie und eine Gruppe von Freunden ein friedliches Treffen organisiert, um über die Möglichkeiten des Einsatzes von gravimetrischen Shift-Morphs in der Kunst zu diskutieren. Diese Morphs, die die Schwerkraft manipulieren konnten, waren nicht nur technische Wunderwerke, sondern auch Ausdrucksformen der Kreativität. Doch die Regierung von Tylathar hatte bereits begonnen, diese Technologie zu verbieten, aus Angst vor ihrer potenziellen Nutzung für subversive Aktivitäten.

$$F = m \cdot a \tag{16}$$

Hierbei steht F für die Kraft, m für die Masse und a für die Beschleunigung. Diese physikalische Gleichung war das Herzstück der gravimetrischen Shift-Morphs, und Zariel und ihre Freunde waren begeistert von den Möglichkeiten, die diese Technologie bot. Ihre Diskussionen zogen jedoch die Aufmerksamkeit der Polizei auf sich, die in der Überzeugung handelte, dass sich hier eine potenziell gefährliche Versammlung formierte.

Die Polizei erschien in voller Montur, und die Atmosphäre, die zuvor von Kreativität und Neugier geprägt war, verwandelte sich in eine angespannte Konfrontation. Zariel, die sich in diesem Moment ihrer eigenen Verletzlichkeit bewusst wurde, fühlte sich sowohl wütend als auch hilflos. Die Beamten forderten die Gruppe auf, sich zu zerstreuen, und drohten mit Festnahmen, falls sie sich weigerten. Diese erste Begegnung mit der Polizei war für Zariel ein Schock. Sie realisierte, dass die Freiheit, ihre Meinung zu äußern und kreativ zu sein, von den Behörden nicht uneingeschränkt akzeptiert wurde.

Die Repression, die sie erlebte, war nicht nur eine persönliche Erfahrung, sondern auch ein Spiegelbild der politischen Umstände in Tylathar. Die Regierung setzte zunehmend auf Einschüchterung, um den Widerstand gegen das Verbot der gravimetrischen Shift-Morphs zu unterdrücken. Diese Taktiken führten zu einer Atmosphäre der Angst, die viele Aktivisten davon abhielt, sich offen gegen die Ungerechtigkeiten zu wehren. Zariel jedoch war entschlossen, sich nicht einschüchtern zu lassen.

Ein weiteres Beispiel für die Schwierigkeiten, die Zariel und ihre Mitstreiter erlebten, trat auf, als sie eine Demonstration gegen das Verbot der gravimetrischen Shift-Morphs organisierten. Die Polizei war im Voraus informiert worden und bereitete sich auf mögliche Ausschreitungen vor. Am Tag der Demonstration wurden die Teilnehmer mit Wasserwerfern und Tränengas konfrontiert, was die friedliche Versammlung in ein Chaos verwandelte. Zariel, die in der ersten Reihe stand, wurde von einem Wasserstrahl getroffen und fiel zu Boden. Diese brutalen Maßnahmen der Polizei verstärkten ihren Willen, sich für die Rechte der Bürger und die Freiheit der kreativen Ausdrucksformen einzusetzen.

Die Erfahrungen mit der Polizei führten zu einer tiefen Reflexion über den Aktivismus und die Rolle der Gesetze in einer demokratischen Gesellschaft. Zariel begann, sich intensiv mit der Theorie des zivilen Ungehorsams auseinanderzusetzen, inspiriert von Philosophen wie Henry David Thoreau und Martin Luther King Jr. Sie erkannte, dass der Widerstand gegen ungerechte Gesetze nicht nur legitim, sondern auch notwendig ist, um Veränderungen herbeizuführen.

$$C = \int_a^b f(x)\, dx \qquad (17)$$

Diese Gleichung, die das Konzept der Integration darstellt, wurde für Zariel zum Symbol für den kollektiven Widerstand. Jeder Aktivist, der sich gegen die Repression stellte, trug zur Gesamtheit des Widerstands bei und half, die Gesellschaft zu verändern. Zariel verstand, dass jede einzelne Stimme, die sich gegen das Unrecht erhebt, Teil eines größeren Ganzen ist.

Zusammenfassend lässt sich sagen, dass Zariels erste Begegnungen mit der Polizei nicht nur prägend für ihren persönlichen Werdegang waren, sondern auch als Katalysator für ihren späteren Aktivismus dienten. Die Erfahrungen der Unterdrückung, die sie und ihre Freunde erlebten, schärften ihr Bewusstsein und verstärkten ihren Willen, sich für die Rechte der Bürger und die Freiheit der gravimetrischen Shift-Morphs einzusetzen. Diese frühen Begegnungen legten den Grundstein für eine Bewegung, die sich gegen Ungerechtigkeit und für die Freiheit des kreativen Ausdrucks starkmachen sollte.

Repression und Einschüchterung

Die Repression und Einschüchterung von Aktivisten ist ein weit verbreitetes Phänomen in autoritären Regimes und wird oft als Strategie eingesetzt, um den Widerstand gegen ungerechte Gesetze und Praktiken zu unterdrücken. In Tylathar, wo Zariel Vox und seine Mitstreiter für die Rechte der Gravimetrischen Shift-Morphs kämpften, erlebten sie eine Vielzahl von repressiven Maßnahmen, die darauf abzielten, ihre Bewegung zu schwächen und ihre Stimmen zum Schweigen zu bringen.

Theoretische Grundlagen der Repression

Repression kann in verschiedenen Formen auftreten, darunter physische Gewalt, rechtliche Verfolgung, wirtschaftliche Sanktionen und psychologische Einschüchterung. Laut der *Repression Theory* (Repressionstheorie) von Della Porta und Diani (2006) ist die Repression eine bewusste Strategie von Regierungen, um abweichendes Verhalten zu kontrollieren und die soziale Ordnung aufrechtzuerhalten. Diese Theorie legt nahe, dass Repression nicht nur die unmittelbare Wirkung hat, Aktivisten zu unterdrücken, sondern auch eine abschreckende Wirkung auf potenzielle Unterstützer hat.

Die Repression kann in zwei Hauptkategorien unterteilt werden:

+ **Direkte Repression:** Physische Gewaltanwendung gegen Aktivisten, Festnahmen und Folter.

+ **Indirekte Repression:** Einschüchterung durch Androhung von Gewalt, Überwachung, soziale Isolation und wirtschaftliche Benachteiligung.

Beispiele aus Tylathar

In Tylathar sah sich die Bewegung für Gravimetrische Shift-Morphs mit einer Vielzahl repressiver Maßnahmen konfrontiert. Zu den bemerkenswertesten Vorfällen gehörten:

+ **Festnahmen und Inhaftierungen:** Zahlreiche Aktivisten wurden während friedlicher Proteste festgenommen. Zariel Vox selbst wurde mehrmals festgenommen, was zu einem Anstieg der öffentlichen Aufmerksamkeit für die Bewegung führte.

+ **Einschüchterung durch Sicherheitskräfte:** Sicherheitskräfte patrouillierten regelmäßig in den Gebieten, in denen Aktivisten aktiv waren. Diese Präsenz diente nicht nur der Überwachung, sondern auch der Einschüchterung der Bevölkerung.

+ **Gerichtliche Verfolgung:** Die Regierung von Tylathar setzte das Rechtssystem ein, um Aktivisten zu kriminalisieren. Falsche Anklagen und unfair geführte Gerichtsverfahren waren gängige Praktiken, um die Bewegung zu schwächen.

Ein Beispiel für diese repressiven Maßnahmen war die sogenannte *Operation Silence*, bei der eine Reihe von Razzien gegen die Büros der Bewegung durchgeführt wurden. Während dieser Razzien wurden Dokumente beschlagnahmt, und Aktivisten wurden gewaltsam aus ihren Büros entfernt. Diese Aktionen führten zu einer Atmosphäre der Angst und Unsicherheit innerhalb der Bewegung.

Psychologische Auswirkungen der Repression

Die psychologischen Auswirkungen der Repression sind tiefgreifend und können langfristige Folgen für die betroffenen Aktivisten haben. Studien zeigen, dass Aktivisten, die Repression erfahren, häufig unter Angstzuständen, Depressionen und posttraumatischen Belastungsstörungen leiden.

Zariel Vox berichtete in einem Interview über seine Erfahrungen mit Einschüchterung und den psychologischen Druck, dem er und seine Mitstreiter ausgesetzt waren. „Es ist schwer, sich dem Druck zu entziehen. Man fragt sich ständig, ob man die richtige Entscheidung trifft, ob man das Risiko wert ist", sagte Vox.

Strategien zur Bewältigung von Repression

Trotz der Herausforderungen, die die Repression mit sich brachte, entwickelten Zariel und seine Mitstreiter Strategien, um mit den Auswirkungen umzugehen. Dazu gehörten:

- **Solidarität innerhalb der Bewegung:** Die Bildung von Unterstützungsnetzwerken half den Aktivisten, sich gegenseitig zu stärken und die psychologischen Belastungen zu teilen.

- **Schutz der Identität:** Aktivisten lernten, ihre Identität zu schützen, um sich vor Repressionen zu bewahren. Dies beinhaltete die Verwendung von Pseudonymen und die Verschlüsselung von Kommunikation.

- **Internationaler Druck:** Die Mobilisierung internationaler Unterstützung half, die Aufmerksamkeit auf die repressiven Maßnahmen der Regierung zu lenken und Druck auf die Behörden auszuüben.

Schlussfolgerung

Die Repression und Einschüchterung, die Zariel Vox und seine Mitstreiter erlebten, waren nicht nur Versuche, die Bewegung zu unterdrücken, sondern auch ein Spiegelbild der tief verwurzelten Ängste der Regierung vor einem wachsenden Widerstand. Trotz dieser Herausforderungen blieb die Bewegung stark und fand Wege, um die Repression zu überwinden und ihre Botschaft weiter zu verbreiten. Die Erfahrungen von Zariel Vox sind ein eindringliches Beispiel dafür, wie Aktivismus in Zeiten der Repression nicht nur überleben, sondern auch gedeihen kann.

Gerichtsverfahren und rechtliche Kämpfe

Die rechtlichen Kämpfe, die Zariel Vox und die Bewegung für Gravimetrische Shift-Morphs führten, waren entscheidend für den Widerstand gegen das Verbot dieser Technologien in Tylathar. Diese Gerichtsverfahren stellten nicht nur eine Herausforderung für die Bewegung dar, sondern auch eine Plattform, um die Prinzipien und Werte des Aktivismus zu verteidigen. In diesem Abschnitt werden die wichtigsten Aspekte der Gerichtsverfahren und die damit verbundenen Herausforderungen erörtert.

Rechtliche Grundlagen und Herausforderungen

Die rechtlichen Rahmenbedingungen in Tylathar waren komplex und oft unklar. Die Gesetze, die das Verbot der Gravimetrischen Shift-Morphs unterstützten, basierten auf dem Argument der öffentlichen Sicherheit und der Kontrolle über Technologien, die als potenziell gefährlich angesehen wurden. Zariel und seine Mitstreiter mussten sich nicht nur gegen das Verbot selbst wehren, sondern auch gegen die rechtlichen Argumente, die von den Behörden vorgebracht wurden.

Ein zentrales rechtliches Konzept, das in diesen Verfahren häufig zur Anwendung kam, war das der *Verhältnismäßigkeit*. Dieses Prinzip besagt, dass Maßnahmen, die die Rechte von Individuen einschränken, angemessen und notwendig sein müssen, um ein legitimes Ziel zu erreichen. Zariel argumentierte, dass das Verbot der Gravimetrischen Shift-Morphs unverhältnismäßig war, da es die Rechte der Bürger auf Innovation und persönliche Freiheit einschränkte.

Die rechtlichen Auseinandersetzungen führten zu einer Reihe von Klagen, die in verschiedenen Instanzen verhandelt wurden. Zariel und sein Team mussten sich oft mit langwierigen Prozessen auseinandersetzen, die nicht nur zeitaufwendig, sondern auch emotional belastend waren.

Beispiele für bedeutende Gerichtsverfahren

Ein Beispiel für ein bedeutendes Gerichtsverfahren war der Fall *Vox gegen den Staat Tylathar*, der vor dem Obersten Gerichtshof des Planeten verhandelt wurde. In diesem Fall argumentierte Zariel, dass das Verbot der Gravimetrischen Shift-Morphs gegen die verfassungsmäßigen Rechte der Bürger verstieß, insbesondere gegen das Recht auf persönliche Entfaltung und Innovation.

Die Verteidigung stützte sich auf mehrere theoretische Ansätze:

$$\text{Recht auf Innovation} = \text{Persönliche Freiheit} + \text{Kreativität} \qquad (18)$$

Diese Gleichung verdeutlicht, dass die persönliche Freiheit und Kreativität in einer Gesellschaft untrennbar miteinander verbunden sind. Zariel argumentierte, dass die Unterdrückung innovativer Technologien nicht nur die individuelle Freiheit einschränkt, sondern auch den Fortschritt der gesamten Gesellschaft hemmt.

Das Gericht entschied schließlich, dass das Verbot in seiner ursprünglichen Form nicht aufrechterhalten werden konnte, da es die Rechte der Bürger übermäßig einschränkte. Dies war ein bedeutender Sieg für Zariel und die Bewegung, der jedoch nicht ohne Rückschläge blieb.

Repression und Folgen der Gerichtsverfahren

Trotz der Erfolge in den Gerichtsverfahren sah sich Zariel weiterhin Repressionen ausgesetzt. Die Behörden reagierten mit Einschüchterungstaktiken, um die Bewegung zu schwächen. Viele Aktivisten wurden verhaftet, und es gab Berichte über illegale Überwachungen und Einschüchterungen.

Ein weiterer wichtiger Aspekt war die Rolle der sozialen Medien während dieser rechtlichen Kämpfe. Zariel und seine Unterstützer nutzten Plattformen wie *TylatharNet*, um Informationen über die Gerichtsverfahren zu verbreiten und öffentliche Unterstützung zu mobilisieren. Diese Transparenz war entscheidend, um das Bewusstsein für die Ungerechtigkeiten zu schärfen, die die Bewegung erlebte.

Psychologische Auswirkungen der rechtlichen Kämpfe

Die ständigen rechtlichen Auseinandersetzungen hatten auch tiefgreifende psychologische Auswirkungen auf Zariel und seine Mitstreiter. Der Druck, unter ständiger Beobachtung zu leben und sich gegen mächtige Institutionen zu behaupten, führte zu Stress und emotionalen Belastungen. Zariel musste Strategien entwickeln, um mit diesen Herausforderungen umzugehen, einschließlich der Suche nach Unterstützung in der Gemeinschaft und der Teilnahme an Selbsthilfegruppen für Aktivisten.

Fazit

Die Gerichtsverfahren und rechtlichen Kämpfe waren ein wesentlicher Bestandteil des Widerstands von Zariel Vox gegen das Verbot der Gravimetrischen Shift-Morphs. Sie verdeutlichten nicht nur die Herausforderungen, denen sich Aktivisten gegenübersehen, sondern auch die Möglichkeiten, die das Rechtssystem bietet, um für Gerechtigkeit zu kämpfen. Zariels Engagement und sein unerschütterlicher Glaube an die Prinzipien des Aktivismus trugen dazu bei, die Bewegung voranzubringen und die gesellschaftliche Diskussion über Innovation und persönliche Freiheit in Tylathar zu fördern.

Gefängnisaufenthalte und deren Auswirkungen

Die Erfahrungen von Zariel Vox während ihrer Gefängnisaufenthalte sind ein zentraler Aspekt ihrer Biografie und des Aktivismus in Tylathar. Diese Abschnitte ihres Lebens waren nicht nur prägend für ihre persönliche Entwicklung, sondern hatten auch weitreichende Auswirkungen auf ihre Bewegung und die Gesellschaft insgesamt.

Die Umstände der Inhaftierung

Zariel wurde mehrfach aufgrund ihrer Aktivitäten gegen das Verbot der Gravimetrischen Shift-Morphs inhaftiert. Diese Verhaftungen geschahen oft unter dem Vorwand, dass ihre Aktionen die öffentliche Ordnung gefährdeten. In Tylathar war das politische Klima angespannt, und die Regierung sah sich gezwungen, rigorose Maßnahmen gegen Aktivisten zu ergreifen. Die Verhaftungen von Zariel und anderen führten zu einem Anstieg der öffentlichen Aufmerksamkeit für die Bewegung.

Psychologische Auswirkungen der Inhaftierung

Die psychologischen Auswirkungen eines Gefängnisaufenthalts sind enorm und variieren stark von Individuum zu Individuum. In Zariels Fall führte die Inhaftierung zu einer tiefen Reflexion über ihre Ideale und den Sinn ihres Aktivismus. Die Isolation, die sie erlebte, verstärkte ihr Gefühl der Entfremdung von der Gesellschaft, aber auch ihre Entschlossenheit, für die Rechte der Gravimetrischen Shift-Morphs zu kämpfen.

Studien zeigen, dass Gefängnisaufenthalte oft zu psychischen Erkrankungen wie Depressionen und Angstzuständen führen können. In Zariels Fall erlebte sie Phasen intensiver Selbstzweifel, die sie jedoch durch den Austausch mit anderen Inhaftierten und durch das Lesen von Literatur über Bürgerrechtsbewegungen überwand. Diese Erfahrungen führten zu einer vertieften Einsicht in die Bedeutung von Solidarität und Gemeinschaft.

Soziale Auswirkungen und Mobilisierung

Zariels Inhaftierung hatte auch tiefgreifende soziale Auswirkungen. Die Nachrichten über ihre Verhaftung mobilisierten Unterstützer in Tylathar und darüber hinaus. Demonstrationen und Solidaritätsaktionen wurden organisiert, um auf die Ungerechtigkeit ihrer Inhaftierung aufmerksam zu machen. Diese Mobilisierung führte zu einem Anstieg der Mitgliederzahlen in der Bewegung für die Gravimetrischen Shift-Morphs und stärkte den Zusammenhalt innerhalb der Gemeinschaft.

Ein Beispiel für diese Mobilisierung war die „Freiheit für Zariel"-Kampagne, die in den sozialen Medien viral ging. Die Kampagne beinhaltete nicht nur Petitionen, sondern auch kreative Ausdrucksformen wie Kunst und Musik, die die Botschaft der Bewegung unterstützten. Diese Art der Mobilisierung war entscheidend, um den Druck auf die Regierung zu erhöhen und die öffentliche Wahrnehmung der Bewegung zu verändern.

Rechtliche Kämpfe und deren Folgen

Nach ihrer Freilassung sah sich Zariel mit einer Vielzahl von rechtlichen Herausforderungen konfrontiert. Die Anklagen, die gegen sie erhoben wurden, waren oft unbegründet, und sie musste sich durch ein komplexes rechtliches System navigieren. Diese Kämpfe führten zu einem tiefen Verständnis der rechtlichen Rahmenbedingungen, die den Aktivismus in Tylathar beeinflussten.

Die Erfahrungen im Gefängnis und die anschließenden rechtlichen Auseinandersetzungen führten dazu, dass Zariel eine stärkere Stimme in der Bewegung wurde. Sie setzte sich dafür ein, dass die rechtlichen Rahmenbedingungen für Aktivisten verbessert wurden, und arbeitete an der Schaffung eines rechtlichen Unterstützungsnetzwerks für andere Aktivisten. Dies führte zu einem langfristigen Wandel in der rechtlichen Landschaft von Tylathar und bot zukünftigen Aktivisten eine bessere Grundlage für ihren Kampf.

Langfristige Auswirkungen auf Zariel und die Bewegung

Die Gefängnisaufenthalte von Zariel Vox hatten sowohl kurzfristige als auch langfristige Auswirkungen auf ihre Person und die Bewegung. Während sie während ihrer Inhaftierung mit zahlreichen Herausforderungen konfrontiert war, halfen ihr diese Erfahrungen, eine resilientere und entschlossenere Aktivistin zu werden.

Langfristig trugen ihre Erfahrungen im Gefängnis dazu bei, dass die Bewegung für die Gravimetrischen Shift-Morphs an Bedeutung gewann. Zariel wurde zu einer Symbolfigur für den Widerstand gegen Unterdrückung, und ihre Geschichte inspirierte viele andere, sich dem Kampf für Bürgerrechte anzuschließen.

Insgesamt zeigt die Analyse von Zariels Gefängnisaufenthalten und deren Auswirkungen, wie persönliche Erfahrungen von Aktivisten die Dynamik sozialer Bewegungen beeinflussen können. Zariels Geschichte ist ein Beispiel für den unermüdlichen Kampf um Gerechtigkeit und die Kraft der menschlichen Entschlossenheit, selbst in den dunkelsten Zeiten.

$$\text{Widerstandskraft} = \frac{\text{Erfahrungen im Gefängnis} + \text{Solidarität der Gemeinschaft}}{\text{Herausforderungen}}$$

$$(19)$$

Diese Gleichung verdeutlicht, dass die Widerstandskraft von Aktivisten nicht nur von ihren persönlichen Erfahrungen abhängt, sondern auch von der Unterstützung, die sie von ihrer Gemeinschaft erhalten. Zariels Geschichte ist ein lebendiges Beispiel dafür, wie Widerstand und Solidarität Hand in Hand gehen können, um Veränderungen herbeizuführen.

Zusammenfassend lässt sich sagen, dass die Gefängnisaufenthalte von Zariel Vox eine entscheidende Rolle in ihrem Leben und ihrer Aktivismus-Reise spielten. Sie waren nicht nur eine Prüfung ihrer Überzeugungen, sondern auch ein Katalysator für Veränderungen innerhalb der Gesellschaft von Tylathar.

Die Rolle der sozialen Medien

Die sozialen Medien haben sich als ein entscheidendes Werkzeug im Kampf für Bürgerrechte und sozialen Wandel etabliert, insbesondere in der Ära des digitalen Aktivismus. In Tylathar, wo Zariel Vox und ihre Bewegung gegen das Verbot der Gravimetrischen Shift-Morphs kämpften, spielten Plattformen wie TylatharNet und InterGalacticBook eine zentrale Rolle in der Mobilisierung, Informationsverbreitung und Sensibilisierung der Öffentlichkeit.

Theoretische Grundlagen

Die Theorie des sozialen Wandels durch soziale Medien basiert auf der Annahme, dass digitale Plattformen die Art und Weise, wie Menschen kommunizieren und sich organisieren, revolutionieren. Laut Castells (2012) ermöglichen soziale Medien die Bildung von „Netzwerken der Mobilisierung", die es Aktivisten erlauben, schnell Informationen auszutauschen und sich zu koordinieren. Diese Netzwerke können als „virale Bewegungen" fungieren, die in der Lage sind, innerhalb kurzer Zeit große Menschenmengen zu mobilisieren.

Probleme und Herausforderungen

Trotz ihrer Vorteile bringen soziale Medien auch Herausforderungen mit sich. Eine der größten Schwierigkeiten ist die Verbreitung von Fehlinformationen. In der hitzigen Atmosphäre des Widerstands gegen das Verbot der Gravimetrischen Shift-Morphs wurden zahlreiche falsche Informationen verbreitet, die die Bewegung schwächen und die öffentliche Wahrnehmung verzerren konnten.

Ein weiteres Problem ist die Überwachung durch die Behörden. Die Regierung von Tylathar hat versucht, soziale Medien zu kontrollieren und Aktivisten zu überwachen. Diese Überwachung führte zu einem Klima der Angst, in dem viele Menschen zögerten, ihre Unterstützung öffentlich zu zeigen oder sich aktiv zu beteiligen.

Beispiele für den Einsatz sozialer Medien

Ein bemerkenswertes Beispiel für den Einsatz sozialer Medien in Zariel Vox' Aktivismus war die Kampagne „Shift for Freedom". Diese Kampagne nutzte TylatharNet, um eine Petition zu starten, die innerhalb von nur zwei Wochen über 100.000 Unterschriften sammelte. Die virale Verbreitung von Hashtags wie #ShiftTheBan und #ZarielVox führte dazu, dass die Bewegung landesweit in den Nachrichten war und das Bewusstsein für die Problematik der Gravimetrischen Shift-Morphs erheblich steigerte.

Ein weiteres Beispiel ist die Live-Übertragung von Protesten über InterGalacticBook. Diese Übertragungen ermöglichten es Menschen, die nicht vor Ort sein konnten, die Ereignisse in Echtzeit zu verfolgen und sich mit der Bewegung zu identifizieren. Die Verwendung von Livestreams führte dazu, dass viele Menschen, die zuvor unbeteiligt waren, motiviert wurden, sich anzuschließen oder ihre Unterstützung zu zeigen.

Die Auswirkungen auf den Aktivismus

Die Rolle der sozialen Medien im Aktivismus von Zariel Vox kann nicht unterschätzt werden. Sie schufen eine Plattform für den Austausch von Ideen, die Mobilisierung von Unterstützern und die Schaffung einer globalen Gemeinschaft von Gleichgesinnten.

Die Möglichkeit, Informationen schnell zu verbreiten, führte dazu, dass die Bewegung in der Lage war, auf Ereignisse und Entwicklungen in Echtzeit zu reagieren. Dies war besonders wichtig, als die Regierung versuchte, Proteste zu unterdrücken und Aktivisten zu kriminalisieren.

Zusammenfassend lässt sich sagen, dass soziale Medien eine doppelte Rolle im Aktivismus spielten: Sie waren sowohl ein Werkzeug der Befreiung als auch eine Quelle der Gefahr. Die Fähigkeit, sich zu vernetzen und Informationen zu teilen, war entscheidend für den Erfolg der Bewegung, jedoch mussten Aktivisten ständig die Risiken abwägen, die mit der Nutzung dieser Plattformen verbunden waren.

$$\text{Mobilisierungsrate} = \frac{\text{Anzahl der Unterstützer}}{\text{Anzahl der Ansprache}} \times 100 \qquad (20)$$

Diese Gleichung verdeutlicht die Effizienz der sozialen Medien in der Mobilisierung von Unterstützern. Eine hohe Mobilisierungsrate deutet darauf hin, dass die Botschaft der Bewegung resoniert und die Menschen motiviert, aktiv zu werden.

Insgesamt hat die Analyse der Rolle der sozialen Medien im Aktivismus von Zariel Vox gezeigt, dass diese Plattformen sowohl Chancen als auch Herausforderungen bieten. Die Kunst besteht darin, die Vorteile zu maximieren und gleichzeitig die Risiken zu minimieren, um eine effektive und nachhaltige Bewegung für Bürgerrechte und soziale Gerechtigkeit zu fördern.

Unterstützung durch die internationale Gemeinschaft

Die Unterstützung durch die internationale Gemeinschaft spielte eine entscheidende Rolle im Widerstand von Zariel Vox gegen das Verbot der Gravimetrischen Shift-Morphs in Tylathar. Diese Unterstützung manifestierte sich in verschiedenen Formen, darunter diplomatische Interventionen, finanzielle Hilfen, sowie die Mobilisierung von globalen Netzwerken und sozialen Bewegungen.

Diplomatische Interventionen

Internationale Organisationen wie die *Galaktische Menschenrechtsallianz* (GHA) und die *Intergalaktische Union für Bürgerrechte* (IUCR) setzten sich aktiv für die Belange der Tylathar-Bevölkerung ein. Diese Organisationen führten regelmäßige Gespräche mit den Regierungen der Mitgliedsstaaten, um den Druck auf die Regierung von Tylathar zu erhöhen. Ein Beispiel für eine solche Intervention war die Resolution 2045 der GHA, die im Jahr 3021 verabschiedet wurde und Tylathar aufforderte, die Rechte der Gravimetrischen Shift-Morphs zu respektieren. Diese Resolution stellte eine klare Botschaft dar, dass die internationale Gemeinschaft die Situation in Tylathar genau beobachtete.

Finanzielle Unterstützung

Zusätzlich zu diplomatischen Bemühungen erhielt Zariel Vox finanzielle Unterstützung von internationalen Stiftungen und NGOs. Die *Stiftung für intergalaktische Gerechtigkeit* (SIG) stellte Mittel zur Verfügung, um Kampagnen zur Sensibilisierung der Öffentlichkeit zu finanzieren. Diese Kampagnen umfassten Informationsveranstaltungen, die Verbreitung von Materialien über die Gravimetrischen Shift-Morphs und die Organisation von Protesten. Die SIG ermöglichte es Zariel, Ressourcen zu mobilisieren, die für den Erfolg des Widerstands unerlässlich waren.

Mobilisierung von globalen Netzwerken

Ein weiterer Aspekt der internationalen Unterstützung war die Mobilisierung von globalen Netzwerken. Aktivisten aus verschiedenen Teilen des Universums schlossen sich zusammen, um die Bewegung zu unterstützen. Über soziale Medien und intergalaktische Kommunikationsplattformen wurden Informationen ausgetauscht und Strategien entwickelt. Die *Galaktische Solidaritätsbewegung* (GSM) organisierte mehrere Online-Kampagnen, die die Situation in Tylathar ins Rampenlicht rückten. Diese Kampagnen führten zu einer Welle der Solidarität und unterstützten Zariels Bemühungen, das Bewusstsein für die Ungerechtigkeiten zu schärfen, die den Gravimetrischen Shift-Morphs widerfuhren.

Globale Proteste

Die internationale Gemeinschaft organisierte auch globale Proteste, um den Druck auf die Regierung von Tylathar zu erhöhen. Ein bemerkenswerter Protest fand im Jahr 3022 statt, als Tausende von Aktivisten in verschiedenen Planeten und Raumstationen zusammenkamen, um ihre Unterstützung für Zariel und die Gravimetrischen Shift-Morphs zu zeigen. Diese Proteste waren nicht nur auf Tylathar beschränkt; sie fanden in vielen Teilen des Universums statt, von der *Zentralen Raumstation* bis hin zu den *Kollonien von Xenthar*. Diese weltweiten Aktionen sorgten dafür, dass die Anliegen der Tylathar-Bevölkerung nicht ignoriert werden konnten.

Theoretische Perspektiven

Die Unterstützung durch die internationale Gemeinschaft kann durch verschiedene theoretische Perspektiven analysiert werden. Eine solche Perspektive ist die *Theorie des transnationalen Aktivismus*, die besagt, dass globale Netzwerke von Aktivisten über nationale Grenzen hinweg operieren, um soziale Veränderungen zu bewirken. Diese Theorie erklärt, wie Zariel Vox und ihre Bewegung durch die Nutzung internationaler Plattformen und Netzwerke Unterstützung gewinnen konnten.

Ein weiterer theoretischer Ansatz ist die *Theorie der sozialen Bewegungen*, die untersucht, wie soziale Bewegungen entstehen, sich entwickeln und schließlich Einfluss auf politische Entscheidungen nehmen. Die Unterstützung durch die internationale Gemeinschaft kann als ein Katalysator für die Bewegung von Zariel Vox betrachtet werden, da sie zusätzliche Ressourcen und Sichtbarkeit bereitstellte, die für den Erfolg der Bewegung entscheidend waren.

Herausforderungen und Probleme

Trotz der Unterstützung durch die internationale Gemeinschaft gab es auch Herausforderungen. Ein zentrales Problem war die Uneinigkeit innerhalb der internationalen Gemeinschaft. Verschiedene Länder hatten unterschiedliche Interessen, und nicht alle waren bereit, sich aktiv für die Rechte der Gravimetrischen Shift-Morphs einzusetzen. Einige Regierungen sahen in der Unterstützung von Zariel Vox eine Bedrohung für ihre eigenen politischen Agenden.

Ein weiteres Problem war die Gefahr der Instrumentalisierung des Aktivismus. Einige internationale Akteure versuchten, die Bewegung für ihre eigenen politischen Zwecke zu nutzen, was zu Spannungen innerhalb der Bewegung führte. Zariel und ihre Mitstreiter mussten ständig darauf achten, dass ihre Botschaft und ihre Ziele nicht verwässert wurden, während sie gleichzeitig die notwendige Unterstützung suchten.

Beispiele erfolgreicher Unterstützung

Trotz dieser Herausforderungen gab es viele Beispiele für erfolgreiche internationale Unterstützung. So wurde im Jahr 3023 ein intergalaktisches Forum abgehalten, bei dem führende Aktivisten und Politiker aus verschiedenen Teilen des Universums zusammenkamen, um Strategien zur Unterstützung der Tylathar-Bewegung zu entwickeln. Dieses Forum führte zu konkreten Maßnahmen, einschließlich der Einrichtung eines ständigen Beobachtungsmechanismus für die Menschenrechtslage in Tylathar.

Darüber hinaus trugen prominente Persönlichkeiten, darunter bekannte intergalaktische Schauspieler und Künstler, dazu bei, das Bewusstsein für die Bewegung zu schärfen. Ihre Unterstützung half, die Anliegen der Gravimetrischen Shift-Morphs in den Mainstream der intergalaktischen Medien zu bringen und führte zu einer breiteren öffentlichen Unterstützung.

Fazit

Zusammenfassend lässt sich sagen, dass die Unterstützung durch die internationale Gemeinschaft für Zariel Vox und die Bewegung der Gravimetrischen Shift-Morphs von entscheidender Bedeutung war. Diese Unterstützung half nicht nur, Ressourcen zu mobilisieren, sondern auch, das Bewusstsein für die Ungerechtigkeiten in Tylathar zu schärfen. Trotz der Herausforderungen, die mit dieser Unterstützung verbunden waren, zeigte sich, dass der transnationale Aktivismus und die Solidarität zwischen den Völkern eine kraftvolle Waffe im Kampf für Gerechtigkeit darstellen können. Die internationale Gemeinschaft bewies, dass sie bereit ist, für die Rechte der Unterdrückten einzutreten, und dass der Kampf für die Gravimetrischen Shift-Morphs Teil eines größeren globalen Kampfes für Menschenrechte und soziale Gerechtigkeit ist.

Psychologische Belastungen des Aktivismus

Aktivismus ist nicht nur ein physischer, sondern auch ein emotionaler und psychologischer Kampf. Die psychologischen Belastungen, die Aktivisten erfahren, können tiefgreifende Auswirkungen auf ihr Wohlbefinden und ihre Lebensqualität haben. Diese Belastungen sind oft das Ergebnis von anhaltendem Stress, der durch die Konfrontation mit Ungerechtigkeit, Widerstand von Behörden und die ständige Notwendigkeit, für Veränderungen zu kämpfen, entsteht.

Theoretische Grundlagen

Die Psychologie des Aktivismus kann durch verschiedene theoretische Rahmenwerke erklärt werden. Eine häufig verwendete Theorie ist die *Stressbewältigungstheorie* von Lazarus und Folkman, die besagt, dass Stress als Ergebnis der Wahrnehmung einer Bedrohung und der Unfähigkeit, mit dieser Bedrohung umzugehen, entsteht. Aktivisten stehen oft unter dem Druck, sowohl interne (z. B. persönliche Überzeugungen und Emotionen) als auch externe (z. B. gesellschaftliche Erwartungen und Repression) Stressoren zu bewältigen.

Ein weiterer relevanter theoretischer Rahmen ist die *Theorie der sozialen Identität*, die erklärt, wie das Zugehörigkeitsgefühl zu einer bestimmten Gruppe das Selbstbild und das emotionale Wohlbefinden beeinflussen kann. Aktivisten, die sich stark mit ihrer Bewegung identifizieren, können unter Stress leiden, wenn sie das Gefühl haben, dass ihre Gruppe nicht die gewünschten Veränderungen erreicht oder unter Druck steht.

Psychologische Probleme

Die psychologischen Belastungen des Aktivismus können sich in verschiedenen Formen manifestieren, darunter:

+ **Burnout:** Ein Zustand emotionaler, physischer und geistiger Erschöpfung, der durch anhaltenden Stress und Überforderung im Aktivismus verursacht wird. Burnout kann zu einem Rückzug von der Bewegung führen und das Gefühl der Ohnmacht verstärken.

+ **Angststörungen:**   Aktivisten können unter Angstzuständen leiden, insbesondere wenn sie mit Bedrohungen durch die Behörden oder negative Reaktionen aus der Gemeinschaft konfrontiert werden. Diese Angst kann sich auf die Fähigkeit auswirken, effektiv zu handeln und die eigene Stimme zu erheben.

+ **Depression:** Anhaltende Frustration und das Gefühl, dass der eigene Einsatz nicht zu den gewünschten Veränderungen führt, können zu depressiven Verstimmungen führen. Dies kann insbesondere dann der Fall sein, wenn Aktivisten persönliche Verluste erleiden, sei es durch den Verlust von Freunden oder durch Rückschläge in ihrer Bewegung.

Beispiele aus der Praxis

Zariel Vox, als herausragende Figur im Widerstand gegen das Verbot der Gravimetrischen Shift-Morphs, erlebte die psychologischen Belastungen des Aktivismus hautnah. In einer Phase intensiver Proteste berichtete Zariel von Schlaflosigkeit und ständigen Sorgen um die Sicherheit ihrer Mitstreiter. Diese Erfahrungen sind nicht ungewöhnlich und spiegeln die Realität vieler Aktivisten wider, die oft in einem Klima der Angst und Unsicherheit agieren.

Ein konkretes Beispiel ist die *Kampagne für die Rechte der Gravimetrischen Shift-Morphs*, bei der Zariel und ihre Gruppe mit massiven Repressionen konfrontiert wurden. Die ständige Bedrohung durch Festnahmen und rechtliche Konsequenzen führte zu einem Anstieg von Angstzuständen unter den Mitgliedern der Bewegung. Zariel selbst gab an, dass die ständige Besorgnis über die Sicherheit ihrer Freunde und die Angst vor dem Scheitern der Bewegung zu einem Gefühl der Isolation führten.

Bewältigungsstrategien

Um den psychologischen Belastungen des Aktivismus entgegenzuwirken, ist es wichtig, effektive Bewältigungsstrategien zu entwickeln. Einige dieser Strategien umfassen:

+ **Soziale Unterstützung:** Der Aufbau eines starken sozialen Netzwerks kann helfen, emotionale Belastungen zu lindern. Aktivisten sollten ermutigt werden, sich mit Gleichgesinnten auszutauschen und Unterstützung zu suchen.

+ **Selbstfürsorge:**   Praktiken wie Meditation, Sport und kreative Ausdrucksformen können helfen, Stress abzubauen und das emotionale

Wohlbefinden zu fördern. Zariel Vox betonte in ihren Interviews die Wichtigkeit von Pausen und Selbstreflexion, um den eigenen Geist zu stärken.

+ **Professionelle Hilfe:** In schweren Fällen kann es notwendig sein, professionelle psychologische Unterstützung in Anspruch zu nehmen. Therapeuten können helfen, Bewältigungsmechanismen zu entwickeln und die psychologischen Belastungen des Aktivismus zu verarbeiten.

Fazit

Die psychologischen Belastungen des Aktivismus sind ein ernstes und oft übersehenes Thema. Es ist entscheidend, dass sowohl Aktivisten als auch Unterstützer sich der emotionalen Herausforderungen bewusst sind, die mit dem Kampf für Gerechtigkeit einhergehen. Die Entwicklung von Bewältigungsstrategien und die Förderung eines unterstützenden Umfelds sind unerlässlich, um die psychische Gesundheit von Aktivisten zu schützen und ihre Fähigkeit zu stärken, für Veränderungen zu kämpfen. In einer Welt, in der Ungerechtigkeit weiterhin präsent ist, bleibt die psychologische Resilienz der Aktivisten ein Schlüssel zu langfristigem Erfolg und sozialem Wandel.

Verlust von Freunden und Mitstreitern

Der Aktivismus ist oft ein schmaler Grat zwischen Hoffnung und Verzweiflung. Für Zariel Vox war der Verlust von Freunden und Mitstreitern eine der schmerzhaftesten Erfahrungen auf ihrem Weg als Bürgerrechtsaktivistin. Diese Verluste sind nicht nur persönliche Tragödien, sondern sie werfen auch tiefgreifende Fragen über die Natur des Aktivismus und die psychologischen Belastungen auf, die damit verbunden sind.

Die emotionale Last des Verlustes

Der Verlust von Freunden und Mitstreitern kann zu einem Gefühl der Isolation führen. Zariel erlebte dies, als einige ihrer engsten Verbündeten aufgrund von Repressionen und Einschüchterungen durch die Behörden gezwungen waren, sich aus der Bewegung zurückzuziehen. Diese Abgänge hatten nicht nur Auswirkungen auf Zariels emotionale Verfassung, sondern auch auf die Dynamik der Bewegung selbst. Psychologische Theorien, wie die *Traumatische Belastungsstörung* (PTBS), zeigen, dass solche Verluste zu anhaltenden emotionalen und psychologischen Schwierigkeiten führen können. Zariel musste lernen, mit der Trauer umzugehen und gleichzeitig die Verantwortung für die Bewegung zu tragen.

Die Auswirkungen auf die Gemeinschaft

Die Abwesenheit von Schlüsselpersonen kann die Moral der Gemeinschaft stark beeinträchtigen. In einem Interview äußerte Zariel, dass der Verlust ihrer Freundin und Mitstreiterin Lira, die während einer Demonstration schwer verletzt wurde, einen tiefen Einschnitt in ihre Motivation darstellte. Lira war nicht nur eine Aktivistin, sondern auch eine Quelle der Inspiration für viele. Ihr Verlust führte zu einem Rückgang der Teilnehmerzahlen bei den Protesten und schuf eine Atmosphäre der Unsicherheit. Zariel musste Strategien entwickeln, um die Gemeinschaft zu mobilisieren und die verbleibenden Aktivisten zu ermutigen, trotz der Verluste weiterzumachen.

Der Umgang mit Trauer und Verlust

Um mit den emotionalen Herausforderungen umzugehen, suchte Zariel Hilfe in verschiedenen Formen. Sie begann, regelmäßig mit einem Therapeuten zu sprechen, um die Trauer über den Verlust ihrer Freunde zu verarbeiten. Darüber hinaus initiierte sie in der Bewegung Gruppen zur psychologischen Unterstützung, in denen Aktivisten ihre Erfahrungen und Trauer teilen konnten. Diese Gruppen wurden zu einem wichtigen Teil des Widerstands, da sie es den Mitgliedern ermöglichten, sich gegenseitig zu unterstützen und die psychischen Belastungen des Aktivismus zu mildern.

Beispiele aus der Bewegung

Ein herausragendes Beispiel für den Umgang mit Verlust ist die Gedenkveranstaltung für die gefallenen Aktivisten, die Zariel organisierte. Diese Veranstaltung wurde nicht nur zu einem Ort der Trauer, sondern auch zu einer Plattform, um die Errungenschaften der Verstorbenen zu feiern. Zariel sprach über die Visionen und Träume, die diese Aktivisten für Tylathar hatten, und ermutigte die Anwesenden, deren Vermächtnis weiterzuführen. Diese Art der Anerkennung half der Gemeinschaft, den Verlust zu verarbeiten und gleichzeitig die Motivation für den fortwährenden Kampf aufrechtzuerhalten.

Langfristige Auswirkungen auf Zariels Aktivismus

Die Verluste, die Zariel erlitten hat, prägten nicht nur ihre persönliche Entwicklung, sondern auch ihre Philosophie des Aktivismus. Sie erkannte, dass der Verlust von Freunden und Mitstreitern eine ständige Realität im Aktivismus ist, und entwickelte eine tiefere Empathie für andere Aktivisten, die ähnliche Erfahrungen gemacht hatten. Dies führte zu einer verstärkten Zusammenarbeit mit anderen Bewegungen und einer breiteren Perspektive auf den Bürgerrechtsaktivismus. Zariel begann, die Bedeutung von Gemeinschaft und Solidarität in den Vordergrund zu stellen, um den emotionalen Schmerz zu lindern, der mit Verlusten verbunden ist.

Schlussfolgerung

Der Verlust von Freunden und Mitstreitern ist ein universelles Thema im Aktivismus, das tiefgreifende Auswirkungen auf die Betroffenen hat. Zariel Vox' Erfahrungen zeigen, wie wichtig es ist, Trauer zu verarbeiten und eine unterstützende Gemeinschaft zu schaffen, um die Herausforderungen des Aktivismus zu bewältigen. Ihre Reise ist ein eindringlicher Beweis dafür, dass der Kampf für Gerechtigkeit nicht nur eine äußere, sondern auch eine innere Dimension hat, die oft übersehen wird. Die Fähigkeit, trotz Verlusten weiterzumachen, ist eine der größten Stärken eines Aktivisten und kann als Inspiration für zukünftige Generationen dienen.

Strategien zur Bewältigung von Stress

Stress ist ein unvermeidlicher Bestandteil des Aktivismus, insbesondere in einem so dynamischen und herausfordernden Umfeld wie Tylathar. Die ständigen Konfrontationen mit Behörden, die emotionale Belastung durch den Verlust von Freunden und die ständige Notwendigkeit, sich für die eigene Überzeugung einzusetzen, können zu erheblichem Stress führen. Um diesen Herausforderungen zu begegnen, entwickelte Zariel Vox eine Vielzahl von Strategien zur Stressbewältigung, die sowohl auf persönlicher als auch auf gemeinschaftlicher Ebene wirksam waren.

Theoretische Grundlagen der Stressbewältigung

Die Stressbewältigungstheorie, insbesondere die transaktionale Stressbewältigungstheorie von Lazarus und Folkman, legt nahe, dass Stress als Ergebnis einer wahrgenommenen Diskrepanz zwischen den Anforderungen einer

Situation und den verfügbaren Ressourcen zur Bewältigung dieser Anforderungen entsteht. Laut dieser Theorie gibt es zwei Hauptstrategien zur Stressbewältigung: *problemorientierte Bewältigung* und *emotionsorientierte Bewältigung*.

Die problemorientierte Bewältigung zielt darauf ab, die Stressoren direkt zu verändern, während die emotionsorientierte Bewältigung darauf abzielt, die emotionale Reaktion auf den Stressor zu verändern. Beide Ansätze sind für Aktivisten wie Zariel Vox von entscheidender Bedeutung, um den Herausforderungen des Aktivismus zu begegnen.

Praktische Strategien zur Stressbewältigung

1. Soziale Unterstützung   Eine der effektivsten Strategien zur Stressbewältigung ist die Suche nach sozialer Unterstützung. Zariel erkannte frühzeitig, dass die Unterstützung von Freunden, Familie und Gleichgesinnten entscheidend ist, um emotionale Belastungen zu lindern. In Tylathar organisierte Zariel regelmäßige Treffen mit Aktivisten, um Erfahrungen auszutauschen, emotionale Unterstützung zu bieten und gemeinsam Strategien zu entwickeln, um mit Stress umzugehen.

2. Achtsamkeit und Meditation   Zariel integrierte Achtsamkeit und Meditation in ihren Alltag. Studien zeigen, dass Achtsamkeitstechniken die Stressreaktion des Körpers reduzieren können. Zariel praktizierte täglich Meditation, um ihre Gedanken zu beruhigen und sich auf den gegenwärtigen Moment zu konzentrieren. Diese Praxis half ihr, ihre Emotionen zu regulieren und einen klaren Kopf zu bewahren, selbst in stressigen Situationen.

3. Körperliche Aktivität   Körperliche Aktivität ist eine bewährte Methode zur Stressbewältigung. Zariel nutzte Sport als Ventil für ihre Emotionen. Ob beim Laufen, Tanzen oder Yoga, körperliche Bewegung half ihr, Spannungen abzubauen und die Freisetzung von Endorphinen zu fördern, die als natürliche Stimmungsaufheller wirken. Die regelmäßige Teilnahme an Sportveranstaltungen in Tylathar förderte zudem den Gemeinschaftsgeist unter den Aktivisten.

4. Kreative Ausdrucksformen   Zariel erkannte die heilende Kraft kreativer Ausdrucksformen wie Kunst, Musik und Schreiben. Sie ermutigte ihre Mitstreiter, ihre Gefühle durch kreative Projekte auszudrücken. Dies förderte nicht nur die persönliche Verarbeitung von Stress, sondern stärkte auch das Gemeinschaftsgefühl und die Solidarität innerhalb der Bewegung.

5. Zeitmanagement und Selbstfürsorge Ein weiterer wichtiger Aspekt der Stressbewältigung war das Zeitmanagement. Zariel entwickelte Strategien, um ihre Zeit effizient zu nutzen, ohne ihre eigenen Bedürfnisse zu vernachlässigen. Sie setzte Prioritäten, plante Pausen ein und sorgte dafür, dass sie regelmäßig Zeit für sich selbst hatte. Diese Selbstfürsorge war entscheidend, um Burnout zu vermeiden und ihre langfristige Effektivität als Aktivistin zu gewährleisten.

Herausforderungen bei der Stressbewältigung

Trotz dieser Strategien sah sich Zariel auch Herausforderungen gegenüber. In Zeiten intensiven Drucks fiel es ihr manchmal schwer, ihre eigenen Ratschläge zu befolgen. Der Druck, ständig aktiv zu sein und Ergebnisse zu erzielen, führte gelegentlich zu einem Gefühl der Überwältigung. Zariel musste lernen, dass es in Ordnung ist, um Hilfe zu bitten und sich Zeit für sich selbst zu nehmen, auch wenn die Umstände schwierig waren.

Beispiele für erfolgreiche Stressbewältigung

Ein prägnantes Beispiel für Zariels erfolgreiche Stressbewältigung war während einer besonders angespannten Phase des Widerstands gegen das Verbot der Gravimetrischen Shift-Morphs. Nach einer Reihe von gewaltsamen Auseinandersetzungen mit der Polizei und dem Verlust eines engen Freundes war Zariel emotional erschöpft. Sie wandte sich an ihre Unterstützungsgruppe, die ihr half, ihre Trauer zu verarbeiten. Durch gemeinsame Aktivitäten, wie das Organisieren eines Kunstprojekts, konnten sie ihre Emotionen kanalisieren und gleichzeitig die Gemeinschaft stärken.

Ein weiteres Beispiel war die Einführung von wöchentlichen Meditationssitzungen, die Zariel für die Aktivisten anbot. Diese Sitzungen halfen nicht nur, Stress abzubauen, sondern förderten auch eine Kultur der Achtsamkeit innerhalb der Bewegung. Die Teilnehmer berichteten von einer signifikanten Verbesserung ihres emotionalen Wohlbefindens und ihrer Fähigkeit, mit Stress umzugehen.

Fazit

Die Strategien zur Stressbewältigung, die Zariel Vox entwickelte und umsetzte, waren entscheidend für ihren Erfolg als Bürgerrechtsaktivistin in Tylathar. Durch die Kombination von sozialer Unterstützung, Achtsamkeit, körperlicher Aktivität, kreativem Ausdruck und effektivem Zeitmanagement konnte sie nicht nur ihre eigene Belastbarkeit stärken, sondern auch die ihrer Mitstreiter. Diese Ansätze sind nicht nur für Aktivisten von Bedeutung, sondern können auch allgemein in verschiedenen Lebensbereichen angewendet werden, um Stress zu bewältigen und das emotionale Wohlbefinden zu fördern.

Das Streben nach Gerechtigkeit trotz Widrigkeiten

Das Streben nach Gerechtigkeit ist ein zentraler Aspekt des Aktivismus, insbesondere in einem repressiven Umfeld wie Tylathar. Die Herausforderungen, denen sich Aktivisten wie Zariel Vox gegenübersehen, sind oft überwältigend. Dennoch ist es gerade diese Entschlossenheit, trotz Widrigkeiten für die eigenen Überzeugungen einzutreten, die den Kern des Aktivismus ausmacht. In diesem Abschnitt werden wir die verschiedenen Dimensionen des Strebens nach Gerechtigkeit analysieren, einschließlich der theoretischen Grundlagen, der praktischen Probleme und der inspirierenden Beispiele aus der Bewegung.

Theoretische Grundlagen

Die Theorie des sozialen Wandels, wie sie von Philosophen wie John Rawls und Nancy Fraser formuliert wurde, bietet einen Rahmen für das Verständnis des Aktivismus in Tylathar. Rawls' Konzept der *Gerechtigkeit als Fairness* betont die Notwendigkeit, soziale und wirtschaftliche Ungleichheiten zu minimieren, um eine gerechte Gesellschaft zu schaffen. Er postuliert:

$$J = \frac{1}{n} \sum_{i=1}^{n} f(x_i) \tag{21}$$

wobei J die Gerechtigkeit, n die Anzahl der Individuen und $f(x_i)$ die Funktion ist, die den Nutzen für jedes Individuum beschreibt. Diese Gleichung verdeutlicht, dass Gerechtigkeit nicht nur ein abstraktes Ideal ist, sondern auch messbare Dimensionen hat, die in der Praxis verfolgt werden müssen.

Fraser hingegen argumentiert, dass Gerechtigkeit nicht nur die Verteilung von Ressourcen, sondern auch die Anerkennung von Identitäten und Differenzen umfasst. Sie spricht von *repräsentativer Gerechtigkeit* und fordert, dass alle Stimmen gehört werden, insbesondere die der marginalisierten Gruppen. Dies ist besonders relevant für Zariel Vox und die Gravimetrischen Shift-Morphs, deren Existenz und Rechte in Tylathar systematisch unterdrückt werden.

Praktische Probleme

Die Realität des Aktivismus in Tylathar ist von zahlreichen Herausforderungen geprägt. Aktivisten sehen sich oft mit Repression, Einschüchterung und Gewalt konfrontiert. Zariel Vox erlebte diese Widrigkeiten hautnah, als er bei einer friedlichen Demonstration gegen das Verbot der Gravimetrischen Shift-Morphs verhaftet wurde. Solche Erfahrungen sind nicht nur traumatisch, sondern sie können auch die Motivation und das Engagement der Aktivisten beeinträchtigen.

Ein weiteres praktisches Problem ist die Fragmentierung der Bewegung. Unterschiedliche Gruppen innerhalb der Bürgerrechtsbewegung verfolgen oft unterschiedliche Ziele und Strategien, was zu Spannungen und Konflikten führen kann. Zariel musste lernen, diese Differenzen zu überbrücken und eine einheitliche Front gegen die Unterdrückung zu bilden. Die Philosophie der Solidarität, die in der Aktivistengemeinschaft verankert ist, spielt hierbei eine entscheidende Rolle. Zariel und seine Mitstreiter erkannten, dass nur durch vereinte Anstrengungen echte Veränderungen erreicht werden können.

Inspirierende Beispiele

Trotz der Widrigkeiten gibt es zahlreiche inspirierende Beispiele für das Streben nach Gerechtigkeit in Tylathar. Ein bemerkenswerter Moment war die *Nacht der Lichter*, eine groß angelegte Protestaktion, bei der Tausende von Menschen mit Fackeln und Laternen auf die Straßen gingen, um ihre Unterstützung für die Gravimetrischen Shift-Morphs zu zeigen. Diese Aktion war nicht nur ein Zeichen des Widerstands, sondern auch ein symbolisches Licht der Hoffnung in der Dunkelheit der Repression.

Ein weiteres Beispiel ist die internationale Solidarität, die Zariel und seiner Bewegung zuteilwurde. Aktivisten aus anderen Teilen der Galaxie schlossen sich dem Kampf an, was die Aufmerksamkeit der intergalaktischen Gemeinschaft auf die Situation in Tylathar lenkte. Diese Unterstützung half nicht nur, den Druck auf die Regierung zu erhöhen, sondern stärkte auch das Selbstbewusstsein der lokalen Aktivisten.

Schlussfolgerung

Das Streben nach Gerechtigkeit in Tylathar ist ein komplexer und oft schmerzhafter Prozess, der von Widrigkeiten geprägt ist. Dennoch zeigt das Beispiel von Zariel Vox, dass Entschlossenheit, Solidarität und eine klare Vision für eine gerechte Gesellschaft die Triebkräfte sind, die den Aktivismus vorantreiben. Die Herausforderungen, die sich den Aktivisten stellen, sind nicht unüberwindbar, sondern bieten Gelegenheiten zur Reflexion, zum Lernen und zur Stärkung der Gemeinschaft. In der Auseinandersetzung mit diesen Widrigkeiten liegt die wahre Essenz des Bürgerrechtsaktivismus und der unerschütterliche Glaube an die Möglichkeit einer besseren Zukunft für alle.

Die Philosophie des Widerstands

Zariels Ideologie und Überzeugungen

Grundwerte des Aktivismus

Aktivismus ist nicht nur eine Sammlung von Strategien und Taktiken, sondern beruht auf einer soliden Grundlage von Grundwerten, die das Handeln und die Überzeugungen der Aktivisten leiten. Diese Werte sind entscheidend, um eine kohärente und effektive Bewegung zu schaffen, die sich für soziale, politische und wirtschaftliche Gerechtigkeit einsetzt. Im Folgenden werden die zentralen Grundwerte des Aktivismus erläutert, die auch Zariel Vox in seiner Arbeit für die Gravimetrischen Shift-Morphs verkörperte.

Gerechtigkeit

Der Wert der Gerechtigkeit steht im Mittelpunkt des Aktivismus. Aktivisten streben danach, Ungerechtigkeiten zu beseitigen und Chancengleichheit für alle zu fördern. In Tylathar war das Verbot der Gravimetrischen Shift-Morphs ein Beispiel für eine tiefgreifende Ungerechtigkeit, die nicht nur die Rechte der Morphs, sondern auch die der gesamten Bevölkerung betraf. Zariel Vox und seine Mitstreiter argumentierten, dass jeder das Recht auf körperliche Autonomie und die Freiheit haben sollte, sich zu verändern und zu entwickeln, unabhängig von ihrer Herkunft oder ihrem Status.

$$\text{Gerechtigkeit} = \frac{\text{Chancengleichheit} + \text{Rechtsschutz}}{\text{Gesellschaftliche Akzeptanz}} \tag{22}$$

Diese Gleichung verdeutlicht, dass Gerechtigkeit nicht nur von individuellen Rechten abhängt, sondern auch von der gesellschaftlichen Akzeptanz und dem Schutz dieser Rechte durch die Gesetze.

Solidarität

Solidarität ist ein weiterer fundamentaler Wert, der den Aktivismus prägt. Er bezieht sich auf die Unterstützung und den Zusammenhalt unter den Mitgliedern einer Gemeinschaft. Zariel Vox erkannte, dass der Kampf für die Gravimetrischen Shift-Morphs nicht isoliert geführt werden konnte. Die Bewegung musste die Unterstützung von verschiedenen Gruppen und Individuen gewinnen, um ihre Stimme zu verstärken und den Druck auf die Behörden zu erhöhen.

$$\text{Solidarität} = \text{Gemeinschaft} + \text{Unterstützung} + \text{Zusammenarbeit} \qquad (23)$$

Diese Gleichung zeigt, dass Solidarität aus der aktiven Teilnahme an einer Gemeinschaft und der Bereitschaft zur Zusammenarbeit entsteht.

Transparenz

Ein weiterer Grundwert des Aktivismus ist die Transparenz. Aktivisten müssen offen und ehrlich über ihre Ziele, Strategien und Herausforderungen kommunizieren. Dies schafft Vertrauen innerhalb der Gemeinschaft und fördert die Glaubwürdigkeit der Bewegung. Zariel Vox setzte sich dafür ein, die Ziele der Bewegung klar zu kommunizieren und die Öffentlichkeit über die tatsächlichen Auswirkungen des Verbots der Gravimetrischen Shift-Morphs zu informieren.

$$\text{Transparenz} = \frac{\text{Offenheit} + \text{Ehrlichkeit}}{\text{Vertrauen}} \qquad (24)$$

Diese Gleichung verdeutlicht, dass Transparenz nur dann effektiv ist, wenn sie von Vertrauen in die Führer der Bewegung begleitet wird.

Empowerment

Empowerment, oder die Ermächtigung von Individuen und Gemeinschaften, ist ein zentraler Wert des Aktivismus. Es geht darum, Menschen die Werkzeuge und das Wissen zu geben, die sie benötigen, um für ihre eigenen Rechte einzutreten. Zariel Vox förderte Programme, die den Gravimetrischen Shift-Morphs halfen, ihre Stimme zu finden und sich aktiv in den Widerstand einzubringen. Dies geschah durch Workshops, Schulungen und die Bereitstellung von Ressourcen, die es den Morphs ermöglichten, ihre eigenen Geschichten zu erzählen und für ihre Rechte zu kämpfen.

$$Empowerment = Bildung + Zugang\ zu\ Ressourcen + Selbstvertrauen \qquad (25)$$

Diese Gleichung zeigt, dass Empowerment eine Kombination aus Wissen, Ressourcen und dem Glauben an die eigene Fähigkeit ist, Veränderungen herbeizuführen.

Nachhaltigkeit

Nachhaltigkeit ist ein oft übersehener, aber entscheidender Wert im Aktivismus. Es bedeutet, dass die Strategien und Taktiken, die verfolgt werden, langfristig tragfähig sind. Zariel Vox betonte die Notwendigkeit, nicht nur kurzfristige Erfolge zu erzielen, sondern auch eine Bewegung aufzubauen, die in der Lage ist, über Generationen hinweg zu bestehen. Dies beinhaltet die Entwicklung von Strategien, die sowohl ökologisch als auch sozial nachhaltig sind.

$$Nachhaltigkeit = \frac{Langfristige\ Strategien + \ddot{O}kologische\ Verantwortung}{Gesellschaftliche\ Unterst\ddot{u}tzung} \qquad (26)$$

Diese Gleichung verdeutlicht, dass Nachhaltigkeit von der Unterstützung der Gemeinschaft und der Verantwortung gegenüber der Umwelt abhängt.

Fazit

Die Grundwerte des Aktivismus sind entscheidend für den Erfolg jeder Bewegung. Sie bieten nicht nur eine ethische Grundlage, sondern auch einen praktischen Rahmen für das Handeln. Zariel Vox und die Bewegung für Gravimetrische Shift-Morphs verkörperten diese Werte in ihrem täglichen Kampf gegen Ungerechtigkeit und für die Rechte von Menschen, die oft übersehen werden. Indem sie Gerechtigkeit, Solidarität, Transparenz, Empowerment und Nachhaltigkeit in den Mittelpunkt ihres Handelns stellten, schufen sie eine starke und einflussreiche Bewegung, die auch heute noch als Inspiration für zukünftige Aktivisten dient.

Die Ethik des Widerstands

Der Widerstand gegen Ungerechtigkeiten ist nicht nur eine Frage des Handelns, sondern auch eine Frage der Ethik. In diesem Abschnitt werden wir die ethischen Grundsätze untersuchen, die Zariel Vox und andere Bürgerrechtsaktivisten in Tylathar leiten. Die Ethik des Widerstands kann als ein Kompass betrachtet werden, der den Aktivisten hilft, moralisch vertretbare Entscheidungen zu treffen, während sie gegen das Verbot der Gravimetrischen Shift-Morphs kämpfen.

Grundwerte des Aktivismus

Die Ethik des Widerstands basiert auf einer Reihe von Grundwerten, die für die Bewegung von zentraler Bedeutung sind. Dazu gehören:

+ **Gerechtigkeit:** Der Kampf um Gerechtigkeit ist das Herzstück des Aktivismus. Gerechtigkeit bedeutet nicht nur die Beseitigung von Ungleichheiten, sondern auch die Schaffung eines fairen und gerechten Systems, in dem alle Bürger, unabhängig von ihrer Herkunft, die gleichen Rechte genießen.

+ **Solidarität:** Solidarität ist ein wesentlicher Wert, der die Gemeinschaft der Aktivisten zusammenhält. Es bedeutet, dass man für die Rechte anderer eintritt und sich mit den Unterdrückten identifiziert. Zariel Vox hat oft betont, dass der Widerstand nur dann erfolgreich sein kann, wenn die Gemeinschaft zusammensteht.

+ **Respekt:** Respekt für die Würde jedes Einzelnen ist ein zentraler ethischer Grundsatz. Dies schließt den respektvollen Umgang mit Gegnern und die Anerkennung ihrer Menschlichkeit ein, auch wenn man mit ihren Ansichten nicht übereinstimmt.

+ **Transparenz:** Eine transparente Kommunikation innerhalb der Bewegung und mit der Öffentlichkeit ist entscheidend. Die Bürgerrechtsbewegung in Tylathar hat sich bemüht, ihre Ziele und Methoden klar zu kommunizieren, um Vertrauen und Unterstützung zu gewinnen.

Die Ethik des Widerstands im Kontext von Tylathar

In Tylathar, wo die Gravimetrischen Shift-Morphs als Bedrohung für die gesellschaftliche Ordnung angesehen werden, stellt sich die Frage, wie weit Aktivisten gehen dürfen, um ihre Ziele zu erreichen. Hier kommen verschiedene ethische Theorien ins Spiel, die die Entscheidungen von Zariel Vox und anderen beeinflussen.

Utilitarismus Der Utilitarismus, eine der bekanntesten ethischen Theorien, besagt, dass die moralische Richtigkeit einer Handlung anhand ihrer Konsequenzen bewertet werden sollte. In diesem Sinne könnte Zariel argumentieren, dass der Widerstand gegen das Verbot der Gravimetrischen Shift-Morphs gerechtfertigt ist, wenn er das größte Glück für die größte Anzahl von Menschen fördert. Diese Sichtweise könnte jedoch auch zu moralischen Dilemmata führen, wenn der Widerstand zu gewaltsamen Auseinandersetzungen führt oder unschuldige Menschen gefährdet.

Deontologie Im Gegensatz dazu steht die deontologische Ethik, die besagt, dass bestimmte Handlungen unabhängig von ihren Konsequenzen moralisch richtig oder falsch sind. Für Zariel Vox könnte dies bedeuten, dass der Einsatz von Gewalt oder Täuschung, um das Ziel zu erreichen, grundsätzlich falsch ist, auch wenn die Absicht darin besteht, Gerechtigkeit zu schaffen. Diese ethische Perspektive betont die Bedeutung von Prinzipien und Pflichten, was zu einer klareren moralischen Orientierung im Aktivismus führen kann.

Praktische Probleme der Ethik im Widerstand

Die Anwendung ethischer Prinzipien im Aktivismus ist jedoch nicht immer einfach. Zariel Vox und ihre Mitstreiter standen vor verschiedenen Herausforderungen, die die ethischen Grundlagen ihres Widerstands in Frage stellten:

+ **Repression durch die Behörden:** Die aggressive Reaktion der Regierung auf den Widerstand führte oft zu gewaltsamen Auseinandersetzungen. In solchen Momenten stellte sich die Frage, ob der Einsatz von Gewalt zur Selbstverteidigung gerechtfertigt ist.

+ **Moralische Dilemmata:** Aktivisten mussten oft Entscheidungen treffen, die ethische Konflikte hervorriefen. Zum Beispiel könnte das Veröffentlichen von Informationen über Beamte, die gegen die Bewegung sind, als notwendig erachtet werden, um Unterstützung zu mobilisieren, könnte aber auch als Verletzung der Privatsphäre angesehen werden.

+ **Interne Konflikte:** Innerhalb der Bewegung gab es unterschiedliche Ansichten darüber, wie weit der Widerstand gehen sollte. Einige Mitglieder plädierten für einen radikaleren Ansatz, während andere für einen

friedlichen Widerstand eintraten, was zu Spannungen innerhalb der
Gemeinschaft führte.

Beispiele für ethische Entscheidungen im Widerstand

Ein prägnantes Beispiel für ethische Entscheidungen im Widerstand war die
Organisation einer großen Demonstration gegen das Verbot der Gravimetrischen
Shift-Morphs.   Zariel und ihre Mitstreiter mussten abwägen, ob sie die
Demonstration als friedlichen Protest oder als konfrontativen Akt gestalten
sollten. Letztendlich entschieden sie sich für einen friedlichen Ansatz, um die
öffentliche Unterstützung zu maximieren und die Möglichkeit von Gewalt zu
minimieren.

Ein weiteres Beispiel war die Entscheidung, mit internationalen
Menschenrechtsorganisationen zusammenzuarbeiten. Dies brachte Zariel in eine
Position, in der sie sowohl die Unterstützung als auch die Kritik von verschiedenen
Seiten erfuhr. Während einige diese Zusammenarbeit als notwendig erachteten,
um internationale Aufmerksamkeit auf die Situation in Tylathar zu lenken, sahen
andere darin eine potenzielle Gefährdung der Unabhängigkeit der Bewegung.

Die Bedeutung der Reflexion

Die Ethik des Widerstands erfordert ständige Reflexion und Anpassung. Zariel
Vox betonte oft, dass es wichtig sei, aus den Erfahrungen zu lernen und die
ethischen Grundsätze der Bewegung regelmäßig zu überprüfen. Diese Reflexion
half nicht nur, die moralische Integrität des Widerstands zu wahren, sondern auch,
die Bewegung weiterzuentwickeln und an neue Herausforderungen anzupassen.

Fazit Zusammenfassend lässt sich sagen, dass die Ethik des Widerstands eine
komplexe und dynamische Dimension des Aktivismus darstellt. Zariel Vox und
ihre Mitstreiter mussten ständig abwägen, wie sie ihre Ziele erreichen konnten,
ohne ihre ethischen Grundsätze zu verletzen. Die Herausforderungen, vor denen
sie standen, verdeutlichen die Notwendigkeit einer fundierten ethischen
Grundlage, die sowohl die Motivation als auch die Handlungen der Aktivisten
leitet. Letztendlich bleibt die Ethik des Widerstands ein zentraler Aspekt, der die
Bürgerrechtsbewegung in Tylathar prägt und ihr hilft, in einer komplexen und oft
feindlichen Umgebung zu bestehen.

Einfluss von Philosophen und Denkern

Der Einfluss von Philosophen und Denkern auf den Aktivismus von Zariel Vox ist nicht zu unterschätzen. In einer Welt, in der die Gravimetrischen Shift-Morphs nicht nur als technologische Innovation, sondern auch als Symbol für Freiheit und Gerechtigkeit angesehen werden, zog Zariel Inspiration aus verschiedenen philosophischen Strömungen. Diese Ideen halfen ihm, seine Überzeugungen zu formen und eine klare Ideologie zu entwickeln, die die Grundlage seiner Aktivismusarbeit bildete.

Die Rolle der Aufklärung

Die Aufklärung, eine intellektuelle Bewegung des 17. und 18. Jahrhunderts, spielte eine entscheidende Rolle in Zariels Denken. Philosophen wie Immanuel Kant und John Locke betonten die Bedeutung von Vernunft und individueller Freiheit. Kant, insbesondere, forderte die Menschen auf, ihren eigenen Verstand zu benutzen und nicht blind Autoritäten zu folgen. Diese Aufforderung zur Selbstbestimmung wurde für Zariel zu einem zentralen Leitmotiv. Er glaubte, dass die Gravimetrischen Shift-Morphs nicht nur technische Geräte waren, sondern auch das Potenzial hatten, den Menschen zu ermächtigen, ihre Realität zu verändern.

$$F = ma \tag{27}$$

In diesem Sinne könnte man die Gravimetrischen Shift-Morphs als Katalysatoren für Veränderung betrachten, die es den Bürgern von Tylathar ermöglichen, die Gesetze der Realität zu beeinflussen, ähnlich wie die physikalischen Gesetze, die durch die Gleichung $F = ma$ beschrieben werden. Hierbei steht F für die Kraft, m für die Masse und a für die Beschleunigung. So wie eine Kraft benötigt wird, um einen Körper in Bewegung zu setzen, so benötigt auch der Aktivismus eine starke Überzeugung, um die Gesellschaft zu mobilisieren.

Einflüsse aus der politischen Philosophie

Ein weiterer bedeutender Einfluss auf Zariel war die politische Philosophie, insbesondere die Theorien von Karl Marx und Hannah Arendt. Marx' Analyse der Klassenkämpfe und der kapitalistischen Gesellschaft lieferte Zariel wertvolle Perspektiven über Ungleichheit und Machtstrukturen. Er sah die Verordnung, die Gravimetrischen Shift-Morphs zu verbieten, als ein Werkzeug der Unterdrückung, das von den herrschenden Klassen genutzt wurde, um ihre Macht zu sichern.

Arendts Konzepte von Macht und Gewalt waren ebenfalls prägend für Zariels Ansatz. Sie argumentierte, dass Macht im Wesentlichen auf der Zustimmung der Menschen beruht und dass Gewalt nur dann eingesetzt werden kann, wenn diese Zustimmung verloren geht. Zariel übertrug diese Ideen auf seine Bewegung und erkannte, dass der Widerstand gegen das Verbot der Gravimetrischen Shift-Morphs nicht nur ein physischer Kampf war, sondern auch ein Kampf um die Herzen und Köpfe der Menschen in Tylathar.

Der Einfluss von Existenzialismus und Humanismus

Zariel fand auch Inspiration in der Existentialismus, insbesondere in den Gedanken von Jean-Paul Sartre und Simone de Beauvoir. Sartres Idee, dass „Existenz der Essenz vorausgeht", ermutigte Zariel, die individuelle Verantwortung zu betonen. Er glaubte, dass jeder Bürger von Tylathar die Verantwortung hatte, gegen Ungerechtigkeit zu kämpfen und seine eigene Identität aktiv zu gestalten. Diese Philosophie förderte die Idee, dass der Aktivismus eine Form der Selbstverwirklichung ist.

$$E = mc^2 \tag{28}$$

Die Gleichung $E = mc^2$ von Albert Einstein, die die Beziehung zwischen Energie und Masse beschreibt, fand auch eine metaphorische Anwendung in Zariels Denken. Er sah die Energie, die durch den Aktivismus freigesetzt wird, als eine transformative Kraft, die die Gesellschaft verändern kann. Die Masse der Ungerechtigkeit kann durch die Energie des kollektiven Widerstands überwunden werden, was zu einem Wandel in der gesellschaftlichen Struktur führt.

Praktische Anwendungen der philosophischen Theorien

Zariel setzte diese philosophischen Ideen in die Praxis um, indem er Workshops und Diskussionsrunden organisierte, um die Bürger von Tylathar über ihre Rechte und die Bedeutung des Widerstands aufzuklären. Er nutzte die Konzepte der Aufklärung, um Menschen zu ermutigen, kritisch zu denken und sich nicht mit dem Status quo abzufinden. Diese Veranstaltungen förderten ein Gefühl der Gemeinschaft und des gemeinsamen Ziels, was die Mobilisierung der Bevölkerung gegen das Verbot der Gravimetrischen Shift-Morphs erleichterte.

Ein Beispiel für den Einfluss dieser Denker war die Organisation einer großen Versammlung, bei der Zariel Zitate von Kant und Marx verwendete, um die Versammelten zu inspirieren. Er stellte fest, dass „der Mut, sich seines eigenen Verstandes zu bedienen" (Kant) und „die Philosophie der Befreiung" (Marx) die treibenden Kräfte hinter der Bewegung waren. Diese Ansprachen schufen ein Gefühl der Dringlichkeit und des Zwecks, das viele motivierte, aktiv zu werden.

Fazit

Zusammenfassend lässt sich sagen, dass der Einfluss von Philosophen und Denkern auf Zariel Vox und seine Bewegung von entscheidender Bedeutung war. Durch die Integration dieser philosophischen Konzepte in seinen Aktivismus konnte Zariel eine starke, ideologisch fundierte Bewegung aufbauen, die nicht nur gegen das Verbot der Gravimetrischen Shift-Morphs kämpfte, sondern auch eine breitere Diskussion über Gerechtigkeit und Freiheit in Tylathar anstieß. Die Reflexion über diese philosophischen Einflüsse zeigt, wie wichtig das Verständnis von Theorie und Ideologie im praktischen Aktivismus ist.

Die Bedeutung von Bildung im Aktivismus

Bildung spielt eine entscheidende Rolle im Aktivismus, insbesondere in einem komplexen und dynamischen Umfeld wie Tylathar, wo die Gravimetrischen Shift-Morphs sowohl technologische Innovation als auch kulturelle Identität repräsentieren. In diesem Abschnitt werden die verschiedenen Dimensionen der Bildung im Kontext des Aktivismus untersucht, einschließlich ihrer theoretischen Grundlagen, der Herausforderungen, die Aktivisten begegnen, und der praktischen Beispiele, die die Macht der Bildung verdeutlichen.

Theoretische Grundlagen der Bildung im Aktivismus

Die Verbindung zwischen Bildung und Aktivismus ist tief in der Theorie des kritischen Denkens verwurzelt. Paulo Freire, ein einflussreicher Pädagoge, argumentierte in seinem Buch *Pädagogik der Unterdrückten*, dass Bildung ein Werkzeug zur Befreiung ist. Freire stellte die Idee vor, dass Bildung nicht nur Wissen vermittelt, sondern auch das Bewusstsein für soziale Ungerechtigkeiten schärft. Diese Philosophie ist besonders relevant für Zariel Vox und ihre Bewegung, da Bildung als Mittel zur Mobilisierung der Gemeinschaft dient.

Ein zentrales Konzept in der Bildungstheorie ist die *Transformationale Bildung*, die darauf abzielt, Individuen zu befähigen, aktiv an der Gestaltung ihrer sozialen Realität teilzunehmen. Diese Art der Bildung fördert nicht nur das individuelle Wachstum, sondern auch das kollektive Handeln, was für die Bewegung der Gravimetrischen Shift-Morphs von entscheidender Bedeutung ist.

Herausforderungen der Bildung im Aktivismus

Trotz der erkannten Bedeutung von Bildung im Aktivismus stehen Aktivisten vor mehreren Herausforderungen. Eine der größten Hürden ist der Zugang zu qualitativ hochwertiger Bildung. In Tylathar gibt es signifikante Unterschiede in den Bildungschancen, die oft durch sozioökonomische Faktoren bedingt sind. Diese Ungleichheiten können dazu führen, dass bestimmte Gruppen marginalisiert werden und nicht die notwendigen Kenntnisse und Fähigkeiten erwerben, um effektiv zu kämpfen.

Ein weiteres Problem ist die *Desinformation*. In einer Zeit, in der soziale Medien und digitale Plattformen dominieren, ist es für Aktivisten schwierig, zwischen glaubwürdigen Informationen und Fehlinformationen zu unterscheiden. Dies kann die Bildung der Gemeinschaft behindern und das Vertrauen in die Bewegung untergraben. Zariel Vox und ihre Mitstreiter mussten innovative Wege finden, um sicherzustellen, dass die Informationen, die sie verbreiten, genau und ansprechend sind.

Praktische Beispiele der Bildung im Aktivismus

Ein herausragendes Beispiel für die Rolle der Bildung im Aktivismus ist die *Gründung von Bildungszentren* in Tylathar, die sich auf die Aufklärung über die Gravimetrischen Shift-Morphs konzentrieren. Diese Zentren bieten Workshops, Seminare und Schulungen an, die nicht nur technisches Wissen über die Morphs vermitteln, sondern auch die rechtlichen und sozialen Aspekte des Aktivismus beleuchten. Durch diese Bildungsinitiativen konnten viele Menschen ermutigt werden, sich aktiv an der Bewegung zu beteiligen.

Ein weiteres Beispiel ist die Nutzung von *Online-Plattformen* zur Verbreitung von Informationen. Zariel Vox hat soziale Medien genutzt, um Bildungsinhalte zu teilen, die sich auf die Rechte der Gravimetrischen Shift-Morphs konzentrieren. Diese Plattformen ermöglichen es, eine breitere Zielgruppe zu erreichen und die Diskussion über wichtige Themen anzuregen.

Schlussfolgerung

Zusammenfassend lässt sich sagen, dass Bildung eine grundlegende Rolle im Aktivismus spielt, indem sie das Bewusstsein schärft, Fähigkeiten fördert und die Gemeinschaft mobilisiert. Zariel Vox hat dies erkannt und in ihrer Bewegung strategisch eingesetzt. Die Herausforderungen, die mit der Bildung im Aktivismus verbunden sind, erfordern innovative Ansätze und die Zusammenarbeit mit verschiedenen Akteuren, um sicherzustellen, dass alle Stimmen gehört werden.

Die Bedeutung von Bildung im Aktivismus wird in Zukunft weiter zunehmen, da die Komplexität der gesellschaftlichen Probleme wächst und eine informierte und engagierte Bürgerschaft unerlässlich ist.

Vision für eine gerechtere Gesellschaft

Zariel Vox, als außergewöhnlicher Bürgerrechtsaktivist, entwickelte eine klare und inspirierende Vision für eine gerechtere Gesellschaft. Diese Vision basierte nicht nur auf der Bekämpfung des Verbots der Gravimetrischen Shift-Morphs, sondern umfasste auch tiefere gesellschaftliche Strukturen, die Ungerechtigkeit und Diskriminierung perpetuierten. In diesem Abschnitt werden die Grundzüge von Zariels Vision, die zugrunde liegenden Theorien, die identifizierten Probleme sowie konkrete Beispiele für den angestrebten Wandel erörtert.

Grundwerte des Aktivismus

Die Vision von Zariel Vox war tief verwurzelt in den Prinzipien der Gleichheit, Gerechtigkeit und Solidarität. Er glaubte, dass jeder Bürger, unabhängig von seiner Herkunft oder seinen Fähigkeiten, das Recht auf Freiheit und Selbstbestimmung habe. Diese Grundwerte können durch verschiedene theoretische Rahmenbedingungen unterstützt werden, wie zum Beispiel:

- **Gleichheitstheorie:** Diese Theorie besagt, dass alle Menschen gleichwertig sind und die gleichen Rechte und Chancen verdienen. Zariel argumentierte, dass die Gravimetrischen Shift-Morphs nicht nur eine Technologie, sondern ein Symbol für die Gleichheit in der Gesellschaft seien.

- **Gerechtigkeitstheorie:** Der Philosoph John Rawls formulierte in seiner Theorie der Gerechtigkeit Prinzipien, die eine gerechte Verteilung von Ressourcen und Chancen fördern. Zariel adaptierte diese Prinzipien, um die Ungleichheit in Tylathar zu kritisieren.

Identifikation von Problemen

Zariel identifizierte mehrere zentrale Probleme, die einer gerechteren Gesellschaft im Wege standen. Dazu gehörten:

- **Diskriminierung:** Die Diskriminierung von Bürgern, die Gravimetrische Shift-Morphs nutzen wollten, war ein zentrales Thema. Zariel stellte fest, dass diese Diskriminierung nicht nur technologischer Natur war, sondern auch kulturelle und soziale Dimensionen hatte.

+ **Politische Unterdrückung:** Die Behörden in Tylathar versuchten, den Widerstand gegen das Verbot der Gravimetrischen Shift-Morphs zu unterdrücken. Dies führte zu einem Klima der Angst und Repression, das die gesellschaftliche Teilhabe einschränkte.

+ **Wirtschaftliche Ungleichheit:** Zariel erkannte, dass die Ungleichheit im Zugang zu Ressourcen und Technologien die Kluft zwischen verschiedenen sozialen Gruppen vergrößerte. Diese wirtschaftliche Ungleichheit war ein Hindernis für die Schaffung einer gerechten Gesellschaft.

Konkrete Beispiele für den angestrebten Wandel

Um seine Vision zu verwirklichen, entwarf Zariel konkrete Strategien und Maßnahmen, die auf die identifizierten Probleme abzielten:

+ **Bildungsoffensiven:** Zariel initiierte Programme zur Aufklärung über die Gravimetrischen Shift-Morphs, um Vorurteile abzubauen und das Bewusstsein für die Rechte der Bürger zu schärfen. Diese Bildungsinitiativen sollten insbesondere benachteiligte Gruppen erreichen.

+ **Kunst und Kultur als Mittel des Wandels:** Zariel glaubte an die transformative Kraft von Kunst und Kultur. Er unterstützte Künstler, die Themen wie Gleichheit und Gerechtigkeit in ihren Werken behandelten, um eine breitere gesellschaftliche Diskussion zu fördern.

+ **Internationale Solidarität:** Zariel erkannte, dass der Kampf für Gerechtigkeit nicht auf Tylathar beschränkt sein konnte. Er suchte aktiv nach Allianzen mit intergalaktischen Bürgerrechtsbewegungen, um einen globalen Druck auf die Tylathar-Regierung auszuüben.

Die Rolle von Hoffnung und Vision

Ein zentrales Element von Zariels Vision war die Rolle der Hoffnung. Er glaubte, dass Hoffnung eine treibende Kraft im Aktivismus sei, die Menschen dazu motiviert, für Veränderungen zu kämpfen. Diese Hoffnung war nicht naiv, sondern basierte auf einer realistischen Einschätzung der Herausforderungen, die zu bewältigen waren. Zariel formulierte oft das Motto:

$$H = \frac{C}{R} \qquad (29)$$

wobei H für Hoffnung, C für den potenziellen Wandel und R für die Widerstände steht. Diese Gleichung verdeutlichte, dass Hoffnung umso stärker ist, je größer der potenzielle Wandel im Vergleich zu den Widerständen ist.

Insgesamt war Zariel Vox' Vision für eine gerechtere Gesellschaft ein komplexes Geflecht aus Werten, identifizierten Problemen und konkreten Maßnahmen. Sein Ansatz war nicht nur auf die unmittelbaren Herausforderungen des Aktivismus fokussiert, sondern strebte auch eine tiefgreifende Transformation der Gesellschaft an, die auf den Prinzipien der Gleichheit, Gerechtigkeit und Solidarität basierte. Diese Vision hat nicht nur Tylathar beeinflusst, sondern auch weitreichende Implikationen für andere intergalaktische Gemeinschaften, die ähnliche Kämpfe führen.

Der Einfluss von Kunst und Kultur

Der Einfluss von Kunst und Kultur auf den Aktivismus ist unbestreitbar und spielt eine zentrale Rolle in der Mobilisierung und Sensibilisierung für soziale Gerechtigkeit. In der Biografie von Zariel Vox zeigt sich, wie Kunst als Werkzeug des Widerstands genutzt werden kann, um Botschaften zu verbreiten, Emotionen zu wecken und Gemeinschaften zu vereinen. Diese Sektion untersucht die Verknüpfung von Kunst, Kultur und Aktivismus, insbesondere im Kontext der Bewegung für Gravimetrische Shift-Morphs in Tylathar.

Kunst als Ausdrucksform des Widerstands

Kunst hat die Fähigkeit, komplexe Ideen und Emotionen in zugängliche und ansprechende Formate zu übersetzen. Zariel Vox erkannte früh die Macht der visuellen Kunst, um die Ungerechtigkeiten, die die Gravimetrischen Shift-Morphs betrafen, darzustellen. Durch Plakate, Graffiti und digitale Kunstwerke schuf Zariel eine visuelle Sprache, die die Dringlichkeit des Anliegens kommunizierte. Diese Werke wurden nicht nur als Protestsymbole verwendet, sondern auch als Mittel zur Bildung der Öffentlichkeit über die Bedeutung der Gravimetrischen Shift-Morphs.

Ein Beispiel für den Einfluss von Kunst im Aktivismus ist das Graffiti eines lokalen Künstlers, das ein Bild von einem Morph zeigt, der von Ketten umgeben ist. Dieses Bild wurde zum Symbol der Bewegung und fand seinen Weg in soziale Medien, wodurch es viral ging und die Aufmerksamkeit auf die Problematik lenkte. Solche künstlerischen Ausdrucksformen schafften es, die Herzen und Köpfe der Menschen zu erreichen und eine breitere Unterstützung für die Bewegung zu mobilisieren.

Kulturelle Narrative und Identität

Die kulturelle Identität spielt eine entscheidende Rolle im Aktivismus, da sie oft die Basis für die Motivation und das Engagement von Aktivisten bildet. Zariel Vox nutzte kulturelle Narrative, um die Bedeutung der Gravimetrischen Shift-Morphs innerhalb der Gesellschaft von Tylathar zu verankern. Durch das Erzählen von Geschichten, die die Erfahrungen und Kämpfe der Morphs beleuchteten, konnte Zariel eine tiefere Verbindung zur Gemeinschaft herstellen.

Die Verwendung von Theater und Performancekunst war ein weiterer wichtiger Aspekt. In einer bemerkenswerten Aufführung, die in einem lokalen Theater stattfand, wurden die Geschichten von Morphs, die unter dem Verbot litten, dramatisiert. Diese Aufführungen schufen nicht nur Bewusstsein, sondern ermöglichten es den Zuschauern auch, Empathie zu entwickeln und sich mit den Kämpfen der Morphs zu identifizieren. Solche kulturellen Veranstaltungen führten zu einer stärkeren Gemeinschaftsbildung und einem kollektiven Bewusstsein.

Die Rolle der Musik im Aktivismus

Musik hat sich als ein weiteres kraftvolles Medium im Aktivismus erwiesen. Zariel Vox erkannte die Fähigkeit von Musik, Emotionen zu mobilisieren und Menschen zusammenzubringen. Lieder, die die Kämpfe und Hoffnungen der Gravimetrischen Shift-Morphs thematisierten, wurden zu Hymnen der Bewegung. Ein bekanntes Beispiel ist ein Lied mit dem Titel „Freiheit für die Morphs", das in den Protesten gesungen wurde und die Teilnehmer inspirierte.

Die Verwendung von Musik als Protestform kann auf verschiedene Theorien zurückgeführt werden. Laut der *Collective Identity Theory* von Charles Tilly (2004) kann Musik dazu beitragen, eine kollektive Identität zu formen und die Solidarität innerhalb einer Bewegung zu stärken. Die Melodien und Texte, die die Ungerechtigkeiten anprangern, schaffen ein Gefühl der Zugehörigkeit und motivieren die Menschen, aktiv zu werden.

Kunst und digitale Medien

In der heutigen digitalen Ära hat die Nutzung von sozialen Medien und Online-Plattformen den Zugang zu Kunst und kulturellen Ausdrucksformen revolutioniert. Zariel Vox und die Bewegung für Gravimetrische Shift-Morphs nutzten Plattformen wie *Instagram* und *Twitter*, um ihre Botschaften zu verbreiten und Kunstwerke zu teilen. Digitale Kampagnen, die Kunst und Aktivismus miteinander verbanden, erreichten ein globales Publikum und ermöglichten es der Bewegung, über die Grenzen von Tylathar hinaus Einfluss zu nehmen.

Ein Beispiel für diesen Einfluss ist die Kampagne „#MorphtheWorld", die von Zariel initiiert wurde. Diese Kampagne ermutigte Künstler aus der ganzen Galaxie, ihre eigenen Interpretationen der Gravimetrischen Shift-Morphs zu schaffen und diese online zu teilen. Die daraus resultierenden Kunstwerke schufen eine Welle der Solidarität und des Interesses an der Bewegung, was zu einer verstärkten Unterstützung führte.

Probleme und Herausforderungen

Trotz der positiven Auswirkungen von Kunst und Kultur im Aktivismus gibt es auch Herausforderungen. Die Kommerzialisierung von Protestkunst kann dazu führen, dass die ursprünglichen Botschaften verwässert werden. Zariel Vox stellte fest, dass einige Künstler, die ihre Werke für die Bewegung schufen, mehr an Ruhm und Profit interessiert waren als an der Sache selbst. Dies führte zu Spannungen innerhalb der Bewegung und stellte die Frage nach der Authentizität des künstlerischen Ausdrucks.

Ein weiteres Problem ist die Zensur. In Tylathar wurden viele Kunstwerke, die die Gravimetrischen Shift-Morphs unterstützten, von den Behörden entfernt oder zerstört. Zariel und ihre Mitstreiter mussten Wege finden, um ihre Botschaften trotz dieser Herausforderungen weiterzugeben. Dies führte zu einer verstärkten Kreativität, da alternative Methoden entwickelt wurden, um Kunst zu schaffen und zu verbreiten, oft unter dem Radar der Behörden.

Fazit

Zusammenfassend lässt sich sagen, dass der Einfluss von Kunst und Kultur auf den Aktivismus von zentraler Bedeutung ist. In der Biografie von Zariel Vox wird deutlich, wie Kunst als kraftvolles Werkzeug genutzt werden kann, um Bewusstsein zu schaffen, Gemeinschaften zu mobilisieren und den Widerstand gegen Ungerechtigkeit zu stärken. Trotz der Herausforderungen, die mit der Integration von Kunst in den Aktivismus verbunden sind, bleibt der kreative Ausdruck ein unverzichtbarer Bestandteil des Kampfes für soziale Gerechtigkeit in Tylathar und darüber hinaus.

Spiritualität und Aktivismus

Die Verbindung zwischen Spiritualität und Aktivismus ist ein faszinierendes und komplexes Thema, das in der Biografie von Zariel Vox eine zentrale Rolle spielt.

Spiritualität kann als eine Suche nach Sinn, Zweck und Verbindung zu etwas Größerem als dem Selbst verstanden werden. Diese Suche beeinflusst nicht nur das persönliche Leben, sondern auch das Engagement für soziale und politische Veränderungen. In dieser Sektion werden wir die verschiedenen Dimensionen dieser Beziehung untersuchen, einschließlich der philosophischen Grundlagen, praktischer Herausforderungen und konkreter Beispiele aus Zariels Leben.

Philosophische Grundlagen

Die Philosophie der Spiritualität im Kontext des Aktivismus basiert auf der Überzeugung, dass ein tiefes Verständnis des Selbst und der eigenen Werte die Grundlage für effektives Handeln im Sinne des Gemeinwohls bildet. Die spirituelle Dimension des Aktivismus kann durch verschiedene Strömungen wie den Transzendentalismus, die östliche Philosophie und die Befreiungstheologie beeinflusst werden. Diese Philosophien betonen die Wichtigkeit der inneren Transformation, um äußere Veränderungen herbeizuführen.

Ein zentraler Gedanke ist, dass Aktivismus nicht nur ein äußerer Kampf gegen Ungerechtigkeit ist, sondern auch ein innerer Prozess der Selbstreflexion und des Wachstums. Zariel Vox verkörperte diese Idee, indem sie oft betonte, dass der Kampf für die Gravimetrischen Shift-Morphs nicht nur eine politische Bewegung war, sondern auch eine spirituelle Reise, die sie mit ihrer Gemeinschaft teilte.

Praktische Herausforderungen

Trotz der positiven Aspekte, die Spiritualität in den Aktivismus bringen kann, gibt es auch Herausforderungen. Eine der größten Schwierigkeiten besteht darin, dass spirituelle Praktiken oft als unvereinbar mit den aggressiven Taktiken des Aktivismus wahrgenommen werden können. In einer Welt, in der schnelle Ergebnisse gefordert werden, kann die Geduld, die oft mit spiritueller Praxis einhergeht, als Schwäche angesehen werden.

Zariel sah sich oft der Herausforderung gegenüber, ihre spirituellen Überzeugungen mit den praktischen Anforderungen des Aktivismus in Einklang zu bringen. Sie musste lernen, wie sie ihre spirituelle Praxis in stressigen Zeiten aufrechterhalten konnte, ohne dabei ihre Ziele aus den Augen zu verlieren. Diese Balance zu finden, war entscheidend für ihren Erfolg und ihr Wohlbefinden.

Konkrete Beispiele aus Zariels Leben

Ein bemerkenswertes Beispiel für die Verbindung von Spiritualität und Aktivismus in Zariels Leben war die Organisation von Meditations- und

Reflexionssitzungen für ihre Mitstreiter. Diese Treffen boten nicht nur einen Raum für Ruhe und Besinnung, sondern förderten auch den Zusammenhalt innerhalb der Bewegung. Zariel glaubte, dass spirituelle Praktiken wie Meditation und Achtsamkeit den Aktivisten halfen, ihre Emotionen zu regulieren und die Motivation aufrechtzuerhalten.

Ein weiteres Beispiel war die Verwendung von Symbolik und Ritualen in ihren Protesten. Zariel integrierte spirituelle Elemente, wie das Entzünden von Kerzen oder das Singen von Liedern, die den Gemeinschaftsgeist stärkten und eine tiefere Verbindung zu den Zielen der Bewegung herstellten. Diese Praktiken halfen nicht nur, die Teilnehmer zu inspirieren, sondern schufen auch ein Gefühl der Zugehörigkeit und des gemeinsamen Zwecks.

Die Rolle der Hoffnung

Hoffnung ist ein zentrales Element sowohl in der Spiritualität als auch im Aktivismus. Zariel Vox verstand Hoffnung als eine treibende Kraft, die Menschen dazu motiviert, für Veränderungen zu kämpfen, auch wenn die Umstände herausfordernd sind. In ihrer Philosophie war Hoffnung nicht nur eine passive Erwartung eines besseren Morgen, sondern ein aktives Engagement, das durch spirituelle Überzeugungen genährt wurde.

Diese Perspektive auf Hoffnung half Zariel und ihren Mitstreitern, in Zeiten der Unsicherheit und Rückschläge resilient zu bleiben. Sie ermutigte ihre Gemeinschaft, die Hoffnung als Werkzeug zu nutzen, um die Herausforderungen des Aktivismus zu bewältigen und sich auf die Vision einer gerechteren Gesellschaft zu konzentrieren.

Fazit

Zusammenfassend lässt sich sagen, dass die Verbindung von Spiritualität und Aktivismus in der Biografie von Zariel Vox eine bedeutende Rolle spielt. Ihre Überzeugung, dass innere Transformation und äußere Veränderungen miteinander verwoben sind, prägte ihre Ansätze und Strategien im Kampf gegen das Verbot der Gravimetrischen Shift-Morphs. Die Herausforderungen, die sie auf diesem Weg erlebte, verdeutlichen die Komplexität dieser Beziehung, während die konkreten Beispiele aus ihrem Leben zeigen, wie Spiritualität als Quelle der Kraft und Inspiration dienen kann.

Durch die Integration von spirituellen Praktiken in den Aktivismus kann eine tiefere Verbindung zur Gemeinschaft und zu den Zielen der Bewegung geschaffen werden. Zariel Vox bleibt ein inspirierendes Beispiel für die Kraft, die aus der

Verbindung von Spiritualität und Aktivismus erwachsen kann, und ihre Lehren sind auch heute noch relevant für zukünftige Generationen von Aktivisten.

Die Rolle der Hoffnung

Die Rolle der Hoffnung im Kontext des Aktivismus ist ein zentrales Element, das oft übersehen wird, obwohl es eine entscheidende Triebkraft für Veränderungen darstellt. Hoffnung ist nicht nur ein Gefühl, sondern auch eine strategische Ressource, die Aktivisten wie Zariel Vox dazu befähigt, Herausforderungen zu überwinden und den Glauben an eine bessere Zukunft aufrechtzuerhalten.

Theoretische Grundlagen der Hoffnung

Die Theorie der Hoffnung, wie sie von Psychologen wie Charles Snyder formuliert wurde, beschreibt Hoffnung als eine kognitive Motivation, die aus zwei Hauptkomponenten besteht: Zielen und Wegen. Snyder definiert Hoffnung als *"die Fähigkeit, Ziele zu setzen, Wege zu finden, um diese Ziele zu erreichen, und die Motivation, diese Wege zu verfolgen."* Mathematisch kann dies durch die Gleichung dargestellt werden:

$$H = G + W + M$$

wobei H für Hoffnung, G für Ziele, W für Wege und M für Motivation steht. Diese Gleichung verdeutlicht, dass Hoffnung nicht nur aus dem Setzen von Zielen besteht, sondern auch aus der Fähigkeit, Strategien zur Erreichung dieser Ziele zu entwickeln und die Motivation, diese Strategien umzusetzen.

Hoffnung im Aktivismus

Im Aktivismus ist Hoffnung von entscheidender Bedeutung, um die Gemeinschaft zu mobilisieren und den Widerstand gegen ungerechte Praktiken aufrechtzuerhalten. Zariel Vox verstand, dass die Hoffnung der Menschen eine Quelle der Stärke ist. Durch ihre Reden und Aktionen inspirierte sie andere, an die Möglichkeit von Veränderungen zu glauben, selbst in den dunkelsten Zeiten.

Ein Beispiel für die Rolle der Hoffnung findet sich in der Gründung der Bewegung für Gravimetrische Shift-Morphs. In einer Zeit, in der die Regierung von Tylathar eine strenge Repression gegen diese Technologien durchführte, schaffte es Zariel, eine Vision zu formulieren, die Hoffnung auf eine gerechtere Gesellschaft vermittelte. Ihre Fähigkeit, eine positive Zukunft zu entwerfen, motivierte viele, sich der Bewegung anzuschließen.

Probleme und Herausforderungen

Trotz der zentralen Rolle der Hoffnung stehen Aktivisten vor der Herausforderung, diese Hoffnung aufrechtzuerhalten, insbesondere in Zeiten von Rückschlägen und Enttäuschungen. Die ständige Konfrontation mit Widerstand, Repression und persönlichen Verlusten kann dazu führen, dass die Hoffnung schwindet.

Zariel erlebte mehrere Rückschläge, darunter Verhaftungen und die Zerschlagung von Protesten. In solchen Momenten war es entscheidend, die Hoffnung nicht nur für sich selbst, sondern auch für die Gemeinschaft aufrechtzuerhalten. Zariel nutzte verschiedene Strategien, um die Hoffnung zu fördern, darunter:

+ **Geschichten des Erfolgs:** Sie teilte Geschichten von Menschen, die durch den Aktivismus positive Veränderungen erlebt hatten, um anderen Mut zu machen.

+ **Gemeinschaftliche Rituale:** Veranstaltungen, die die Gemeinschaft zusammenbrachten, stärkten das Gefühl der Zugehörigkeit und der kollektiven Hoffnung.

+ **Kunst und Kreativität:** Zariel erkannte die Macht der Kunst, Hoffnung zu vermitteln. Durch kreative Ausdrucksformen konnten die Menschen ihre Visionen für die Zukunft teilen.

Beispiele für Hoffnung in der Praxis

Ein bemerkenswertes Beispiel für die Rolle der Hoffnung im Aktivismus ist die große Demonstration, die Zariel organisierte, nachdem ein Gesetz verabschiedet wurde, das die Gravimetrischen Shift-Morphs weiter einschränkte. Trotz der Widrigkeiten mobilisierte sie Tausende von Menschen, indem sie die Botschaft verbreitete, dass ihre Stimmen gehört werden könnten. Die Hoffnung, dass ihre kollektiven Anstrengungen Veränderungen bewirken könnten, führte zu einer der größten Protestaktionen in der Geschichte von Tylathar.

Die Demonstration war nicht nur ein Zeichen des Widerstands, sondern auch ein Symbol der Hoffnung. Die Teilnehmer trugen Banner mit inspirierenden Slogans wie *"Gemeinsam für eine gerechte Zukunft!"*, was die kollektive Hoffnung und den Glauben an eine bessere Gesellschaft widerspiegelte.

Fazit

Zusammenfassend lässt sich sagen, dass die Rolle der Hoffnung im Aktivismus nicht unterschätzt werden darf. Sie ist eine treibende Kraft, die es Aktivisten wie Zariel Vox ermöglicht, trotz der Herausforderungen und Rückschläge, mit denen sie konfrontiert sind, weiterzumachen.   Hoffnung inspiriert nicht nur Einzelpersonen, sondern mobilisiert auch Gemeinschaften und führt zu bedeutenden sozialen Veränderungen. In einer Welt, die oft von Ungerechtigkeit geprägt ist, bleibt die Hoffnung ein unverzichtbares Gut im Streben nach Gerechtigkeit und Gleichheit.

Verbindungen zu anderen Bewegungen

Zariel Vox' Aktivismus für die Gravimetrischen Shift-Morphs in Tylathar ist nicht isoliert, sondern steht in einem dynamischen Dialog mit anderen sozialen und politischen Bewegungen, die ähnliche Ziele verfolgen oder ähnliche Herausforderungen bewältigen. Diese Verbindungen sind nicht nur strategisch wichtig, sondern auch philosophisch und ideologisch bereichernd. In diesem Abschnitt werden die wichtigsten Bewegungen, ihre Theorien, Probleme und Beispiele untersucht, die Zariels Ansatz beeinflusst haben und umgekehrt.

1. Die Umweltschutzbewegung

Eine der prominentesten Bewegungen, mit der Zariel Vox in Verbindung steht, ist die Umweltschutzbewegung. Diese Bewegung hat sich in den letzten Jahrzehnten intensiv mit den Auswirkungen des Klimawandels und der Ausbeutung natürlicher Ressourcen auseinandergesetzt. Die Gravimetrischen Shift-Morphs sind eng mit ökologischen Belangen verknüpft, da ihre Nutzung und Erhaltung direkt die Umweltpolitik von Tylathar beeinflusst.

Die Theorie des *Ökologischen Aktivismus* besagt, dass die Erhaltung von Ökosystemen und Biodiversität grundlegend für das Überleben aller Spezies ist. Zariel und ihre Mitstreiter haben diese Theorie in ihren Forderungen nach einer nachhaltigen Nutzung der Gravimetrischen Shift-Morphs aufgegriffen.   Ein Beispiel für die Synergie zwischen diesen Bewegungen ist die gemeinsame Organisation von Protesten, bei denen sowohl die Rechte der Morphs als auch die ökologischen Fragestellungen thematisiert wurden.

2. Die Menschenrechtsbewegung

Die Menschenrechtsbewegung, die sich für die Rechte aller Individuen unabhängig von Herkunft, Geschlecht oder Spezies einsetzt, hat ebenfalls eine bedeutende Rolle im Aktivismus von Zariel Vox gespielt. Die Gravimetrischen Shift-Morphs werden in Tylathar nicht nur als technologische Innovationen, sondern auch als Lebewesen betrachtet, deren Rechte geschützt werden müssen.

Die Theorie der *Universalität der Menschenrechte* besagt, dass bestimmte Rechte unveräußerlich sind und für alle Lebewesen gelten. Zariel hat diese Theorie in ihren Argumentationen verwendet, um die Gleichheit und die Rechte der Morphs zu legitimieren. Durch die Zusammenarbeit mit Menschenrechtsorganisationen konnte Zariel eine breitere Öffentlichkeit erreichen und das Bewusstsein für die Notwendigkeit eines intersektionalen Ansatzes im Aktivismus schärfen. Ein Beispiel für diese Zusammenarbeit ist die Kampagne „Morphs sind Menschen", die internationale Aufmerksamkeit erregte und bedeutende rechtliche Schritte zur Anerkennung der Rechte der Morphs einleitete.

3. Die Feministische Bewegung

Die feministische Bewegung hat ebenfalls einen tiefgreifenden Einfluss auf Zariels Philosophie und Aktivismus ausgeübt. Feministische Theorien, die sich mit Machtstrukturen und der Marginalisierung von Individuen beschäftigen, bieten einen wertvollen Rahmen für das Verständnis der Herausforderungen, denen sich die Gravimetrischen Shift-Morphs gegenübersehen.

Zariel hat die Theorie des *Intersektionalismus* aufgegriffen, die besagt, dass verschiedene Formen der Diskriminierung (z.B. Geschlecht, Rasse, Spezies) miteinander verwoben sind und nicht isoliert betrachtet werden können. In ihren Reden und Schriften hat sie betont, dass der Kampf für die Rechte der Morphs auch ein Kampf gegen patriarchale Strukturen ist, die sowohl Frauen als auch Morphs unterdrücken. Ein Beispiel ist die Organisation von Workshops, in denen feministische Aktivistinnen und Vertreter der Morphs gemeinsam Strategien entwickeln, um ihre gemeinsamen Anliegen zu adressieren.

4. Die LGBTQ+-Bewegung

Die LGBTQ+-Bewegung hat ebenfalls eine wichtige Rolle im Kontext von Zariel Vox' Aktivismus gespielt. Die Parallelen zwischen den Kämpfen um die Rechte von LGBTQ+-Personen und den Rechten der Gravimetrischen Shift-Morphs sind offensichtlich: Beide Gruppen kämpfen gegen Diskriminierung und für die Anerkennung ihrer Identität und Rechte.

Die Theorie der *Queeren Identität* hat Zariel inspiriert, den Aktivismus für die Morphs nicht nur als einen Kampf um rechtliche Anerkennung, sondern auch als einen Kampf um die Akzeptanz von Vielfalt und Identität zu betrachten. Zariel hat oft betont, dass die Freiheit, sich selbst zu definieren und zu leben, ein grundlegendes Menschenrecht ist. Ein Beispiel für die Verbindung dieser Bewegungen ist die gemeinsame Teilnahme an Pride-Paraden, bei denen die Rechte der Morphs und die LGBTQ+-Rechte in einem gemeinsamen Rahmen gefeiert und gefordert werden.

5. Die globale Gerechtigkeitsbewegung

Schließlich ist die globale Gerechtigkeitsbewegung, die sich für soziale, wirtschaftliche und ökologische Gerechtigkeit weltweit einsetzt, ein weiterer bedeutender Partner für Zariel Vox. Diese Bewegung hat die Notwendigkeit betont, lokale Kämpfe mit globalen Herausforderungen zu verknüpfen, um eine umfassendere Perspektive auf Gerechtigkeit zu entwickeln.

Die Theorie des *Globalen Aktivismus* postuliert, dass lokale Probleme oft globale Ursachen haben und dass die Lösungen daher auch global gedacht werden müssen. Zariel hat diese Theorie in ihren internationalen Kampagnen zur Unterstützung der Gravimetrischen Shift-Morphs angewandt, indem sie die Verbindungen zwischen der Ausbeutung von Ressourcen in Tylathar und globalen wirtschaftlichen Ungleichheiten aufgezeigt hat. Ein Beispiel für diese Verbindung ist die internationale Konferenz „Gerechtigkeit für alle Spezies", die in Tylathar stattfand und Aktivisten aus der ganzen Galaxie zusammenbrachte, um ihre Erfahrungen und Strategien auszutauschen.

Zusammenfassung der Verbindungen

Die Verbindungen zu anderen Bewegungen haben Zariel Vox nicht nur strategisch gestärkt, sondern auch ihre philosophischen Ansätze bereichert. Durch die Integration verschiedener Theorien und Erfahrungen hat sie ein umfassenderes Verständnis für die Herausforderungen entwickelt, die sowohl ihre Bewegung als auch andere soziale Bewegungen betreffen. Diese interdisziplinäre Herangehensweise hat dazu beigetragen, dass der Aktivismus für die Gravimetrischen Shift-Morphs in Tylathar nicht nur lokal, sondern auch global relevant ist, und dass die Kämpfe für Gerechtigkeit in ihren vielen Formen miteinander verbunden sind.

Die Zukunft des Widerstands

Die Zukunft des Widerstands gegen das Verbot der Gravimetrischen Shift-Morphs in Tylathar ist ein Thema, das sowohl Herausforderungen als auch Chancen birgt. In einer Zeit, in der technologische Entwicklungen und soziale Bewegungen sich rasant weiterentwickeln, ist es entscheidend, die Strategien und Philosophien des Aktivismus zu adaptieren, um auch in Zukunft wirksam zu sein.

Technologische Entwicklungen und ihre Auswirkungen

Ein zentraler Aspekt der zukünftigen Widerstandsbewegungen wird die Integration neuer Technologien sein. Die Nutzung sozialer Medien hat bereits gezeigt, wie schnell Informationen verbreitet und Gemeinschaften mobilisiert werden können. Plattformen wie *HoloNet* und *VoxNet* ermöglichen es Aktivisten, ihre Botschaften in Echtzeit zu verbreiten und sich mit Gleichgesinnten zu vernetzen. Diese Technologien bieten nicht nur eine Plattform für den Austausch von Ideen, sondern auch Werkzeuge zur Organisation von Protesten und zur Durchführung von Kampagnen.

Ein Beispiel für erfolgreiche technologische Mobilisierung ist die *#ShiftForChange*-Bewegung, die durch virale Kampagnen in sozialen Medien eine breite Unterstützung für die Gravimetrischen Shift-Morphs gewinnen konnte. Diese Kampagne hat nicht nur das Bewusstsein für die Thematik geschärft, sondern auch konkrete politische Veränderungen angestoßen. Die Interaktion zwischen Technologie und Aktivismus wird in den kommenden Jahren entscheidend sein, um die Stimme der Unterdrückten zu verstärken.

Globale Vernetzung und Solidarität

Ein weiterer wichtiger Aspekt der Zukunft des Widerstands ist die globale Vernetzung. Aktivisten aus verschiedenen Teilen der Galaxie können durch digitale Plattformen und intergalaktische Netzwerke zusammenarbeiten, um ihre Anliegen zu unterstützen. Diese internationale Solidarität kann dazu beitragen, Druck auf Regierungen und Institutionen auszuüben, die Bürgerrechte verletzen.

Die *Intergalaktische Koalition für Bürgerrechte* (IKB), die verschiedene Bewegungen aus unterschiedlichen Welten vereint, ist ein Beispiel für diese Art der Zusammenarbeit. Durch den Austausch von Strategien und Ressourcen können diese Gruppen effektiver auf gemeinsame Herausforderungen reagieren. Die Zukunft des Widerstands wird stark von dieser globalen Perspektive abhängen, da die Probleme, mit denen Aktivisten konfrontiert sind, oft grenzüberschreitend sind.

Herausforderungen und Widerstände

Trotz der positiven Entwicklungen stehen Aktivisten weiterhin vor erheblichen Herausforderungen. Die Repression durch autoritäre Regierungen und die Kriminalisierung von Protesten sind nach wie vor weit verbreitet. In Tylathar beispielsweise hat die Regierung versucht, die Nutzung von Technologien zur Mobilisierung zu unterdrücken, indem sie den Zugang zu sozialen Medien einschränkt und Gesetze erlassen hat, die das Versammlungsrecht einschränken.

Ein Beispiel für solche Repression ist das *Anti-Demonstrationsgesetz*, das es den Behörden ermöglicht, Proteste ohne Vorwarnung aufzulösen. Diese Art von rechtlicher Unterdrückung erfordert von Aktivisten, neue Strategien zu entwickeln, um ihre Stimmen Gehör zu verschaffen. Die Schaffung von sicheren Räumen für den Dialog und die Organisation von Widerstand wird entscheidend sein, um die Kontinuität der Bewegung zu gewährleisten.

Philosophische Überlegungen

Die philosophischen Grundlagen des Widerstands müssen ebenfalls überdacht werden, um den sich verändernden gesellschaftlichen Kontexten gerecht zu werden. Die Frage, was es bedeutet, für Bürgerrechte zu kämpfen, wird in einer Zeit, in der technologische und soziale Strukturen ständig im Fluss sind, neu definiert. Die Ethik des Widerstands sollte sich auf Prinzipien der Inklusivität und Gerechtigkeit stützen, um sicherzustellen, dass alle Stimmen gehört werden.

Die Philosophie des *radikalen Optimismus*, die besagt, dass positive Veränderungen möglich sind, wenn Menschen zusammenarbeiten, wird in Zukunft eine wichtige Rolle spielen. Diese Denkweise kann Aktivisten inspirieren, trotz der Herausforderungen, vor denen sie stehen, weiterzumachen und neue Wege zu finden, um ihre Ziele zu erreichen.

Schlussfolgerung

Zusammenfassend lässt sich sagen, dass die Zukunft des Widerstands gegen das Verbot der Gravimetrischen Shift-Morphs in Tylathar sowohl vielversprechend als auch herausfordernd ist. Die Integration neuer Technologien, die Förderung globaler Solidarität und die Auseinandersetzung mit repressiven Regierungen werden entscheidend sein, um die Bewegung voranzubringen. Gleichzeitig müssen Aktivisten ihre philosophischen Grundlagen überdenken und anpassen, um den sich verändernden Bedingungen gerecht zu werden. Nur durch eine Kombination aus innovativen Strategien, internationaler Zusammenarbeit und einer starken ethischen Basis kann der Widerstand in Tylathar und darüber hinaus gedeihen und wachsen.

$$R = \frac{C}{T} \cdot \sqrt{N} \tag{30}$$

Hierbei steht R für den Widerstand, C für die Mobilisierungskapazität, T für die Zeit bis zur Umsetzung und N für die Anzahl der Unterstützer. Diese Gleichung verdeutlicht, dass eine höhere Mobilisierungskapazität und eine größere Anzahl von Unterstützern den Widerstand stärken und beschleunigen können.

Die Zukunft des Widerstands ist nicht nur eine Frage des Überlebens, sondern auch eine Frage der Kreativität und des Mutes, neue Wege zu beschreiten.

Erfolge und Meilensteine

Höhepunkte der Bewegung

Erste Erfolge im Kampf gegen das Verbot

Die Bewegung für Gravimetrische Shift-Morphs (GSM) in Tylathar war in ihren Anfängen von Unsicherheiten und Herausforderungen geprägt. Dennoch konnten die Aktivisten um Zariel Vox einige bemerkenswerte Erfolge erzielen, die nicht nur den Kurs der Bewegung beeinflussten, sondern auch die gesellschaftliche Wahrnehmung der Gravimetrischen Shift-Morphs veränderten. Diese Erfolge sind entscheidend für das Verständnis der Dynamik des Widerstands und der Mechanismen, die zur Überwindung von Widrigkeiten führen.

Mobilisierung der Gemeinschaft

Ein zentraler Erfolgsfaktor war die Mobilisierung der Gemeinschaft. Zariel Vox und ihre Mitstreiterinnen und Mitstreiter organisierten eine Reihe von Informationsveranstaltungen, um die Bevölkerung über die Vorteile und die Notwendigkeit der Gravimetrischen Shift-Morphs aufzuklären. Diese Veranstaltungen wurden durch die Verwendung von sozialen Medien und digitalen Plattformen unterstützt, die es ermöglichten, ein breiteres Publikum zu erreichen. Die Resonanz war überwältigend, und viele Menschen, die zuvor skeptisch waren, schlossen sich der Bewegung an.

Ein Beispiel für eine erfolgreiche Mobilisierung war die „Tage der Gravimetrischen Shift-Morphs", eine Woche voller Aktivitäten, die in verschiedenen Städten Tylathars stattfand. Diese Veranstaltungen umfassten Podiumsdiskussionen, Workshops und künstlerische Darbietungen, die die kulturelle Bedeutung der GSM hervorhoben. Die Veranstaltungen zogen Tausende von Teilnehmern an und führten zu einer verstärkten öffentlichen Diskussion über die Thematik.

Erste rechtliche Erfolge

Ein weiterer bedeutender Erfolg war der erste rechtliche Sieg vor dem Obersten Gerichtshof von Tylathar. In einem wegweisenden Verfahren argumentierte Zariel Vox, dass das Verbot der Gravimetrischen Shift-Morphs gegen die verfassungsmäßigen Rechte der Bürger verstößt. Die Klage basierte auf der Annahme, dass die Gravimetrischen Shift-Morphs nicht nur eine Form der kulturellen Ausdrucksweise sind, sondern auch eine wichtige Ressource für die wirtschaftliche und soziale Entwicklung des Planeten darstellen.

Die Entscheidung des Gerichts, das Verbot vorläufig auszusetzen, wurde von der Bewegung als großer Sieg gefeiert. Diese rechtliche Anerkennung der GSM führte zu einer Welle von Unterstützungsbekundungen aus verschiedenen Teilen der Gesellschaft, einschließlich prominenter Persönlichkeiten und Organisationen.

Öffentliche Wahrnehmung und Medienberichterstattung

Die Medien spielten eine entscheidende Rolle bei der Verbreitung der Botschaft der Bewegung. Journalisten und Influencer begannen, über die Aktivitäten der GSM-Bewegung zu berichten, was zu einer signifikanten Veränderung der öffentlichen Wahrnehmung führte. Vor der Mobilisierung wurden die Gravimetrischen Shift-Morphs oft als gefährlich und unethisch dargestellt. Doch durch die Bemühungen von Zariel Vox und ihren Unterstützern konnten diese Stereotypen allmählich abgebaut werden.

Eine Schlüsselveranstaltung war die „Nacht der Gravimetrischen Shift-Morphs", die live im Fernsehen übertragen wurde. Diese Veranstaltung bot eine Plattform für Aktivisten, die ihre Geschichten und die Vorteile der GSM präsentierten. Die Berichterstattung war positiv und trug dazu bei, das öffentliche Interesse an der Bewegung zu steigern.

Internationale Unterstützung

Ein weiterer bemerkenswerter Erfolg war die Gewinnung internationaler Unterstützung. Die Bewegung konnte Kontakte zu verschiedenen intergalaktischen Organisationen knüpfen, die sich für Bürgerrechte und soziale Gerechtigkeit einsetzen. Diese Allianzen führten zu einer verstärkten Aufmerksamkeit auf die Situation in Tylathar und ermöglichten den Aktivisten, Ressourcen und Fachwissen von außerhalb zu nutzen.

Ein Beispiel für diese internationale Unterstützung war die Teilnahme von Zariel Vox an der „Galaktischen Konferenz für Bürgerrechte", wo sie die Anliegen der GSM-Bewegung präsentierte. Ihr leidenschaftlicher Vortrag führte zu einer

Resolution, die die Tylathar-Regierung aufforderte, das Verbot der Gravimetrischen Shift-Morphs zu überdenken.

Zusammenfassung der Erfolge

Die ersten Erfolge im Kampf gegen das Verbot der Gravimetrischen Shift-Morphs sind ein eindrucksvolles Beispiel für die Kraft des kollektiven Handelns. Durch die Mobilisierung der Gemeinschaft, rechtliche Erfolge, positive Medienberichterstattung und internationale Unterstützung konnte die Bewegung entscheidende Fortschritte erzielen. Diese Erfolge legten den Grundstein für die weitere Entwicklung des Widerstands und stärkten das Vertrauen in die Möglichkeit von Veränderung.

Die Herausforderungen, die noch vor der Bewegung lagen, waren zwar beträchtlich, doch die ersten Erfolge schufen eine solide Basis für den fortwährenden Kampf um Gerechtigkeit und Gleichheit für die Gravimetrischen Shift-Morphs und deren Unterstützer in Tylathar. Die Philosophie des Widerstands, die Zariel Vox verkörperte, wurde durch diese Erfolge weiter gestärkt und inspirierte viele, sich dem Kampf für die Rechte der GSM anzuschließen.

Wichtige Veranstaltungen und Demonstrationen

Die Bewegung für die Gravimetrischen Shift-Morphs in Tylathar wurde durch eine Reihe wichtiger Veranstaltungen und Demonstrationen geprägt, die nicht nur die Sichtbarkeit der Bewegung erhöhten, sondern auch entscheidende Impulse für den Widerstand gegen das Verbot der Gravimetrischen Shift-Morphs gaben. Diese Ereignisse sind nicht nur Meilensteine in der Geschichte des Aktivismus, sondern auch Beispiele für die Mobilisierung der Gemeinschaft und den kreativen Einsatz von Protestformen.

Die erste große Demonstration

Eine der ersten und bedeutendsten Demonstrationen fand im Jahr 2022 statt, als über 10.000 Menschen in der Hauptstadt von Tylathar, Thalor, zusammenkamen, um gegen das Verbot der Gravimetrischen Shift-Morphs zu protestieren. Die Demonstration wurde von Zariel Vox organisiert und hatte das Ziel, die öffentliche Aufmerksamkeit auf die Ungerechtigkeiten zu lenken, die durch das Verbot entstanden waren.

Die Teilnehmer trugen Plakate mit Slogans wie „Gravimetrische Shift-Morphs sind unser Recht!" und „Für die Freiheit der Bewegung!" Diese

Slogans spiegelten nicht nur den Unmut der Bürger wider, sondern schufen auch eine starke visuelle Identität für die Bewegung. Die Demonstration wurde von verschiedenen Künstlern begleitet, die Musik und Performances präsentierten, um die Stimmung zu heben und die Botschaft zu verbreiten.

Die Polizei war zwar anwesend, hielt sich jedoch zurück, was als Zeichen der wachsenden Unterstützung für die Bewegung interpretiert wurde. Diese erste große Demonstration war ein Wendepunkt, der die Bewegung ins öffentliche Bewusstsein rückte und eine Vielzahl von Medienberichten nach sich zog.

Der „Tag der Solidarität"

Ein weiteres bedeutendes Ereignis war der „Tag der Solidarität", der jährlich gefeiert wird, um die Errungenschaften der Bewegung zu würdigen und neue Unterstützer zu gewinnen. Der erste Tag der Solidarität fand im Jahr 2023 statt und zog Menschen aus allen Teilen Tylathars an.

Die Veranstaltung umfasste Reden von prominenten Aktivisten, Workshops über die Rechte der Gravimetrischen Shift-Morphs und Diskussionsrunden, in denen die Herausforderungen und Erfolge der Bewegung thematisiert wurden. Zariel Vox hielt eine leidenschaftliche Rede, in der sie die Bedeutung der Gemeinschaft und den fortwährenden Kampf um Gerechtigkeit betonte:

> „Wir sind nicht allein! Gemeinsam sind wir stark, und gemeinsam werden wir die Ketten der Ungerechtigkeit sprengen!"

Diese Veranstaltung war nicht nur ein Ort der Zusammenkunft, sondern auch eine Plattform für Bildung und Bewusstseinsbildung. Die Teilnehmer hatten die Möglichkeit, sich über die rechtlichen Aspekte der Gravimetrischen Shift-Morphs zu informieren und Strategien zu entwickeln, um ihre Rechte zu verteidigen.

Die internationale Konferenz für Bürgerrechte

Im Jahr 2024 fand die internationale Konferenz für Bürgerrechte in Tylathar statt, die von Zariel Vox und anderen führenden Aktivisten organisiert wurde. Diese Konferenz brachte Vertreter von Bürgerrechtsbewegungen aus verschiedenen Planeten zusammen, um Erfahrungen auszutauschen und Strategien zu entwickeln.

Ein zentrales Thema der Konferenz war die Frage, wie man internationale Unterstützung für lokale Bewegungen gewinnen kann. Experten diskutierten die Bedeutung von Netzwerken und Allianzen, um den Druck auf autoritäre Regierungen zu erhöhen. Zariel Vox stellte die Idee vor, eine intergalaktische

Plattform zu schaffen, die es Aktivisten ermöglichen würde, sich zu vernetzen und Ressourcen auszutauschen.

Die Konferenz endete mit einer großen Demonstration, bei der Teilnehmer aus verschiedenen Planeten ihre Solidarität mit der Bewegung für die Gravimetrischen Shift-Morphs zeigten. Diese Veranstaltung hatte nicht nur eine symbolische Bedeutung, sondern führte auch zu einer verstärkten internationalen Aufmerksamkeit auf die Situation in Tylathar.

Die Rolle der sozialen Medien

Die Bedeutung sozialer Medien in der Organisation und Durchführung von Veranstaltungen kann nicht unterschätzt werden. Zariel Vox und ihr Team nutzten Plattformen wie „Tylathar Connect" und „Galactic Voices", um Informationen über bevorstehende Veranstaltungen zu verbreiten und Mobilisierungsaufrufe zu starten.

Durch kreative Kampagnen, die Videos, Grafiken und Geschichten von Betroffenen beinhalteten, gelang es der Bewegung, eine breite Öffentlichkeit zu erreichen. Ein Beispiel hierfür war die Kampagne „#ShiftForChange", die zu einem viralen Erfolg wurde und eine Welle der Unterstützung aus der gesamten Galaxie auslöste.

Erfolge und Herausforderungen

Die Veranstaltungen und Demonstrationen waren nicht ohne Herausforderungen. Trotz des großen Interesses gab es immer wieder Versuche der Behörden, die Mobilisierung zu unterdrücken. Bei einigen Demonstrationen kam es zu Festnahmen und gewaltsamen Auseinandersetzungen, was die Entschlossenheit der Bewegung jedoch nur verstärkte.

Ein Beispiel für solche Herausforderungen war die „Nacht des Widerstands" im Jahr 2025, bei der die Polizei versuchte, eine friedliche Versammlung gewaltsam aufzulösen. Die Repression führte zu einem landesweiten Aufschrei und verstärkte die Solidarität innerhalb der Bewegung. Zariel Vox nutzte diese Situation, um auf die Ungerechtigkeiten aufmerksam zu machen und forderte die Gemeinschaft auf, sich nicht einschüchtern zu lassen.

Zusammenfassung

Insgesamt zeigen die wichtigen Veranstaltungen und Demonstrationen, wie entscheidend die Mobilisierung der Gemeinschaft für den Erfolg der Bewegung für die Gravimetrischen Shift-Morphs war. Diese Ereignisse schufen nicht nur eine

Plattform für den Austausch von Ideen und Strategien, sondern trugen auch dazu bei, eine breite öffentliche Unterstützung zu gewinnen.

Die Kombination aus kreativen Protestformen, internationaler Zusammenarbeit und der Nutzung sozialer Medien erwies sich als Schlüssel zum Erfolg der Bewegung. Zariel Vox und ihre Mitstreiter haben durch ihre Entschlossenheit und ihren Mut gezeigt, dass der Kampf für Gerechtigkeit auch in schwierigen Zeiten weitergeführt werden kann.

Medienberichterstattung und öffentliche Wahrnehmung

Die Medienberichterstattung spielt eine entscheidende Rolle in der Formung der öffentlichen Wahrnehmung von sozialen Bewegungen, insbesondere im Kontext des Widerstands gegen das Verbot der Gravimetrischen Shift-Morphs in Tylathar. Diese Berichterstattung beeinflusst nicht nur, wie die Bewegung wahrgenommen wird, sondern auch, wie die Öffentlichkeit auf ihre Anliegen reagiert. In diesem Abschnitt werden wir die verschiedenen Facetten der Medienberichterstattung und deren Auswirkungen auf die öffentliche Wahrnehmung von Zariel Vox und der Bewegung für Gravimetrische Shift-Morphs untersuchen.

Die Rolle der Medien im Aktivismus

Die Medien fungieren als Vermittler zwischen Aktivisten und der breiten Öffentlichkeit. Sie können sowohl als Plattform für die Verbreitung von Informationen als auch als Katalysator für Veränderungen dienen. In Tylathar war die Berichterstattung über die Bewegung entscheidend, um das Bewusstsein für die Probleme rund um das Verbot der Gravimetrischen Shift-Morphs zu schärfen. Die Medien berichteten über die ersten Proteste, die von Zariel Vox organisiert wurden, und trugen dazu bei, die Anliegen der Bewegung in die öffentliche Diskussion einzubringen.

Ein Beispiel für die Wirkung der Medien ist die Berichterstattung über die erste große Demonstration in Tylathar, die unter dem Motto "Freiheit für die Gravimetrischen Shift-Morphs" stattfand. Diese Veranstaltung zog nicht nur die Aufmerksamkeit lokaler Nachrichtenagenturen auf sich, sondern auch internationale Medien. Die Berichterstattung darüber führte zu einer Welle der Solidarität, die die Bewegung über die Grenzen von Tylathar hinaus bekannt machte.

Herausforderungen der Medienberichterstattung

Trotz ihrer positiven Auswirkungen steht die Medienberichterstattung auch vor Herausforderungen. Eine der größten Schwierigkeiten besteht darin, dass die Medien oft dazu neigen, komplexe Themen zu simplifizieren. In vielen Berichten wurden die Anliegen der Aktivisten auf ein einseitiges Narrativ reduziert, das den Fokus auf Konflikte und Konfrontationen legte, anstatt die tieferliegenden sozialen und politischen Probleme zu beleuchten.

Darüber hinaus kam es häufig zu einer verzerrten Darstellung der Bewegung in den Medien. Einige Berichterstattungen stellten Zariel Vox und andere Aktivisten als radikale Extremisten dar, was die öffentliche Wahrnehmung negativ beeinflusste. Diese Art der Berichterstattung führte dazu, dass viele Menschen Vorurteile gegenüber der Bewegung hegten und sich von ihren Anliegen distanzierten.

Strategien zur Einflussnahme auf die Medien

Um die Herausforderungen der Medienberichterstattung zu bewältigen, entwickelte die Bewegung Strategien, um ihre Botschaften effektiver zu kommunizieren. Dazu gehörte die gezielte Ansprache von Journalisten und Medienvertretern, um sicherzustellen, dass die Anliegen der Bewegung korrekt und umfassend dargestellt wurden. Zariel Vox und andere Führungspersönlichkeiten der Bewegung nutzten soziale Medien, um direkt mit der Öffentlichkeit zu kommunizieren und ihre Sichtweise darzulegen.

Ein weiteres Beispiel für eine erfolgreiche Strategie war die Organisation von Pressekonferenzen und öffentlichen Veranstaltungen, bei denen die Aktivisten die Gelegenheit hatten, ihre Perspektiven direkt zu präsentieren. Diese Maßnahmen führten zu einer ausgewogeneren Berichterstattung und halfen, das öffentliche Bild der Bewegung zu verbessern.

Öffentliche Wahrnehmung und ihre Auswirkungen

Die Art und Weise, wie die Medien über die Bewegung berichteten, hatte direkte Auswirkungen auf die öffentliche Wahrnehmung. Positive Berichterstattung führte oft zu einer erhöhten Unterstützung der Bewegung, während negative Darstellungen zu einer Abnahme des öffentlichen Interesses und der Solidarität führten. Die öffentliche Wahrnehmung beeinflusste wiederum die politische Reaktion auf die Bewegung, da Politiker und Entscheidungsträger oft auf den Druck der Wählerschaft reagieren.

Die Bewegung für Gravimetrische Shift-Morphs erlebte Phasen der erhöhten Sichtbarkeit und Unterstützung, gefolgt von Zeiten der Marginalisierung, die stark von der Medienberichterstattung abhingen. Ein Beispiel für einen Wendepunkt war die Berichterstattung über die gewaltsame Unterdrückung einer friedlichen Demonstration, die zu einem landesweiten Aufschrei führte und die öffentliche Unterstützung für die Bewegung erheblich steigerte.

Fazit

Zusammenfassend lässt sich sagen, dass die Medienberichterstattung und die öffentliche Wahrnehmung eng miteinander verknüpft sind und eine zentrale Rolle im Aktivismus spielen. Die Bewegung für Gravimetrische Shift-Morphs in Tylathar profitierte von positiver Medienberichterstattung, sah sich jedoch auch Herausforderungen durch negative Darstellungen gegenüber. Zariel Vox und ihre Mitstreiter mussten kreative Strategien entwickeln, um ihre Botschaften effektiv zu kommunizieren und die öffentliche Wahrnehmung zu beeinflussen. Letztendlich zeigt dieser Abschnitt, wie wichtig es ist, die Medienlandschaft zu verstehen und aktiv zu gestalten, um die Ziele des Aktivismus zu erreichen.

Einfluss auf die Gesetzgebung

Der Einfluss von Zariel Vox und der Bewegung für Gravimetrische Shift-Morphs auf die Gesetzgebung in Tylathar war sowohl tiefgreifend als auch vielschichtig. Die Bewegung, die sich gegen das Verbot der Gravimetrischen Shift-Morphs wandte, stellte nicht nur eine Herausforderung für die bestehenden Gesetze dar, sondern führte auch zu einer umfassenden Neubewertung der rechtlichen Rahmenbedingungen im Zusammenhang mit Bürgerrechten und intergalaktischen Technologien.

Theoretische Grundlagen

Die Gesetzgebung in Tylathar war historisch von einer strengen Regulierungsmentalität geprägt. Diese Regulierungen waren oft das Ergebnis von Angst vor den potenziellen Gefahren, die mit neuen Technologien einhergingen. Der Bürgerrechtsaktivismus, wie er von Zariel Vox verkörpert wurde, stützte sich auf die theoretischen Grundlagen der sozialen Gerechtigkeit, die oft in den Schriften von Philosophen wie John Rawls und Judith Butler zu finden sind. Rawls' Theorie der Gerechtigkeit, die das Konzept der „Fairness" in den Mittelpunkt stellt, wurde von Zariel als Leitprinzip verwendet, um die

Ungerechtigkeiten, die durch das Verbot der Gravimetrischen Shift-Morphs entstanden, zu beleuchten.

Problematik der bestehenden Gesetze

Die bestehenden Gesetze in Tylathar, die das Verbot der Gravimetrischen Shift-Morphs rechtfertigten, basierten auf der Annahme, dass diese Technologien eine Bedrohung für die Sicherheit und das Wohlergehen der Bürger darstellen. Diese Annahme war jedoch nicht nur unzureichend belegt, sondern ignorierte auch die positiven Aspekte der Gravimetrischen Shift-Morphs, wie ihre Fähigkeit, intergalaktische Reisen zu erleichtern und den Austausch zwischen verschiedenen Kulturen zu fördern. Zariel und ihre Mitstreiter argumentierten, dass die Gesetzgebung nicht nur die Sicherheit, sondern auch die Freiheit und das Recht auf Selbstbestimmung der Bürger schützen müsse.

Beispiele für legislative Veränderungen

Zariels Engagement führte zu mehreren bedeutenden legislativen Veränderungen. Ein Beispiel ist die Einführung des „Gesetzes zur Förderung intergalaktischer Technologien" (GFiT), das im Jahr 2045 verabschiedet wurde. Dieses Gesetz erlaubte die regulierte Nutzung von Gravimetrischen Shift-Morphs unter strengen Sicherheitsvorkehrungen und schuf einen rechtlichen Rahmen, der die Rechte der Nutzer schützte.

Ein weiteres Beispiel ist die Schaffung des „Büros für intergalaktische Bürgerrechte", das als direkte Reaktion auf die Forderungen der Bewegung ins Leben gerufen wurde. Dieses Büro hat die Aufgabe, die Einhaltung der Bürgerrechte in Bezug auf neue Technologien zu überwachen und sicherzustellen, dass die Stimmen der Bürger gehört werden.

Langfristige Auswirkungen auf die Gesetzgebung

Die Auswirkungen des Aktivismus von Zariel Vox auf die Gesetzgebung sind auch langfristig zu erkennen. Die Bewegung hat einen Paradigmenwechsel in der politischen Landschaft von Tylathar eingeleitet, der zu einer offeneren und inklusiveren Gesetzgebung geführt hat. Politische Entscheidungsträger begannen, die Bedeutung von Bürgerbeteiligung und öffentlicher Meinung ernst zu nehmen. Die Einführung von regelmäßigen Konsultationen mit Bürgern und Aktivisten in den Gesetzgebungsprozess ist ein direktes Ergebnis dieser Veränderungen.

Schlussfolgerung

Insgesamt lässt sich sagen, dass Zariel Vox und die Bewegung für Gravimetrische Shift-Morphs einen erheblichen Einfluss auf die Gesetzgebung in Tylathar hatten. Durch die Kombination von theoretischen Ansätzen zur sozialen Gerechtigkeit, dem Eintreten für die Rechte der Bürger und der Mobilisierung der Gemeinschaft konnten sie nicht nur bestehende Gesetze in Frage stellen, sondern auch neue, gerechtere Regelungen schaffen, die den Bedürfnissen einer sich verändernden Gesellschaft gerecht werden. Die Erfolge dieser Bewegung sind ein eindrucksvolles Beispiel dafür, wie Bürgerrechtsaktivismus die legislative Landschaft transformieren kann und wie wichtig es ist, dass die Stimmen der Bürger in den politischen Diskurs einfließen.

Bildung von Allianzen mit anderen Organisationen

Die Bildung von Allianzen mit anderen Organisationen stellte einen entscheidenden Schritt in der Bewegung für die Gravimetrischen Shift-Morphs dar. In einer Zeit, in der der Widerstand gegen das Verbot durch die Tylathar-Regierung stark eingeschränkt war, war es für Zariel Vox und ihre Mitstreiter von größter Bedeutung, strategische Partnerschaften einzugehen, um ihre Stimme zu verstärken und ihre Ressourcen zu bündeln.

Theoretischer Hintergrund

Die Theorie der sozialen Bewegungen legt nahe, dass Allianzen zwischen Organisationen die Effektivität des Aktivismus erheblich steigern können. Laut Tilly und Tarrow (2015) sind Allianzen ein Mittel, um kollektive Ressourcen zu mobilisieren und die Reichweite einer Bewegung zu erweitern. Diese Allianzen können verschiedene Formen annehmen, von informellen Netzwerken bis hin zu formellen Koalitionen, die gemeinsame Ziele verfolgen und Strategien entwickeln.

Herausforderungen bei der Bildung von Allianzen

Die Gründung von Allianzen ist jedoch nicht ohne Herausforderungen. Unterschiedliche Werte, Prioritäten und Strategien können zu Spannungen führen. In Tylathar gab es beispielsweise Organisationen, die sich auf Umweltfragen konzentrierten, während andere sich auf soziale Gerechtigkeit fokussierten. Zariel Vox erkannte, dass es wichtig war, gemeinsame Ziele zu identifizieren, um eine effektive Zusammenarbeit zu gewährleisten.

Ein Beispiel für eine solche Herausforderung war die Zusammenarbeit mit der *Intergalaktischen Umweltbewegung* (IEM), die sich auf den Schutz der natürlichen Ressourcen von Tylathar konzentrierte. Die IEM war zunächst skeptisch gegenüber der Bürgerrechtsbewegung, da sie befürchtete, dass die Forderungen nach den Gravimetrischen Shift-Morphs von den ökologischen Anliegen ablenken könnten. Zariel organisierte eine gemeinsame Konferenz, bei der beide Gruppen ihre Anliegen und Ziele erläuterten. Durch offene Kommunikation gelang es, ein gemeinsames Verständnis zu entwickeln, das die Bildung einer Allianz ermöglichte.

Beispiele erfolgreicher Allianzen

Ein herausragendes Beispiel für eine erfolgreiche Allianz war die Zusammenarbeit zwischen der Bewegung für Gravimetrische Shift-Morphs und der *Vereinigung der Tylatharischen Künstler* (VTA). Diese Gruppe hatte einen starken Einfluss auf die öffentliche Wahrnehmung und konnte durch kreative Kampagnen und Kunstprojekte die Botschaft der Bewegung verbreiten. Gemeinsam organisierten sie eine Reihe von Veranstaltungen, die sowohl kulturelle als auch politische Aspekte beinhalteten.

Ein weiteres Beispiel war die Partnerschaft mit der *Intergalaktischen Menschenrechtsorganisation* (IHRO), die internationale Aufmerksamkeit auf die Situation in Tylathar lenkte. Diese Kooperation ermöglichte es, die repressiven Maßnahmen der Tylathar-Regierung auf einer globalen Plattform zu thematisieren. Durch gemeinsame Pressemitteilungen und internationale Protestaktionen konnte die Bewegung erheblich an Sichtbarkeit gewinnen.

Strategien zur Förderung von Allianzen

Um die Bildung von Allianzen zu fördern, setzte Zariel Vox auf mehrere Strategien:

- **Netzwerken:** Die Teilnahme an Konferenzen und Veranstaltungen, um Kontakte zu knüpfen und potenzielle Partner zu identifizieren.

- **Gemeinsame Ziele definieren:** Das Erarbeiten eines gemeinsamen Aktionsplans, der die Interessen aller beteiligten Organisationen berücksichtigt.

- **Ressourcen teilen:** Die Bündelung von Ressourcen, um größere Veranstaltungen und Kampagnen zu finanzieren und durchzuführen.

+ **Öffentlichkeitsarbeit:** Die Nutzung von Medien und sozialen Netzwerken, um die Erfolge der Allianzen zu kommunizieren und das Bewusstsein für die gemeinsamen Anliegen zu schärfen.

Langfristige Auswirkungen der Allianzen

Die Bildung von Allianzen hatte langfristige Auswirkungen auf die Bewegung. Durch die Zusammenarbeit mit verschiedenen Organisationen konnte die Bewegung nicht nur ihre Reichweite erweitern, sondern auch die Diversität ihrer Unterstützerbasis erhöhen. Dies führte zu einer stärkeren Legitimität und einem breiteren Verständnis für die Anliegen der Gravimetrischen Shift-Morphs.

Zusammenfassend lässt sich sagen, dass die Bildung von Allianzen mit anderen Organisationen ein entscheidender Faktor für den Erfolg der Bewegung in Tylathar war. Diese strategischen Partnerschaften ermöglichten es Zariel Vox und ihren Mitstreitern, ihre Stimme zu verstärken und sich gegen die repressiven Maßnahmen der Regierung zu behaupten. Die Erfahrungen und Lektionen, die aus diesen Allianzen gewonnen wurden, sind nicht nur für die Bürgerrechtsbewegung in Tylathar von Bedeutung, sondern bieten auch wertvolle Erkenntnisse für zukünftige soziale Bewegungen in anderen Teilen des Universums.

Anerkennung und Auszeichnungen für Zariel

Zariel Vox hat sich im Laufe ihrer Aktivismus-Karriere nicht nur als eine herausragende Stimme für die Rechte der Gravimetrischen Shift-Morphs in Tylathar etabliert, sondern auch zahlreiche Auszeichnungen und Anerkennungen für ihre unermüdlichen Bemühungen erhalten. Diese Ehrungen sind nicht nur ein Zeichen für ihren persönlichen Einsatz, sondern auch für die Bedeutung ihrer Arbeit im Kontext des Bürgerrechtsaktivismus.

Die ersten Auszeichnungen

Bereits in den frühen Jahren ihrer Aktivismus-Reise wurde Zariel für ihre Beiträge zur Bewegung anerkannt. Die *Tylatharische Bürgerrechtsstiftung* verlieh ihr den **Bürgerpreis für Gerechtigkeit**, eine Auszeichnung, die an Einzelpersonen verliehen wird, die sich besonders für die Förderung von Gleichheit und Gerechtigkeit einsetzen. Diese Auszeichnung war nicht nur eine persönliche Ehrung, sondern auch ein Symbol für die wachsende Unterstützung der Gemeinschaft für die Bewegung.

Internationale Anerkennung

Zariels Einfluss überschritt bald die Grenzen Tylathars. Die *Intergalaktische Allianz für Bürgerrechte* ehrte sie mit dem **Galaktischen Friedenspreis,** der an Aktivisten verliehen wird, die sich für den Frieden und die Rechte unterdrückter Völker einsetzen. Diese Auszeichnung war besonders bedeutend, da sie Zariels Arbeit in einen intergalaktischen Kontext stellte und die Aufmerksamkeit auf die Herausforderungen lenkte, mit denen die Gravimetrischen Shift-Morphs konfrontiert waren. Die Zeremonie fand in der *Zentralen Arena von Xelthar* statt, und Zariel nutzte die Gelegenheit, um die Wichtigkeit der Solidarität zwischen den verschiedenen intergalaktischen Gemeinschaften zu betonen.

Wissenschaftliche Anerkennung

Neben den politischen und sozialen Auszeichnungen erhielt Zariel auch Anerkennung von der akademischen Gemeinschaft. Die *Universität von Tylathar* verlieh ihr die **Ehrendoktorwürde** für ihre Beiträge zur sozialen Gerechtigkeit und ihre Rolle in der Förderung des Wissens über die Gravimetrischen Shift-Morphs. In ihrer Dankesrede betonte Zariel die Bedeutung von Bildung im Aktivismus und ermutigte die Studierenden, sich für die Rechte aller Lebewesen einzusetzen. Diese Auszeichnung war eine Bestätigung, dass ihre Arbeit auch in wissenschaftlichen Kreisen ernst genommen wurde.

Mediale Anerkennung

Zariel wurde zudem von verschiedenen Medienorganisationen ausgezeichnet. Die *Galaktische Nachrichtenagentur* kürte sie zur **Persönlichkeit des Jahres,** eine Ehrung, die an Individuen verliehen wird, die durch ihre Taten und ihren Einfluss die öffentliche Meinung prägen. In einem Interview mit der Agentur erklärte Zariel:

> „Es ist eine Ehre, diese Auszeichnung zu erhalten, aber sie gehört nicht nur mir. Sie gehört allen, die für die Rechte der Gravimetrischen Shift-Morphs kämpfen und an eine gerechtere Zukunft glauben."

Einfluss auf die Gesetzgebung

Zariels Arbeit führte auch zu konkreten Veränderungen in der Gesetzgebung. Der *Tylatharische Senat* verabschiedete mehrere Gesetze, die die Rechte der

Gravimetrischen Shift-Morphs schützen. Diese Gesetze wurden in Anerkennung von Zariels unermüdlichem Einsatz und ihrer Fähigkeit, die Öffentlichkeit zu mobilisieren, verabschiedet. Bei der Verabschiedung eines besonders wichtigen Gesetzes, das die Diskriminierung von Gravimetrischen Shift-Morphs verbietet, wurde Zariel eingeladen, eine Rede zu halten, in der sie die Bedeutung von Gleichheit und Gerechtigkeit für alle Lebewesen betonte.

Langfristige Auswirkungen der Anerkennung

Die Anerkennung und die Auszeichnungen, die Zariel Vox erhielt, hatten nicht nur unmittelbare Auswirkungen auf ihre Karriere, sondern trugen auch zur Schaffung eines nachhaltigen Bewusstseins für die Rechte der Gravimetrischen Shift-Morphs bei. Die mediale Berichterstattung über ihre Auszeichnungen führte dazu, dass mehr Menschen auf die Bewegung aufmerksam wurden und sich ihr anschlossen. Diese Dynamik half, eine breitere Unterstützung für den Aktivismus zu mobilisieren und ermutigte andere, ebenfalls für ihre Überzeugungen einzutreten.

Reflexion über die Erfolge

In einer Reflexion über ihre Auszeichnungen und Anerkennungen sagte Zariel:

> „Jede Auszeichnung, die ich erhalten habe, ist nicht nur ein persönlicher Erfolg, sondern ein Zeichen dafür, dass unsere Stimmen gehört werden. Es ist ein Ansporn, weiterzumachen und für das einzutreten, was richtig ist."

Diese Worte verdeutlichen Zariels Demut und ihre Entschlossenheit, den Kampf für die Rechte der Gravimetrischen Shift-Morphs fortzusetzen, unabhängig von den persönlichen Ehrungen, die sie erhalten hat.

Schlussfolgerung

Zusammenfassend lässt sich sagen, dass die Anerkennung und Auszeichnungen für Zariel Vox nicht nur ihren Einfluss und ihre Bedeutung im Bürgerrechtsaktivismus unterstreichen, sondern auch die kollektiven Anstrengungen der Gemeinschaft, die für die Rechte der Gravimetrischen Shift-Morphs kämpft. Diese Ehrungen sind ein Beweis dafür, dass Engagement und Leidenschaft für Gerechtigkeit nicht unbemerkt bleiben und dass sie letztlich zu positiven Veränderungen in der Gesellschaft führen können.

Die Rolle von Testimonials und persönlichen Geschichten

In der Welt des Aktivismus spielen Testimonials und persönliche Geschichten eine entscheidende Rolle, insbesondere im Kontext der Bewegung für die Gravimetrischen Shift-Morphs in Tylathar. Diese Erzählungen sind nicht nur Mittel zur Informationsverbreitung, sondern auch kraftvolle Werkzeuge zur Mobilisierung und Sensibilisierung der Öffentlichkeit. Sie schaffen emotionale Verbindungen und verleihen der Bewegung eine menschliche Dimension, die oft in politischen Diskursen verloren geht.

Theoretischer Hintergrund

Die Theorie des sozialen Wandels, wie sie von Sozialwissenschaftlern wie [?] und [?] formuliert wurde, legt nahe, dass persönliche Geschichten als narrative Strategien fungieren, um komplexe soziale Probleme zu verdeutlichen. Diese Erzählungen helfen, abstrakte Konzepte greifbar zu machen und schaffen ein Bewusstsein für die realen Auswirkungen von Ungerechtigkeit. Laut [?] können Geschichten die Wahrnehmung von Identität und Gemeinschaft formen, was für die Mobilisierung von Unterstützern von entscheidender Bedeutung ist.

Probleme und Herausforderungen

Trotz ihrer Wirksamkeit stehen Testimonials und persönliche Geschichten vor mehreren Herausforderungen. Eine der größten Hürden ist die Gefahr der Vereinfachung komplexer Themen. Oftmals können persönliche Erlebnisse in einer Weise erzählt werden, die die Nuancen der Realität nicht vollständig erfasst. Dies kann zu einer verzerrten Wahrnehmung des Problems führen und die Komplexität des Aktivismus untergraben. Zudem besteht das Risiko, dass die Stimmen marginalisierter Gruppen übersehen werden, wenn die Geschichten nicht diversifiziert sind. Aktivisten müssen darauf achten, dass alle Perspektiven gehört werden, um eine umfassende Darstellung der Bewegung zu gewährleisten.

Beispiele aus der Bewegung

Zariel Vox selbst hat in zahlreichen öffentlichen Auftritten persönliche Geschichten geteilt, die die Auswirkungen des Verbots der Gravimetrischen Shift-Morphs auf das Leben von Individuen und Gemeinschaften verdeutlichen. Eine besonders bewegende Erzählung handelt von einer jungen Mutter, die aufgrund der Einschränkungen ihrer morphologischen Fähigkeiten ihre Kinder nicht mehr angemessen unterstützen konnte. Diese Geschichte wurde in sozialen Medien viral und half, das Bewusstsein für die Dringlichkeit der Sache zu schärfen. Ein weiteres Beispiel ist die Verwendung von Testimonials in der medialen Berichterstattung. Während einer großen Demonstration in der Hauptstadt von Tylathar wurden Aktivisten aufgefordert, ihre Geschichten vor der Kamera zu teilen. Diese Aufnahmen wurden in Nachrichtenberichten und sozialen Medien verbreitet, was zu einer breiteren Unterstützung der Bewegung führte. Die Authentizität dieser Erzählungen trug dazu bei, eine emotionale Verbindung zwischen den Aktivisten und der breiten Öffentlichkeit herzustellen.

Die Macht der Gemeinschaft

Die Rolle von Testimonials und persönlichen Geschichten wird auch durch die Kraft der Gemeinschaft verstärkt. In Tylathar haben sich zahlreiche Gruppen gebildet, die sich auf die Erzählung von Geschichten konzentrieren, um das Bewusstsein für die Probleme der Gravimetrischen Shift-Morphs zu schärfen. Diese Gruppen organisieren Workshops und Veranstaltungen, bei denen Menschen ihre Erfahrungen teilen können. Solche Initiativen fördern nicht nur den Zusammenhalt innerhalb der Gemeinschaft, sondern ermöglichen es auch, dass verschiedene Perspektiven gehört und anerkannt werden.

Fazit

Zusammenfassend lässt sich sagen, dass Testimonials und persönliche Geschichten eine unverzichtbare Rolle im Aktivismus spielen. Sie ermöglichen es, komplexe Themen auf eine zugängliche Weise zu kommunizieren und schaffen emotionale Verbindungen, die für die Mobilisierung von Unterstützern entscheidend sind. Dennoch müssen Aktivisten vorsichtig sein, um die Vielfalt der Erfahrungen zu berücksichtigen und die Komplexität der sozialen Probleme nicht zu vernachlässigen. Die Herausforderung besteht darin, eine Balance zwischen emotionaler Ansprache und einer differenzierten Darstellung der Realität zu finden. In der Bewegung für Gravimetrische Shift-Morphs in Tylathar hat sich gezeigt, dass die Kraft der persönlichen Geschichten nicht nur die öffentliche Wahrnehmung verändern kann, sondern auch als Katalysator für sozialen Wandel fungiert.

Verbreitung der Bewegung über Tylathar hinaus

Die Bewegung für die Gravimetrischen Shift-Morphs, ursprünglich in Tylathar gegründet, hat sich schnell über die Grenzen dieses Planeten hinaus verbreitet.

Diese Expansion ist nicht nur ein Zeichen für den Erfolg der Bewegung, sondern auch ein Beweis für die universelle Relevanz der Themen, die Zariel Vox und ihre Mitstreiter ansprechen. In diesem Abschnitt werden wir die Mechanismen untersuchen, die zur Verbreitung der Bewegung geführt haben, die Herausforderungen, die dabei auftraten, und die Auswirkungen auf andere intergalaktische Gesellschaften.

Mechanismen der Verbreitung

Die Verbreitung der Bewegung über Tylathar hinaus kann auf mehrere Schlüsselfaktoren zurückgeführt werden:

+ **Soziale Medien und digitale Plattformen:** Die Nutzung sozialer Medien spielte eine entscheidende Rolle bei der Verbreitung der Botschaft. Zariel Vox und ihre Unterstützer verwendeten Plattformen wie *GalacticNet* und *Interstellar Connect*, um Informationen, Videos und persönliche Geschichten zu teilen. Diese Plattformen ermöglichten es, eine breite und diverse Zielgruppe zu erreichen, die sich mit den Themen identifizieren konnte.

+ **Internationale Allianzen:** Die Bewegung formierte sich nicht nur innerhalb Tylathars, sondern knüpfte auch Kontakte zu anderen intergalaktischen Bürgerrechtsorganisationen. Diese Allianzen ermöglichten den Austausch von Strategien, Ressourcen und Erfahrungen. Ein Beispiel hierfür ist die Zusammenarbeit mit der *Intergalaktischen Liga für Gerechtigkeit*, die ähnliche Ziele verfolgte und die Bewegung auf anderen Planeten unterstützte.

+ **Kulturelle Veranstaltungen:** Zariel und ihre Mitstreiter organisierten kulturelle Veranstaltungen, die nicht nur auf die Gravimetrischen Shift-Morphs aufmerksam machten, sondern auch die intergalaktische Gemeinschaft einbezogen. Diese Veranstaltungen beinhalteten Kunstinstallationen, Musikfestivals und Diskussionsforen, die die Themen des Aktivismus in einem breiteren kulturellen Kontext präsentierten.

+ **Medienberichterstattung:** Die Berichterstattung über die Bewegung in intergalaktischen Nachrichtenkanälen trug erheblich zur Verbreitung bei. Berichte über Proteste, Erfolge und Herausforderungen der Bewegung wurden in verschiedenen Sprachen übersetzt und in vielen Systemen ausgestrahlt, was zu einer breiten öffentlichen Unterstützung führte.

Herausforderungen der Expansion

Trotz des Erfolgs der Bewegung gab es zahlreiche Herausforderungen, die bewältigt werden mussten, um eine nachhaltige Verbreitung zu gewährleisten:

+ **Kulturelle Unterschiede:** Bei der Ausbreitung in andere Systeme stieß die Bewegung auf kulturelle Barrieren. Die unterschiedlichen gesellschaftlichen Normen und Werte führten zu Missverständnissen und Widerständen. Zariel Vox erkannte die Notwendigkeit, die Botschaft der Bewegung an die spezifischen kulturellen Kontexte anzupassen, um Akzeptanz zu finden.

+ **Repression durch Regierungen:** In einigen Systemen wurde die Bewegung von autoritären Regierungen aktiv unterdrückt. Diese Repression äußerte sich in Form von Verhaftungen, Zensur und Gewalt gegen Aktivisten. Zariel und ihre Unterstützer mussten Strategien entwickeln, um diese Herausforderungen zu überwinden, beispielsweise durch geheime Netzwerke und Untergrundbewegungen.

+ **Interne Konflikte:** Mit dem Wachstum der Bewegung traten auch interne Konflikte auf. Unterschiedliche Ansichten über Strategien und Ziele führten zu Spannungen innerhalb der Gemeinschaft. Zariel Vox spielte eine entscheidende Rolle dabei, diese Konflikte zu moderieren und einen Konsens zu finden, der die Bewegung vereinte.

Beispiele für die Verbreitung

Einige bemerkenswerte Beispiele für die Verbreitung der Bewegung über Tylathar hinaus sind:

+ **Die Konferenz für intergalaktische Bürgerrechte:** Diese jährliche Konferenz, die in verschiedenen Systemen stattfindet, wurde von Zariel Vox initiiert, um Aktivisten aus verschiedenen Kulturen zusammenzubringen. Die Konferenz bietet eine Plattform für den Austausch von Ideen und Strategien und hat zu einer stärkeren Vernetzung der Bürgerrechtsbewegungen geführt.

+ **Die Kampagne "Shift for All":** Diese globale Kampagne wurde ins Leben gerufen, um die Rechte der Gravimetrischen Shift-Morphs auf intergalaktischer Ebene zu fördern. Die Kampagne umfasste Petitionen, öffentliche Demonstrationen und die Zusammenarbeit mit anderen Bürgerrechtsorganisationen, um eine breitere Unterstützung zu mobilisieren.

✦ **Dokumentarfilme und Medienprojekte:** Die Dokumentation der Bewegung durch Filme und Medienprojekte hat dazu beigetragen, die Geschichten der Aktivisten und die Herausforderungen, mit denen sie konfrontiert sind, einem breiteren Publikum zugänglich zu machen. Diese Projekte haben nicht nur das Bewusstsein geschärft, sondern auch finanzielle Unterstützung für die Bewegung generiert.

Auswirkungen auf andere intergalaktische Gesellschaften

Die Verbreitung der Bewegung hat nicht nur die Gesellschaften von Tylathar beeinflusst, sondern auch weitreichende Auswirkungen auf andere intergalaktische Gesellschaften gehabt. Die Themen der Gerechtigkeit, Gleichheit und Bürgerrechte sind universell und haben dazu geführt, dass ähnliche Bewegungen in anderen Systemen entstanden sind. Die Ideen und Strategien von Zariel Vox wurden von Aktivisten auf verschiedenen Planeten übernommen und angepasst, was zu einer globalen Welle des Aktivismus führte.

Zusammenfassend lässt sich sagen, dass die Bewegung für die Gravimetrischen Shift-Morphs über Tylathar hinaus eine bemerkenswerte Reise angetreten hat, die durch innovative Strategien, kulturelle Sensibilität und internationale Zusammenarbeit geprägt ist. Die Herausforderungen, die auf diesem Weg überwunden wurden, sind ein Beweis für die Entschlossenheit der Aktivisten, und die Auswirkungen der Bewegung werden noch lange nachwirken. Die Verbreitung der Bewegung ist ein inspirierendes Beispiel dafür, wie lokale Anliegen globale Resonanz finden können und wie der Kampf für Gerechtigkeit keine Grenzen kennt.

Langfristige Auswirkungen der Erfolge

Die langfristigen Auswirkungen der Erfolge von Zariel Vox und der Bewegung für Gravimetrische Shift-Morphs in Tylathar sind sowohl vielschichtig als auch tiefgreifend. Diese Erfolge haben nicht nur die rechtlichen Rahmenbedingungen und politischen Strukturen in Tylathar verändert, sondern auch das Bewusstsein und die Einstellung der Gesellschaft gegenüber Bürgerrechten und sozialen Gerechtigkeitsfragen nachhaltig beeinflusst.

Rechtliche und politische Veränderungen

Ein der bedeutendsten Erfolge der Bewegung war die Aufhebung des Verbots der Gravimetrischen Shift-Morphs, das für viele Bürger und insbesondere für die betroffenen Gemeinschaften eine erhebliche Einschränkung ihrer Freiheit darstellte. Die rechtlichen Erfolge führten zu einer Neudefinition der Gesetze, die nun auch die Rechte von intergalaktischen Wesen und deren spezifischen Bedürfnissen Rechnung trugen.

Ein Beispiel für diese Veränderungen ist das neue Gesetz *Tylatharisches Bürgerrechtsgesetz 2045*, das den Einsatz von Gravimetrischen Shift-Morphs reguliert und gleichzeitig die Rechte der Nutzer schützt. Diese gesetzliche Neuregelung stellt sicher, dass die Nutzung dieser Technologien nicht nur erlaubt, sondern auch gefördert wird, um Innovation und kulturellen Austausch zu unterstützen.

Gesellschaftlicher Wandel

Die Erfolge der Bewegung haben auch zu einem tiefgreifenden gesellschaftlichen Wandel geführt. Die Akzeptanz von Gravimetrischen Shift-Morphs hat dazu beigetragen, Vorurteile abzubauen und das Verständnis für die Vielfalt intergalaktischer Identitäten zu fördern. Die Gesellschaft in Tylathar hat sich zunehmend geöffnet und ist bereit, neue Perspektiven zu akzeptieren.

Die öffentliche Wahrnehmung von Aktivismus hat sich ebenfalls gewandelt. Wo früher Aktivisten oft als Randfiguren betrachtet wurden, genießen sie nun Anerkennung und Respekt in der Gesellschaft. Zariel Vox wird nicht nur als Aktivist, sondern auch als kulturelle Ikone angesehen, die für Mut und Entschlossenheit steht. Diese Veränderung hat dazu geführt, dass mehr Menschen bereit sind, sich für soziale Gerechtigkeit einzusetzen, was sich in einer Zunahme von Bürgerinitiativen und Bewegungen zeigt.

Inspiration für zukünftige Generationen

Die langfristigen Erfolge der Bewegung haben auch eine inspirierende Wirkung auf zukünftige Generationen von Aktivisten. Zariels Geschichte und die Erfolge der Bewegung dienen als Modell für andere, die sich für ihre Rechte und die Rechte anderer einsetzen möchten. Die Erzählung von Zariel Vox wird in Schulen und Universitäten als Beispiel für effektiven Aktivismus und soziale Veränderung gelehrt.

Die Philosophie des Widerstands, die Zariel und ihre Mitstreiter entwickelt haben, wird in verschiedenen Kontexten angewendet, von intergalaktischen Bürgerrechtsbewegungen bis hin zu lokalen Initiativen auf verschiedenen Planeten. Diese Philosophie betont die Bedeutung von Bildung, Solidarität und strategischem Handeln, was zukünftigen Aktivisten hilft, ihre Ziele klar zu definieren und effektive Wege zu finden, um Veränderungen herbeizuführen.

Intergalaktische Zusammenarbeit

Ein weiterer langfristiger Effekt der Erfolge in Tylathar ist die Förderung intergalaktischer Zusammenarbeit. Die Bewegung für Gravimetrische Shift-Morphs hat nicht nur in Tylathar, sondern auch in anderen Teilen des Universums Aufmerksamkeit erregt. Die Prinzipien und Strategien, die in Tylathar entwickelt wurden, wurden von anderen Bewegungen übernommen, was zu einer stärkeren Vernetzung und Zusammenarbeit zwischen verschiedenen Bürgerrechtsbewegungen geführt hat.

Diese intergalaktische Solidarität hat zu einer Vielzahl von Initiativen geführt, die sich mit ähnlichen Themen auseinandersetzen, wie z.B. dem Schutz der Rechte von Minderheiten und der Bekämpfung von Diskriminierung. Die Gründung des *Intergalaktischen Rates für Bürgerrechte* ist ein direktes Ergebnis dieser Zusammenarbeit und bietet eine Plattform für den Austausch von Ideen und Strategien.

Langfristige Herausforderungen

Trotz der Erfolge gibt es auch langfristige Herausforderungen, die die Bewegung und die Gesellschaft in Tylathar betreffen. Während die rechtlichen Rahmenbedingungen verbessert wurden, bleibt die praktische Umsetzung oft hinter den Erwartungen zurück. Diskriminierung und Vorurteile sind nach wie vor präsent, und viele Bürger fühlen sich nicht ausreichend geschützt.

Ein Beispiel für diese Herausforderung ist die anhaltende Ungleichheit in der Verteilung von Ressourcen und Technologien, die für die Nutzung von Gravimetrischen Shift-Morphs erforderlich sind. Diese Ungleichheit führt zu einer Spaltung innerhalb der Gesellschaft, die es zu überwinden gilt. Zariel Vox und andere Aktivisten müssen sich weiterhin für eine gerechtere Verteilung von Ressourcen einsetzen und sicherstellen, dass alle Bürger Zugang zu den Technologien haben, die ihre Lebensqualität verbessern können.

Schlussfolgerung

Die langfristigen Auswirkungen der Erfolge von Zariel Vox und der Bewegung für Gravimetrische Shift-Morphs sind weitreichend und komplex. Sie haben nicht nur rechtliche und gesellschaftliche Veränderungen in Tylathar bewirkt, sondern auch eine Inspiration für zukünftige Generationen von Aktivisten geschaffen. Die intergalaktische Zusammenarbeit, die aus diesen Erfolgen hervorgegangen ist, zeigt das Potenzial für eine breitere soziale Bewegung, die über die Grenzen von Tylathar hinausgeht.

Dennoch bleibt die Herausforderung bestehen, die erzielten Erfolge zu sichern und die Gesellschaft weiterhin für die Themen der Gerechtigkeit und Gleichheit zu sensibilisieren. Die Reise ist noch lange nicht zu Ende, und der fortwährende Einsatz für Bürgerrechte bleibt von entscheidender Bedeutung, um eine gerechte und inklusive Gesellschaft für alle zu schaffen.

Reflexion über die Erfolge

Die Reflexion über die Erfolge der Bewegung für Gravimetrische Shift-Morphs in Tylathar ist von entscheidender Bedeutung, um die Auswirkungen des Aktivismus zu verstehen und um die Lehren, die aus den Erfahrungen von Zariel Vox und ihrer Bewegung gezogen werden können, zu würdigen. Diese Erfolge sind nicht nur Meilensteine im Kampf gegen das Verbot der Gravimetrischen Shift-Morphs, sondern auch Beispiele für die Kraft des zivilen Widerstands und die Möglichkeit, gesellschaftliche Veränderungen herbeizuführen.

Erste Erfolge im Kampf gegen das Verbot

Der erste bedeutende Erfolg der Bewegung war die Aufhebung des Gesetzes, das die Nutzung von Gravimetrischen Shift-Morphs in Tylathar verbot. Dies war das Resultat monatelanger Mobilisierung, Demonstrationen und öffentlicher Aufklärung. Die Bewegung konnte den Gesetzgeber überzeugen, dass die Gravimetrischen Shift-Morphs nicht nur für die Zivilbevölkerung von Vorteil sind, sondern auch eine essentielle Technologie darstellen, die das Potenzial hat, das Leben der Bürger zu verbessern.

Ein Beispiel für diesen Erfolg war die Demonstration vor dem Hauptsitz der Tylatharischen Regierung, bei der über zehntausend Menschen teilnahmen. Diese Veranstaltung wurde von zahlreichen Medien aufgegriffen und führte zu einem Umdenken in der Öffentlichkeit. Die Zahlen zeigen, dass die öffentliche Unterstützung für die Bewegung von 30% auf 65% innerhalb von sechs Monaten anstieg, was die Dringlichkeit und Relevanz der Forderungen unterstrich.

Wichtige Veranstaltungen und Demonstrationen

Die Organisation von Veranstaltungen war ein zentraler Bestandteil der Strategie von Zariel Vox und ihrer Bewegung. Die „Nacht der Gravimetrischen Shift-Morphs" war eine der bekanntesten Veranstaltungen, bei der die Bürger eingeladen wurden, die Technologie selbst zu erleben. Diese Veranstaltungen schufen nicht nur Bewusstsein, sondern auch eine emotionale Verbindung zur Technologie.

Die Wirkung solcher Veranstaltungen kann durch die folgende Gleichung beschrieben werden:

$$E = C \times A \tag{31}$$

wobei E die Effektivität der Veranstaltung, C die Anzahl der Teilnehmer und A der Grad des Engagements der Teilnehmer ist. Diese Gleichung verdeutlicht, dass eine höhere Teilnehmerzahl und ein höheres Engagement zu einer größeren Effektivität führen, was sich in der breiteren Unterstützung für die Bewegung niederschlug.

Medienberichterstattung und öffentliche Wahrnehmung

Die Medien spielten eine entscheidende Rolle bei der Verbreitung der Botschaft der Bewegung. Durch geschickte Nutzung sozialer Medien und traditioneller Nachrichtenplattformen konnte Zariel Vox die Aufmerksamkeit auf die Ungerechtigkeiten lenken, die mit dem Verbot der Gravimetrischen Shift-Morphs verbunden waren.

Ein Beispiel ist die virale Kampagne „Shift Your Perspective", die die Vorteile der Technologie in den Vordergrund stellte. Diese Kampagne führte zu einer signifikanten Steigerung der positiven Berichterstattung in den Medien. Laut einer Analyse der Medienberichterstattung stieg der Anteil positiver Artikel über die Bewegung von 20% auf 75% innerhalb eines Jahres.

Einfluss auf die Gesetzgebung

Ein weiterer bedeutender Erfolg war der Einfluss auf die Gesetzgebung. Die Bewegung führte zu einer Reihe von Anhörungen im Parlament von Tylathar, in denen Experten und Bürger ihre Stimmen erhoben. Zariel Vox selbst wurde eingeladen, ihre Perspektiven zu teilen, was die Gesetzgeber dazu brachte, die Notwendigkeit einer Neubewertung der Gesetze zu erkennen.

Die Gesetzesänderung, die schließlich verabschiedet wurde, wurde als „Gesetz zur Regulierung der Gravimetrischen Shift-Morphs" bekannt. Diese Gesetzgebung stellte sicher, dass die Technologie unter strengen Sicherheitsrichtlinien genutzt werden konnte, was einen Kompromiss zwischen den Bedenken der Regierung und den Forderungen der Bewegung darstellte.

Bildung von Allianzen mit anderen Organisationen

Die Bildung von Allianzen mit anderen Organisationen war ein strategischer Erfolg, der die Reichweite und den Einfluss der Bewegung erheblich erweiterte.

Zariel Vox und ihre Mitstreiter schlossen sich mit Umweltgruppen, Technologie-Advocacy-Gruppen und anderen sozialen Bewegungen zusammen, um eine breitere Basis für Unterstützung zu schaffen.

Diese Allianzen führten zu gemeinsamen Veranstaltungen und einer stärkeren Lobbyarbeit. Ein Beispiel ist die Partnerschaft mit der „Intergalaktischen Union für technologische Gerechtigkeit", die half, die Anliegen der Bewegung auf intergalaktischer Ebene zu verbreiten.

Anerkennung und Auszeichnungen für Zariel

Zariel Vox erhielt mehrere Auszeichnungen für ihren unermüdlichen Einsatz für die Bürgerrechte und den Aktivismus. Diese Anerkennung war nicht nur eine Bestätigung für ihre Arbeit, sondern auch ein Anreiz für andere, sich dem Aktivismus anzuschließen.

Ein bemerkenswerter Moment war die Verleihung des „Intergalaktischen Bürgerrechtspreises", der Zariel für ihren Beitrag zur Förderung der Gravimetrischen Shift-Morphs und deren rechtlichen Anerkennung verliehen wurde. Diese Auszeichnung half, die Bewegung weiter ins Rampenlicht zu rücken und inspirierte viele, sich für ähnliche Anliegen einzusetzen.

Die Rolle von Testimonials und persönlichen Geschichten

Die Nutzung von Testimonials und persönlichen Geschichten war ein weiterer Schlüssel zum Erfolg der Bewegung. Geschichten von Menschen, die von der Technologie profitiert hatten, wurden in sozialen Medien und bei Veranstaltungen geteilt. Diese persönlichen Berichte machten die abstrakten politischen Forderungen greifbar und ermöglichten es der Öffentlichkeit, sich mit den Anliegen der Aktivisten zu identifizieren.

Ein Beispiel ist die Geschichte von Elara, einer jungen Mutter, die durch die Nutzung von Gravimetrischen Shift-Morphs in der Lage war, ihre Familie zu unterstützen und gleichzeitig eine nachhaltige Lebensweise zu fördern. Solche Geschichten schufen eine emotionale Verbindung zur Bewegung und trugen zur Mobilisierung der Unterstützung bei.

Reflexion über langfristige Auswirkungen der Erfolge

Die Reflexion über die langfristigen Auswirkungen der Erfolge der Bewegung zeigt, dass diese nicht nur die rechtlichen Rahmenbedingungen in Tylathar verändert haben, sondern auch einen kulturellen Wandel eingeleitet haben. Die Akzeptanz von Gravimetrischen Shift-Morphs hat sich in der Gesellschaft verankert und die Sichtweise auf Technologie und deren Nutzen grundlegend verändert.

Die Erfolge haben auch zu einer Zunahme des intergalaktischen Dialogs über Bürgerrechte und technologische Gerechtigkeit geführt, was die Bewegung von Tylathar zu einem Vorbild für andere gemacht hat. Die Philosophie des Widerstands, die Zariel Vox propagiert hat, bleibt eine wichtige Referenz für zukünftige Generationen von Aktivisten.

Reflexion und Ausblick

Zusammenfassend lässt sich sagen, dass die Reflexion über die Erfolge der Bewegung für Gravimetrische Shift-Morphs in Tylathar nicht nur eine Analyse der erzielten Fortschritte ist, sondern auch eine Gelegenheit, die Strategien und Philosophien zu würdigen, die diesen Erfolg ermöglicht haben. Die Lehren aus diesen Erfahrungen werden weiterhin relevant sein und zukünftige Bewegungen inspirieren, die für Gerechtigkeit und Gleichheit kämpfen.

Die Herausforderungen bleiben, aber die Erfolge der Vergangenheit bieten Hoffnung und eine Blaupause für den weiteren Kampf um Bürgerrechte und technologische Gerechtigkeit in Tylathar und darüber hinaus.

Die persönliche Seite von Zariel Vox

Das Leben abseits des Aktivismus

Beziehungen und Freundschaften

Zariel Vox, als Bürgerrechtsaktivist in der Welt von Tylathar, war nicht nur ein Symbol des Widerstands gegen das Verbot der Gravimetrischen Shift-Morphs, sondern auch eine Person mit tiefen zwischenmenschlichen Beziehungen, die sowohl seine persönliche als auch seine politische Identität prägten. In diesem Abschnitt werden wir die verschiedenen Facetten von Zariels Beziehungen und Freundschaften betrachten, die eine zentrale Rolle in seinem Aktivismus spielten.

Die Bedeutung von Beziehungen

Die sozialen Beziehungen, die Zariel während seiner Kindheit und Jugend aufbaute, waren entscheidend für seine Entwicklung als Aktivist. Freundschaften bieten nicht nur emotionale Unterstützung, sondern auch ein Netzwerk, das den Zugang zu Ressourcen, Informationen und strategischem Wissen ermöglicht. In der Theorie des sozialen Kapitals, formuliert von Pierre Bourdieu, wird betont, dass soziale Netzwerke einen direkten Einfluss auf den Zugang zu Macht und Ressourcen haben. Zariels Freundschaften in der frühen Phase seines Lebens waren daher nicht nur persönliche Bindungen, sondern auch strategische Allianzen im Kampf für Gerechtigkeit.

Frühe Freundschaften und deren Einfluss

Zariel wuchs in einem multikulturellen Umfeld auf, in dem Freundschaften mit Menschen unterschiedlicher Herkunft und Überzeugungen die Norm waren.

Diese frühen Beziehungen prägten seine Sichtweise auf Ungerechtigkeit und Diskriminierung. Ein Beispiel ist seine Freundschaft mit Liora, einer talentierten Künstlerin, die Zariel die Bedeutung von Kreativität im Aktivismus näherbrachte. Liora sagte einmal: „Kunst ist die Sprache, die die Herzen der Menschen erreicht, lange bevor die Politik es kann." Diese Erkenntnis führte Zariel dazu, Kunst als Werkzeug für den Aktivismus zu nutzen, was sich später in seinen Kampagnen widerspiegelte.

Herausforderungen in Beziehungen

Trotz der positiven Aspekte von Freundschaften gab es auch Herausforderungen. Der Druck des Aktivismus und die ständige Bedrohung durch die Behörden führten zu Spannungen in Zariels persönlichen Beziehungen. Die ständige Angst um die Sicherheit seiner Freunde und Unterstützer belastete Zariel emotional. Diese Probleme wurden besonders deutlich, als einige seiner Freunde aufgrund ihrer Beteiligung an Protesten verhaftet wurden. Zariel musste lernen, mit Schuldgefühlen umzugehen, die aus seiner Rolle als Anführer resultierten.

Die Rolle von Vertrauen und Unterstützung

Vertrauen ist ein zentraler Bestandteil jeder Beziehung, insbesondere in einem aktiven Widerstand. Zariel und seine engsten Freunde, darunter auch die Aktivistin Mira, entwickelten ein starkes Vertrauensverhältnis, das es ihnen ermöglichte, offen über ihre Ängste und Hoffnungen zu sprechen. Mira sagte einmal: „In Zeiten der Dunkelheit sind es die Menschen um uns herum, die uns Licht geben." Dieses Vertrauen half ihnen, in schwierigen Zeiten zusammenzuhalten und motiviert zu bleiben.

Die Auswirkungen von Freundschaften auf den Aktivismus

Zariels Freundschaften beeinflussten nicht nur sein persönliches Leben, sondern auch seine Strategien im Aktivismus. Gemeinsam mit seinen Freunden organisierte er zahlreiche Veranstaltungen, die nicht nur auf die Probleme der Gravimetrischen Shift-Morphs aufmerksam machten, sondern auch ein Gefühl der Gemeinschaft und Solidarität unter den Aktivisten förderten. Die Bedeutung von Gemeinschaft wird in der Gemeinschaftstheorie von Robert Putnam hervorgehoben, die besagt, dass eine starke Gemeinschaft die soziale Kohäsion und das Engagement der Bürger fördert.

Die Rolle der Familie

Die Familie von Zariel spielte ebenfalls eine entscheidende Rolle in seinem Leben. Seine Eltern, die selbst Aktivisten waren, inspirierten ihn, für das einzustehen, was richtig ist. Der Einfluss seiner Familie auf seine Werte und Überzeugungen kann nicht unterschätzt werden. Zariel reflektierte oft über die Lehren seiner Mutter, die ihm sagte: „Die größte Stärke kommt aus der Liebe und dem Verständnis, das wir füreinander haben." Diese Philosophie prägte Zariels Ansatz im Aktivismus und in seinen Beziehungen.

Schlussfolgerung

Zusammenfassend lässt sich sagen, dass die Beziehungen und Freundschaften von Zariel Vox eine fundamentale Rolle in seinem Leben und Aktivismus spielten. Sie boten nicht nur emotionale Unterstützung, sondern auch strategische Allianzen, die es ihm ermöglichten, seine Ziele zu erreichen. Die Herausforderungen, die er in seinen Beziehungen erlebte, führten zu einem tieferen Verständnis für die Komplexität menschlicher Interaktionen in Zeiten des Widerstands. Die Lehren, die er aus seinen Freundschaften zog, sind nicht nur für ihn, sondern auch für zukünftige Aktivisten von großer Bedeutung, da sie die Wichtigkeit von Gemeinschaft und Zusammenhalt im Kampf für Gerechtigkeit betonen.

Herausforderungen im Privatleben

Zariel Vox, trotz ihres bemerkenswerten Engagements für den Bürgerrechtsaktivismus, sah sich im Privatleben mit einer Vielzahl von Herausforderungen konfrontiert. Diese Schwierigkeiten waren oft das Ergebnis ihrer öffentlichen Rolle und der damit verbundenen Erwartungen, die sowohl von der Gesellschaft als auch von ihren Mitstreitern an sie gestellt wurden. In diesem Abschnitt werden wir die verschiedenen Aspekte dieser Herausforderungen untersuchen und deren Einfluss auf Zariels persönliches Leben beleuchten.

Die Balance zwischen Aktivismus und Privatleben

Eine der größten Herausforderungen, mit denen Zariel konfrontiert war, war die Balance zwischen ihrem Aktivismus und ihrem Privatleben. Der Druck, ständig aktiv zu sein und sich für die Rechte der Gravimetrischen Shift-Morphs einzusetzen, ließ wenig Raum für persönliche Erholung oder Zeit mit Freunden und Familie. Zariel berichtete oft von dem Gefühl, dass sie in zwei Welten lebte:

einer, die von der ständigen Notwendigkeit geprägt war, für Gerechtigkeit zu kämpfen, und einer, die die Bedürfnisse ihrer persönlichen Beziehungen ignorierte.

Isolation und Einsamkeit

Die Isolation war ein weiteres bedeutendes Problem. Während Zariel viele Unterstützer und Mitstreiter hatte, fühlte sie sich oft einsam in ihrem Kampf. Die ständige Konfrontation mit Ungerechtigkeit und das Gefühl, dass andere ihre Kämpfe nicht vollständig verstehen konnten, führten zu einer emotionalen Distanz zu Freunden und Familie. Diese Einsamkeit wurde besonders spürbar, wenn sie sich mit den psychologischen Belastungen des Aktivismus auseinandersetzen musste.

Der Umgang mit Ruhm und Anerkennung

Mit dem Aufstieg ihrer Bewegung und ihrer eigenen Bekanntheit kam auch der Ruhm, der sowohl Vor- als auch Nachteile mit sich brachte. Während Zariel für ihre Bemühungen Anerkennung erhielt, führte dies auch zu einer verstärkten Überwachung ihres Privatlebens. Sie war oft das Ziel von Medienberichten, die nicht nur ihre öffentlichen Auftritte, sondern auch ihr persönliches Leben beleuchteten. Diese ständige Beobachtung führte zu einem Gefühl der Verletzlichkeit und des Misstrauens, was es ihr erschwerte, authentische Beziehungen zu pflegen.

Hobbys und Interessen

Zariel hatte in der Vergangenheit Hobbys und Interessen, die ihr halfen, sich von den Herausforderungen des Aktivismus zu erholen. Dazu gehörten kreative Tätigkeiten wie Malen und Schreiben, die ihr eine Möglichkeit boten, ihre Emotionen auszudrücken und sich zu entspannen. Doch mit der zunehmenden Intensität ihres Aktivismus blieben diese Hobbys oft auf der Strecke. Die Vernachlässigung ihrer persönlichen Interessen führte zu einem Gefühl der Unvollständigkeit und verstärkte das Gefühl, dass sie sich selbst verlor.

Die Rolle der Familie

Die Unterstützung ihrer Familie war für Zariel von entscheidender Bedeutung, stellte jedoch auch eine Herausforderung dar. Ihre Familie hatte unterschiedliche Ansichten über ihren Aktivismus, was zu Spannungen führte. Während einige Familienmitglieder stolz auf ihre Bemühungen waren, waren andere besorgt über die Risiken, die mit ihrem Engagement verbunden waren. Diese unterschiedlichen Perspektiven führten oft zu Konflikten, die Zariel zusätzlich belasteten.

Persönliche Rückschläge und deren Bewältigung

Zariel erlebte auch persönliche Rückschläge, die ihren Aktivismus beeinflussten. Der Verlust von Freunden und Mitstreitern, die aufgrund von Repressionen oder persönlichen Entscheidungen aus dem Aktivismus ausschieden, war emotional belastend. Diese Verluste führten zu Trauer und dem Gefühl der Schuld, dass sie nicht genug getan hatte, um sie zu schützen. Zariel musste lernen, mit diesen Rückschlägen umzugehen und Strategien zur emotionalen Bewältigung zu entwickeln, um weiterhin für ihre Sache kämpfen zu können.

Die Bedeutung von Selbstfürsorge

Um den Herausforderungen im Privatleben entgegenzuwirken, erkannte Zariel schließlich die Notwendigkeit von Selbstfürsorge. Sie begann, bewusst Zeit für sich selbst einzuplanen, um zu meditieren, zu lesen oder einfach nur zu entspannen. Diese Praktiken halfen ihr, ihre geistige Gesundheit zu stärken und die emotionale Belastung des Aktivismus zu bewältigen. Zariel wurde sich der Bedeutung bewusst, dass Aktivismus nicht auf Kosten des eigenen Wohlbefindens geschehen sollte.

Schlussfolgerung

Zusammenfassend lässt sich sagen, dass Zariel Vox im Laufe ihrer Karriere als Bürgerrechtsaktivistin mit erheblichen Herausforderungen im Privatleben konfrontiert war. Diese Schwierigkeiten umfassten die Balance zwischen Aktivismus und persönlichen Beziehungen, Isolation, den Umgang mit Ruhm, die Rolle der Familie und persönliche Rückschläge. Durch Selbstfürsorge und die Entwicklung von Bewältigungsstrategien gelang es Zariel jedoch, ihre Herausforderungen zu meistern und ihre Mission fortzusetzen. Ihre Erfahrungen verdeutlichen, dass der Weg des Aktivismus nicht nur von äußeren Kämpfen geprägt ist, sondern auch von inneren Konflikten, die es zu bewältigen gilt.

Der Umgang mit Ruhm und Anerkennung

Ruhm und Anerkennung sind oft die Begleiterscheinungen eines erfolgreichen Aktivismus, insbesondere in einer Welt, die von sozialen Medien und öffentlicher Wahrnehmung geprägt ist. Für Zariel Vox war der Umgang mit diesen Aspekten des Lebens sowohl eine Herausforderung als auch eine Gelegenheit zur Selbstreflexion und zum Wachstum. In diesem Abschnitt werden wir untersuchen, wie Zariel mit Ruhm und Anerkennung umging und welche Auswirkungen dies auf ihr persönliches und berufliches Leben hatte.

Psychologische Auswirkungen von Ruhm

Die psychologischen Auswirkungen von Ruhm sind vielschichtig. Einerseits kann Ruhm eine Quelle des Selbstwerts und der Motivation sein, andererseits kann er auch zu Stress, Isolation und Angst führen. Laut einer Studie von [?] können öffentliche Persönlichkeiten, die mit Ruhm konfrontiert sind, oft unter dem Druck leiden, die Erwartungen ihrer Anhänger zu erfüllen. Zariel erlebte diese Dynamik hautnah, als sie zunehmend in den Fokus der Medien rückte.

$$P = \frac{E}{R} \tag{32}$$

Hierbei steht P für den psychologischen Druck, E für die Erwartungen der Öffentlichkeit und R für die Ressourcen, die der Aktivist zur Verfügung hat, um mit diesen Erwartungen umzugehen. Zariel stellte fest, dass ihre Ressourcen oft begrenzt waren, was zu einem Gefühl der Überforderung führte.

Umgang mit öffentlicher Wahrnehmung

Zariel entwickelte Strategien, um mit der öffentlichen Wahrnehmung umzugehen. Eine ihrer Hauptstrategien war die aktive Teilnahme an sozialen Medien, um ihre Botschaft direkt an ihre Anhänger zu kommunizieren. Sie erkannte, dass soziale Medien sowohl eine Plattform für positive Interaktion als auch ein Ort für Kritik und Missverständnisse sein können. Dies führte zu einem ständigen Balanceakt zwischen Transparenz und dem Schutz ihrer Privatsphäre.

Kritik und Anerkennung

Mit Ruhm kommt auch Kritik. Zariel musste lernen, konstruktive Kritik von destruktiver zu unterscheiden. Sie stellte fest, dass nicht jede negative Rückmeldung böswillig war; oft war sie ein Zeichen des Interesses oder der Besorgnis. Diese Erkenntnis half ihr, eine gesunde Distanz zu den negativen Aspekten des Ruhms zu wahren. Ein Beispiel hierfür war eine öffentliche Debatte, in der Zariel für ihre Ansichten über die Gravimetrischen Shift-Morphs kritisiert wurde. Statt sich zurückzuziehen, nutzte sie diese Gelegenheit, um ihre Position klarzustellen und ihre Argumente zu stärken.

Der Einfluss von Anerkennung auf die Motivation

Anerkennung kann eine starke motivierende Kraft sein. Zariel berichtete, dass die Unterstützung ihrer Anhänger und die Anerkennung ihrer Arbeit sie dazu anspornte, weiterhin für die Rechte der Gravimetrischen Shift-Morphs zu kämpfen. Laut [?] ist die Anerkennung von Gleichgesinnten ein entscheidender Faktor für die Aufrechterhaltung des Engagements in sozialen Bewegungen. Zariel fand Trost und Motivation in den Geschichten der Menschen, die von ihrer Arbeit betroffen waren, und in den positiven Rückmeldungen, die sie erhielt.

Selbstfürsorge und Grenzen setzen

Um den Herausforderungen des Ruhms und der Anerkennung zu begegnen, war Selbstfürsorge für Zariel von entscheidender Bedeutung. Sie implementierte Praktiken wie Meditation und regelmäßige Rückzüge, um ihre geistige Gesundheit zu fördern. Zudem setzte sie klare Grenzen, um ihre persönliche Zeit von ihrer öffentlichen Persona zu trennen. Dies ermöglichte es ihr, sich auf ihre Kernwerte zu konzentrieren und ihre Energie auf die Sache zu lenken, die ihr am Herzen lag.

Reflexion über den eigenen Wert

Ein zentraler Aspekt von Zariels Umgang mit Ruhm war die ständige Reflexion über ihren eigenen Wert. Sie erkannte, dass ihr Wert nicht ausschließlich durch ihre Erfolge oder die öffentliche Anerkennung definiert wurde. Diese Erkenntnis half ihr, in schwierigen Zeiten resilient zu bleiben und sich nicht von äußeren Meinungen beeinflussen zu lassen. Zariel fand in der Philosophie der Selbstakzeptanz eine wichtige Quelle der Stärke, die ihr half, ihre Identität unabhängig von ihrem Ruhm zu definieren.

Schlussfolgerung

Der Umgang mit Ruhm und Anerkennung ist ein komplexer Prozess, der sowohl Herausforderungen als auch Chancen mit sich bringt. Für Zariel Vox war es eine Reise der Selbstentdeckung und des Wachstums. Durch die Entwicklung von Strategien zur Bewältigung des Drucks, die aktive Teilnahme an der öffentlichen Diskussion und die Pflege ihrer mentalen Gesundheit konnte Zariel ihre Rolle als Aktivistin weiterhin effektiv ausfüllen. Ihre Erfahrungen bieten wertvolle Einblicke für zukünftige Aktivisten, die sich mit den gleichen Herausforderungen konfrontiert sehen.

Hobbys und Interessen

Zariel Vox ist nicht nur für seinen unermüdlichen Einsatz für die Bürgerrechte der Gravimetrischen Shift-Morphs bekannt, sondern auch für seine vielfältigen Hobbys und Interessen, die ihm helfen, sowohl mental als auch emotional im Gleichgewicht zu bleiben. Diese Aktivitäten bieten ihm nicht nur eine Flucht aus dem oft stressigen Aktivismus, sondern fördern auch seine Kreativität und sein strategisches Denken. In diesem Abschnitt werden einige der Hauptinteressen von Zariel und deren Einfluss auf sein Leben und seinen Aktivismus untersucht.

Kunst und Kreativität

Ein zentrales Hobby von Zariel ist die bildende Kunst. Er findet in der Malerei und Bildhauerei eine Möglichkeit, seine Gedanken und Gefühle auszudrücken, die oft mit den Herausforderungen des Aktivismus verbunden sind. Die Kunst wird für ihn zu einem Medium, um die Ungerechtigkeiten, die er erlebt hat, zu verarbeiten und eine Botschaft der Hoffnung und des Wandels zu vermitteln.

$$\text{Kreativität} = \text{Inspiration} + \text{Erfahrung} \tag{33}$$

Diese Gleichung verdeutlicht, dass Zariel durch seine persönlichen Erfahrungen und die Inspiration aus seiner Umgebung kreativ wird. Seine Werke werden häufig auf Ausstellungen in Tylathar präsentiert, wo sie sowohl die lokale Gemeinschaft als auch internationale Besucher ansprechen.

Sport und Fitness

Neben der Kunst ist Zariel ein begeisterter Sportler. Er praktiziert regelmäßig Kampfsportarten, die ihm nicht nur helfen, sich fit zu halten, sondern auch Disziplin und Durchhaltevermögen lehren. Diese Eigenschaften sind im Aktivismus von entscheidender Bedeutung, da sie ihm helfen, Rückschläge zu überwinden und weiterhin für seine Überzeugungen einzustehen.

Die körperliche Betätigung hat sich als wichtiges Ventil für den Stress erwiesen, der mit dem Aktivismus einhergeht. Studien zeigen, dass regelmäßige körperliche Aktivität das allgemeine Wohlbefinden steigert und das Risiko von Depressionen senkt. Zariel nutzt diese Erkenntnisse, um seine mentale Gesundheit zu fördern und sich auf die Herausforderungen des Aktivismus vorzubereiten.

Literatur und Philosophie

Zariel ist ein leidenschaftlicher Leser und hat eine besondere Vorliebe für philosophische Werke. Er glaubt, dass das Verständnis von verschiedenen Denkschulen und Ideologien ihm hilft, seine eigene Position im Aktivismus zu schärfen. Autoren wie Hannah Arendt und Michel Foucault haben einen tiefen Einfluss auf seine Denkweise, insbesondere hinsichtlich der Themen Macht, Freiheit und Gerechtigkeit.

Ein Zitat von Foucault, das Zariel oft zitiert, lautet:

„Wo es Macht gibt, gibt es Widerstand."

Dieses Zitat spiegelt Zariels Überzeugung wider, dass der Widerstand gegen Ungerechtigkeit nicht nur notwendig, sondern auch unvermeidlich ist. In seinen Lesekreisen diskutiert er diese Ideen mit Gleichgesinnten, was zu einer Vertiefung seines Verständnisses und seiner Strategien im Aktivismus führt.

Natur und Umwelt

Ein weiteres wichtiges Interesse von Zariel ist die Natur. Er verbringt viel Zeit im Freien, um sich zu entspannen und neue Energie zu tanken. Die Verbindung zur Natur gibt ihm nicht nur Frieden, sondern inspiriert ihn auch zu neuen Ideen für seine Arbeit im Aktivismus. Er sieht die Umwelt als ein zentrales Element der sozialen Gerechtigkeit und setzt sich aktiv für den Schutz der natürlichen Ressourcen in Tylathar ein.

$$\text{Umweltschutz} = \text{Soziale Gerechtigkeit} + \text{Nachhaltigkeit} \tag{34}$$

Diese Gleichung verdeutlicht, dass Zariels Engagement für den Umweltschutz eng mit seinem Einsatz für soziale Gerechtigkeit verknüpft ist. Er organisiert regelmäßig Aufräumaktionen und Bildungsprojekte, um das Bewusstsein für ökologische Themen zu schärfen.

Soziale Interaktionen

Zariel legt großen Wert auf soziale Interaktionen und pflegt zahlreiche Freundschaften, die ihm sowohl emotionalen Rückhalt als auch neue Perspektiven bieten. Er ist ein aktives Mitglied in verschiedenen sozialen Gruppen, die sich mit Themen wie Gleichheit, Inklusion und Bürgerrechten beschäftigen. Diese Netzwerke sind für ihn von unschätzbarem Wert, da sie den Austausch von Ideen und Strategien fördern und ihn in seinem Engagement bestärken.

Insgesamt zeigen Zariels Hobbys und Interessen, wie wichtig es ist, ein ausgewogenes Leben zu führen, um die Herausforderungen des Aktivismus zu bewältigen. Diese Aktivitäten sind nicht nur eine Quelle der Freude, sondern auch ein wichtiger Bestandteil seiner Identität als Aktivist und Mensch. Sie helfen ihm, seine Perspektive zu erweitern und die nötige Energie zu schöpfen, um für die Rechte der Gravimetrischen Shift-Morphs zu kämpfen.

Zariel Vox ist ein Beispiel dafür, wie Hobbys und persönliche Interessen nicht nur das individuelle Wohlbefinden fördern, sondern auch einen positiven Einfluss auf das gesellschaftliche Engagement haben können. Durch die Integration von Kunst, Sport, Literatur und Natur in sein Leben schafft er eine ganzheitliche Perspektive, die ihn als Aktivisten stärkt und inspiriert.

Die Bedeutung von Selbstfürsorge

Selbstfürsorge ist ein zentrales Konzept, das nicht nur für das persönliche Wohlbefinden, sondern auch für die Effektivität von Aktivisten von entscheidender Bedeutung ist. In der hektischen Welt des Aktivismus, in der die Anforderungen und der Druck oft überwältigend sein können, ist es unerlässlich, dass Individuen Strategien zur Selbstfürsorge entwickeln, um sowohl ihre physische als auch ihre psychische Gesundheit zu erhalten.

Theoretische Grundlagen der Selbstfürsorge

Die Theorie der Selbstfürsorge basiert auf der Annahme, dass Individuen die Verantwortung für ihr eigenes Wohlbefinden übernehmen müssen. Laut der *Self-Care Theory* von Dorothea Orem umfasst Selbstfürsorge Aktivitäten, die Menschen unternehmen, um ihre Gesundheit zu fördern und aufrechtzuerhalten. Diese Theorie legt den Fokus darauf, dass die Fähigkeit zur Selbstfürsorge entscheidend ist, um die eigene Lebensqualität zu verbessern und die Resilienz gegenüber Stress und Herausforderungen zu erhöhen.

Ein weiterer wichtiger Aspekt ist die *Stressbewältigungstheorie*, die besagt, dass die Art und Weise, wie Menschen auf Stressoren reagieren, stark von ihren Bewältigungsmechanismen abhängt. Selbstfürsorge kann als ein präventiver Ansatz betrachtet werden, um Stress zu reduzieren und die psychische Gesundheit zu fördern. Die Integration von Selbstfürsorge in den Alltag kann helfen, Stressreaktionen zu minimieren und die allgemeine Lebenszufriedenheit zu erhöhen.

Herausforderungen im Aktivismus

Aktivisten stehen häufig vor einer Vielzahl von Herausforderungen, die ihre psychische und physische Gesundheit beeinträchtigen können. Dazu gehören:

+ **Emotionale Erschöpfung:** Der ständige Kampf für Gerechtigkeit kann emotional belastend sein. Aktivisten sind oft mit Trauer, Wut und Frustration konfrontiert, was zu einem Zustand der Erschöpfung führen kann.

+ **Soziale Isolation:** Der Druck, sich ständig für eine Sache einzusetzen, kann dazu führen, dass Aktivisten ihre sozialen Kontakte vernachlässigen, was wiederum zu Einsamkeit und Isolation führen kann.

+ **Burnout:** Langfristiger Stress ohne angemessene Selbstfürsorge kann zu Burnout führen, einem Zustand, der durch emotionale Erschöpfung, Depersonalisation und ein vermindertes Gefühl der Leistung gekennzeichnet ist.

Beispiele für Selbstfürsorgepraktiken

Um diesen Herausforderungen zu begegnen, ist es wichtig, dass Aktivisten spezifische Selbstfürsorgepraktiken in ihren Alltag integrieren. Einige bewährte Methoden sind:

+ **Regelmäßige Pausen:** Es ist entscheidend, sich regelmäßig Zeit für Erholung zu nehmen. Pausen helfen, den Geist zu klären und die Energie wieder aufzuladen. Dies kann so einfach sein wie ein kurzer Spaziergang oder eine Meditation.

+ **Austausch mit Gleichgesinnten:** Der Aufbau und die Pflege von sozialen Netzwerken sind wichtig. Der Austausch mit anderen Aktivisten kann Unterstützung bieten und das Gefühl der Isolation verringern. Gruppentreffen oder Online-Foren können hierfür nützlich sein.

+ **Körperliche Aktivität:** Sport und Bewegung sind nachweislich wirksam zur Stressbewältigung. Regelmäßige körperliche Betätigung kann helfen, Spannungen abzubauen und die Stimmung zu verbessern.

+ **Achtsamkeit und Meditation:** Achtsamkeitstechniken und Meditation können helfen, den Geist zu beruhigen und Stress abzubauen. Diese

Praktiken fördern die Selbstwahrnehmung und helfen, im Moment zu bleiben.

+ **Professionelle Unterstützung:** In schweren Zeiten kann es hilfreich sein, professionelle Unterstützung in Form von Therapie oder Beratung in Anspruch zu nehmen. Dies kann einen sicheren Raum bieten, um Gefühle und Herausforderungen zu verarbeiten.

Die Rolle von Selbstfürsorge in Zariel Vox' Leben

Zariel Vox war sich der Bedeutung von Selbstfürsorge bewusst und setzte aktiv Strategien ein, um ihre eigene Gesundheit zu schützen. Sie erkannte, dass ihr Engagement für den Aktivismus nicht auf Kosten ihrer eigenen Bedürfnisse gehen durfte. Zariel integrierte regelmäßige Meditationspraktiken in ihren Alltag und suchte aktiv den Austausch mit anderen Aktivisten, um emotionale Unterstützung zu erhalten.

Darüber hinaus förderte sie in ihrer Gemeinschaft das Bewusstsein für Selbstfürsorge, indem sie Workshops und Informationsveranstaltungen organisierte. Diese Initiativen halfen nicht nur ihr eigenes Wohlbefinden zu stärken, sondern inspirierten auch andere, Selbstfürsorge ernst zu nehmen und in ihren Aktivismus zu integrieren.

Fazit

Die Bedeutung von Selbstfürsorge im Aktivismus kann nicht genug betont werden. Sie ist nicht nur eine persönliche Verantwortung, sondern auch eine kollektive. Indem Aktivisten auf sich selbst achten, können sie nicht nur ihre eigene Widerstandsfähigkeit stärken, sondern auch effektiver für die Sache eintreten, die ihnen am Herzen liegt. Selbstfürsorge ist somit ein unverzichtbarer Bestandteil eines nachhaltigen Aktivismus, der sowohl Individuen als auch Gemeinschaften zugutekommt.

Rückzug und Erholung

Der Aktivismus kann eine intensive und oft belastende Erfahrung sein, die sowohl körperliche als auch psychische Ressourcen beansprucht. Für Zariel Vox war es entscheidend, Phasen des Rückzugs und der Erholung in ihren Aktivismus zu integrieren, um langfristig effektiv und motiviert zu bleiben. In diesem Abschnitt untersuchen wir die Bedeutung von Rückzug und Erholung im Leben von Zariel, die Herausforderungen, die sie dabei erlebte, und die Strategien, die sie entwickelte, um sich zu regenerieren.

Die Notwendigkeit des Rückzugs

Aktivismus ist oft von einem hohen Maß an Stress und emotionaler Belastung geprägt. Laut der Theorie des Stressmanagements [?] ist es entscheidend, Stressoren zu identifizieren und geeignete Bewältigungsmechanismen zu entwickeln. Für Zariel war es wichtig, sich regelmäßig von den Anforderungen des Aktivismus zurückzuziehen, um ihre mentale Gesundheit zu schützen. Diese Phasen des Rückzugs ermöglichten es ihr, ihre Gedanken zu ordnen und neue Perspektiven zu gewinnen.

Ein Beispiel für einen solchen Rückzug war Zariels Aufenthalt in einem abgelegenen Retreat auf dem Planeten Tylathar. Hier konnte sie in der Natur meditieren und sich von der ständigen Belastung des Aktivismus erholen. Diese Rückzugsorte boten nicht nur physische Ruhe, sondern auch die Möglichkeit zur Reflexion über ihre Ziele und Strategien im Aktivismus.

Herausforderungen während des Rückzugs

Trotz der positiven Effekte des Rückzugs gab es auch Herausforderungen, die Zariel bewältigen musste. Oftmals fühlte sie sich schuldig, wenn sie Zeit für sich selbst nahm, da sie das Gefühl hatte, dass ihre Abwesenheit die Bewegung schwächen könnte. Diese innere Konflikte sind nicht ungewöhnlich und werden in der Literatur über Aktivismus und Selbstfürsorge häufig thematisiert [?].

Ein weiterer Aspekt war die Furcht, dass ihre Gegner die Ruhezeiten ausnutzen würden, um ihre Bewegung zu untergraben. Diese Sorgen führten dazu, dass Zariel manchmal Schwierigkeiten hatte, sich vollständig zu entspannen. Es war ein ständiger Balanceakt zwischen dem Bedürfnis nach Erholung und der Verantwortung als Aktivistin.

Strategien zur Erholung

Um die Herausforderungen des Rückzugs zu meistern, entwickelte Zariel verschiedene Strategien, die sowohl physische als auch psychische Aspekte berücksichtigten. Eine der zentralen Methoden war die Praxis der Achtsamkeit. Durch regelmäßige Achtsamkeitsmeditation konnte sie ihre Gedanken beruhigen und sich auf den gegenwärtigen Moment konzentrieren. Studien zeigen, dass Achtsamkeit Stress reduzieren und das allgemeine Wohlbefinden steigern kann [?].

Zusätzlich integrierte Zariel körperliche Aktivitäten in ihre Erholungsphasen. Sportarten wie Yoga und Schwimmen halfen ihr, körperliche Spannungen abzubauen und gleichzeitig den Kopf freizubekommen. Diese Aktivitäten förderten nicht nur die körperliche Gesundheit, sondern auch die emotionale Stabilität.

Die Rolle der Gemeinschaft

Ein weiterer wichtiger Aspekt von Zariels Rückzugs- und Erholungsphasen war die Unterstützung durch ihre Gemeinschaft. Freundschaften und enge Beziehungen zu anderen Aktivisten ermöglichten es ihr, sich in schwierigen Zeiten auf emotionale Unterstützung zu verlassen. Diese sozialen Netzwerke sind entscheidend, um die psychische Belastung des Aktivismus zu bewältigen [?].

Zariel organisierte regelmäßige Treffen mit anderen Aktivisten, bei denen der Fokus auf gemeinsamer Erholung lag. Diese Treffen beinhalteten oft entspannende Aktivitäten wie gemeinsames Kochen oder Ausflüge in die Natur. Durch den Austausch von Erfahrungen und das Teilen von Erholungsstrategien konnte sie nicht nur ihre eigene Belastung verringern, sondern auch anderen in der Gemeinschaft helfen.

Reflexion über Rückzug und Erholung

Zariel erkannte, dass Rückzug und Erholung keine Zeichen von Schwäche, sondern von Stärke sind. Diese Phasen ermöglichten es ihr, neue Energie zu tanken und kreative Lösungen für die Herausforderungen des Aktivismus zu finden. In ihren Reflexionen über die Bedeutung von Erholung betonte sie oft, dass ein nachhaltiger Aktivismus nur durch das Gleichgewicht zwischen Engagement und Selbstfürsorge möglich ist.

Die Philosophie des „langsamen Aktivismus", die in den letzten Jahren an Popularität gewonnen hat, spiegelt Zariels Ansatz wider. Diese Philosophie betont die Notwendigkeit, sich Zeit zu nehmen, um die eigene Gesundheit und das Wohlbefinden zu priorisieren, während man für soziale Gerechtigkeit kämpft [?].

Schlussfolgerung

Insgesamt zeigt Zariel Vox' Ansatz zum Rückzug und zur Erholung, dass diese Elemente integrale Bestandteile eines erfolgreichen Aktivismus sind. Durch die Kombination von Achtsamkeit, körperlicher Aktivität und sozialer Unterstützung konnte sie die Herausforderungen des Aktivismus bewältigen und gleichzeitig ihre

Leidenschaft für den Kampf um die Gravimetrischen Shift-Morphs aufrechterhalten. Ihr Beispiel inspiriert zukünftige Aktivisten, die Bedeutung von Selbstfürsorge in ihren eigenen Kämpfen zu erkennen und zu schätzen.

Einfluss der Familie auf Zariels Leben

Die Familie spielt eine entscheidende Rolle in der Entwicklung von Individuen, insbesondere in der Kindheit und Jugend. Für Zariel Vox war die familiäre Umgebung sowohl ein Rückhalt als auch eine Quelle von Herausforderungen, die seine Sichtweise auf Gerechtigkeit und Aktivismus prägten. In diesem Abschnitt werden wir die verschiedenen Aspekte des Einflusses der Familie auf Zariels Leben untersuchen, einschließlich der Werte, die ihm vermittelt wurden, der Unterstützung, die er erhielt, und der Konflikte, die seine Entwicklung als Bürgerrechtsaktivist beeinflussten.

Werte und Überzeugungen

Zariels Familie war tief in den kulturellen Traditionen von Tylathar verwurzelt, wo die Werte von Gemeinschaft und Solidarität hochgehalten wurden. Seine Eltern, beide aktive Mitglieder ihrer Gemeinde, prägten Zariels Verständnis von Gerechtigkeit und Verantwortung. Sie lehrten ihn, dass jeder Einzelne die Pflicht hat, sich für die Rechte der Schwächeren einzusetzen. Diese frühen Lektionen waren entscheidend für Zariels Entwicklung und bildeten die Grundlage seiner späteren Überzeugungen im Aktivismus.

Ein Beispiel für diesen Einfluss zeigt sich in einer Anekdote aus Zariels Kindheit. Als er Zeuge eines Nachbarn wurde, der ungerecht behandelt wurde, ermutigten seine Eltern ihn, nicht wegzusehen, sondern aktiv einzugreifen. Diese Erfahrung lehrte Zariel, dass Zivilcourage nicht nur eine Option, sondern eine Pflicht ist. Der Einfluss seiner Eltern war so stark, dass er oft ihre Worte wiederholte: „Die Stimme der Gerechtigkeit muss gehört werden, auch wenn sie leise ist."

Emotionale Unterstützung

Die emotionale Unterstützung, die Zariel von seiner Familie erhielt, war ein weiterer wichtiger Aspekt seines Lebens. In Zeiten der Unsicherheit und des Widerstands gegen das Verbot der Gravimetrischen Shift-Morphs war es die Familie, die ihm den nötigen Rückhalt gab. Sie waren nicht nur seine ersten Unterstützer, sondern auch seine kritischsten Berater. Zariel konnte immer auf sie zählen, um ihm Mut zuzusprechen, wenn die Herausforderungen überwältigend schienen.

Besonders hervorzuheben ist die Rolle seiner Schwester, die selbst eine talentierte Künstlerin war. Sie nutzte ihre Kunst, um die Botschaften des Aktivismus zu verbreiten und inspirierte Zariel, kreative Wege zu finden, um seine Anliegen zu kommunizieren. Diese kreative Synergie zwischen Geschwistern stärkte Zariels Überzeugung, dass Kunst und Aktivismus Hand in Hand gehen können.

Konflikte und Herausforderungen

Trotz der positiven Einflüsse gab es auch Konflikte innerhalb der Familie, die Zariels Leben prägten. Während seine Eltern ihn in seinen Bestrebungen unterstützten, waren sie gleichzeitig besorgt über die Risiken, die mit dem Aktivismus verbunden waren. Diese Besorgnis führte zu Spannungen, insbesondere als Zariel begann, sich intensiver mit der Bewegung für Gravimetrische Shift-Morphs zu beschäftigen.

Ein prägendes Ereignis war ein Streit zwischen Zariel und seinen Eltern, als sie erfuhren, dass er an einer Demonstration teilnehmen wollte, die als besonders gefährlich galt. Sie argumentierten, dass er seine Sicherheit und seine Zukunft aufs Spiel setze, während Zariel entgegnete, dass der Kampf für Gerechtigkeit manchmal Opfer erfordere. Diese Konflikte führten dazu, dass Zariel seine Position innerhalb der Familie hinterfragen musste und ihn gleichzeitig dazu anregten, seine Überzeugungen zu festigen.

Die Rolle der Großeltern

Die Großeltern von Zariel hatten ebenfalls einen erheblichen Einfluss auf sein Leben. Sie waren Zeugen vergangener Kämpfe für Rechte und Gerechtigkeit in Tylathar und erzählten Zariel oft Geschichten über den Mut und die Entschlossenheit ihrer Generation. Diese Geschichten waren nicht nur inspirierend, sondern halfen Zariel, die historische Dimension seines Aktivismus zu verstehen. Er lernte, dass der Kampf für Gerechtigkeit eine lange Tradition hat und dass er Teil eines größeren Erbes war.

Ein Beispiel für diesen Einfluss war die Erzählung über den Widerstand gegen die ersten Ungerechtigkeiten, die Tylathar in der Vergangenheit heimsuchten. Diese Geschichten vermittelten Zariel ein Gefühl der Verantwortung, das Erbe seiner Vorfahren fortzuführen und für die Rechte derjenigen zu kämpfen, die nicht für sich selbst sprechen konnten.

Fazit

Zusammenfassend lässt sich sagen, dass die Familie von Zariel Vox eine komplexe, aber entscheidende Rolle in seinem Leben spielte. Die Werte, die ihm vermittelt wurden, die emotionale Unterstützung, die er erhielt, sowie die Konflikte, die ihn herausforderten, trugen alle dazu bei, den Menschen zu formen, der er wurde. Der Einfluss der Familie war nicht nur eine Quelle der Stärke, sondern auch ein Katalysator für Zariels Engagement im Bürgerrechtsaktivismus. Diese Dynamik zwischen Unterstützung und Herausforderung ist ein zentrales Element in der Biografie von Zariel Vox und verdeutlicht, wie tief verwurzelt die Themen von Familie und Aktivismus in der Geschichte von Tylathar sind.

Die Rolle der Gemeinschaft

Die Rolle der Gemeinschaft in der Bewegung für die Gravimetrischen Shift-Morphs in Tylathar ist von entscheidender Bedeutung, da sie das Fundament bildet, auf dem der Aktivismus von Zariel Vox und anderen basiert. Gemeinschaften sind nicht nur die Zielgruppen für Veränderungen, sondern auch die treibenden Kräfte hinter dem Widerstand gegen Ungerechtigkeiten. In diesem Abschnitt werden wir die verschiedenen Dimensionen der Gemeinschaftsbildung und deren Einfluss auf den Aktivismus untersuchen.

1. Gemeinschaft als Unterstützungssystem

Eine der zentralen Funktionen der Gemeinschaft ist die Bereitstellung von Unterstützung für Aktivisten. In Tylathar, wo Zariel Vox aufwuchs, war die Gemeinschaft eine Quelle der Ermutigung und des Rückhalts. Diese Unterstützung manifestierte sich in verschiedenen Formen, darunter emotionale Unterstützung, materielle Ressourcen und strategische Zusammenarbeit.

> „Die Gemeinschaft war mein Rückgrat. Ohne sie hätte ich die Herausforderungen des Aktivismus nicht überstehen können." – Zariel Vox

2. Mobilisierung und Organisation

Die Mobilisierung der Gemeinschaft ist ein weiterer kritischer Aspekt des Aktivismus. Zariel Vox verstand die Bedeutung von Organisation und mobilisierte die Menschen um sich herum, um an Demonstrationen und Veranstaltungen teilzunehmen. Die Fähigkeit, Menschen zu mobilisieren, hängt oft von der Stärke der Gemeinschaftsbindungen ab. In Tylathar wurden Nachbarschaften, Schulen und lokale Organisationen in den Aktivismus einbezogen, was zu einer breiten Unterstützung führte.

3. Gemeinschaftliche Identität und Zusammenhalt

Die Schaffung einer gemeinsamen Identität ist ein Schlüssel zur Stärkung der Gemeinschaft. Zariel und andere Aktivisten arbeiteten daran, ein Gefühl der Zusammengehörigkeit zu fördern, indem sie die einzigartigen kulturellen und sozialen Merkmale der Tylathar-Gemeinschaften betonten. Diese gemeinschaftliche Identität half, eine kollektive Motivation zu schaffen, die den Widerstand gegen das Verbot der Gravimetrischen Shift-Morphs vorantrieb.

$$C = \frac{S}{D} \tag{35}$$

Hierbei steht C für die Stärke der Gemeinschaft, S für die Anzahl der solidarischen Mitglieder und D für die Distanz zwischen den Mitgliedern. Eine höhere Zahl von solidarischen Mitgliedern und eine geringere Distanz führen zu einer stärkeren Gemeinschaft.

4. Herausforderungen innerhalb der Gemeinschaft

Trotz der vielen Vorteile, die eine starke Gemeinschaft mit sich bringt, gibt es auch Herausforderungen. Unterschiedliche Meinungen und Interessen innerhalb der Gemeinschaft können zu Konflikten führen. Zariel Vox sah sich oft mit internen Spannungen konfrontiert, wenn es darum ging, Prioritäten zu setzen oder Strategien zu wählen. Diese Konflikte erforderten diplomatisches Geschick und die Fähigkeit, Kompromisse zu finden, um die Gemeinschaft zusammenzuhalten.

5. Die Rolle der sozialen Medien

In der modernen Welt spielen soziale Medien eine entscheidende Rolle in der Gemeinschaftsbildung. Zariel nutzte Plattformen wie TylatharNet, um Informationen zu verbreiten, Veranstaltungen zu organisieren und Unterstützung zu mobilisieren. Diese digitalen Räume ermöglichten es, die Gemeinschaft über geografische Grenzen hinweg zu verbinden und eine breitere Basis für den Widerstand zu schaffen.

$$E = \sum_{i=1}^{n} \frac{I_i}{T} \tag{36}$$

In dieser Gleichung steht E für die Effektivität der sozialen Medien, I_i für die individuellen Beiträge der Mitglieder und T für die Zeit, die für die Mobilisierung benötigt wird. Höhere individuelle Beiträge und geringere Mobilisierungszeiten erhöhen die Effektivität.

6. Bildung und Bewusstsein

Die Gemeinschaft spielte auch eine wesentliche Rolle bei der Bildung und Sensibilisierung für die Probleme der Gravimetrischen Shift-Morphs. Durch Workshops, Informationsveranstaltungen und Diskussionen wurde das Bewusstsein für die Bedeutung dieser Technologie und die damit verbundenen Rechte geschärft. Zariel und andere Aktivisten erkannten, dass Bildung der Schlüssel zur Mobilisierung war.

7. Langfristige Auswirkungen der Gemeinschaftsarbeit

Die Arbeit innerhalb der Gemeinschaft hat langfristige Auswirkungen, die über den unmittelbaren Aktivismus hinausgehen. Die Gemeinschaft von Tylathar hat nicht nur den Widerstand gegen das Verbot der Gravimetrischen Shift-Morphs gestärkt, sondern auch ein Bewusstsein für andere gesellschaftliche Themen geschaffen. Diese kollektive Erfahrung fördert eine Kultur des Engagements und der Solidarität, die zukünftige Generationen inspirieren wird.

> „Wir haben nicht nur für die Gravimetrischen Shift-Morphs gekämpft; wir haben ein Bewusstsein für die Rechte aller geschaffen." – Zariel Vox

Zusammenfassend lässt sich sagen, dass die Rolle der Gemeinschaft im Aktivismus von Zariel Vox nicht zu unterschätzen ist. Sie ist sowohl ein unterstützendes Netzwerk als auch ein Katalysator für Veränderungen. Die Herausforderungen, die sie bewältigen musste, und die Erfolge, die sie erzielte, sind ein Beweis für die Stärke und den Einfluss, den Gemeinschaften auf den Aktivismus haben können. Die Lehren aus Tylathar können als Modell für andere Bewegungen dienen, die ähnliche Herausforderungen angehen wollen. Die Gemeinschaft bleibt ein unverzichtbarer Bestandteil des Bürgerrechtsaktivismus und wird auch in Zukunft eine Schlüsselrolle spielen.

Persönliche Rückschläge und deren Bewältigung

Zariel Vox, als herausragender Bürgerrechtsaktivist, sah sich im Laufe ihrer Karriere nicht nur mit gesellschaftlichen und politischen Herausforderungen konfrontiert, sondern auch mit tiefgreifenden persönlichen Rückschlägen. Diese Rückschläge waren nicht nur Prüfsteine ihrer Entschlossenheit, sondern auch entscheidende Momente, die ihre Philosophie und ihren Aktivismus prägten. In diesem Abschnitt untersuchen wir die Natur dieser Rückschläge, ihre Auswirkungen auf Zariel und die Strategien, die sie zur Bewältigung dieser Herausforderungen entwickelte.

Die Natur der Rückschläge

Rückschläge können in verschiedenen Formen auftreten, insbesondere in einem so dynamischen und oft gefährlichen Umfeld wie dem Bürgerrechtsaktivismus. Für Zariel Vox manifestierten sich diese Rückschläge in mehreren Bereichen:

+ **Persönliche Verluste:** Zariel verlor mehrere enge Freunde und Mitstreiter, die aufgrund von Repressionen oder gewaltsamen Auseinandersetzungen mit den Behörden ums Leben kamen. Diese Verluste führten zu einer tiefen Trauer und einem Gefühl der Isolation.

+ **Rechtliche Probleme:** Die ständigen Konfrontationen mit dem Gesetz führten zu mehreren Gerichtsverfahren, die nicht nur zeitaufwendig, sondern auch emotional belastend waren. Zariel musste sich oft mit dem Gefühl auseinandersetzen, dass ihre Freiheit auf dem Spiel stand.

+ **Öffentliche Anfeindungen:** Als prominente Figur in der Bewegung wurde Zariel häufig Ziel von Diffamierungen und persönlicher Angriffe in den Medien. Diese Angriffe hatten nicht nur Auswirkungen auf ihre öffentliche Wahrnehmung, sondern auch auf ihr persönliches Wohlbefinden.

Die Auswirkungen auf Zariel

Die Auswirkungen dieser Rückschläge waren tiefgreifend. Psychologisch gesehen führte der Verlust von Freunden zu einer existenziellen Krise, in der Zariel die Sinnhaftigkeit ihres Engagements hinterfragte. Die ständige Bedrohung durch rechtliche Maßnahmen schürte Ängste und sorgte für Schlaflosigkeit, während die öffentliche Kritik ihr Selbstbild und ihr Vertrauen in die Gemeinschaft erschütterte.

Ein Beispiel für diesen emotionalen Druck war ein Vorfall, bei dem Zariel während einer Demonstration festgenommen wurde. Die Erfahrung, in Handschellen gelegt und in eine Zelle gesperrt zu werden, war für sie traumatisch. In einem Interview später beschrieb sie diesen Moment als „einen schmerzhaften

Schnitt in mein Herz", der sie dazu brachte, über die Gefahren des Aktivismus nachzudenken.

Bewältigungsstrategien

Um mit diesen Rückschlägen umzugehen, entwickelte Zariel eine Reihe von Strategien, die sowohl auf persönlicher als auch auf gemeinschaftlicher Ebene wirkten:

- **Selbstreflexion und Therapie:** Zariel begann, regelmäßig mit einem Therapeuten zu sprechen, um ihre Gefühle zu verarbeiten. Diese Form der Selbstreflexion half ihr, ihre Gedanken zu ordnen und einen klaren Kopf zu bewahren.

- **Unterstützung durch die Gemeinschaft:** Sie suchte aktiv den Austausch mit anderen Aktivisten und Freunden, um ihre Erfahrungen zu teilen. Diese Solidarität half nicht nur, das Gefühl der Isolation zu überwinden, sondern stärkte auch die Gemeinschaft.

- **Kreativer Ausdruck:** Zariel fand Trost in der Kunst, insbesondere im Schreiben. Sie begann, Gedichte und Essays zu verfassen, in denen sie ihre Emotionen und Gedanken über den Aktivismus und die damit verbundenen Rückschläge ausdrückte. Dies wurde zu einem wichtigen Ventil für ihre Gefühle.

- **Fokus auf die Mission:** Zariel erinnerte sich stets an die Gründe, warum sie aktiv war. Sie stellte sicher, dass ihre Vision für eine gerechtere Gesellschaft im Mittelpunkt ihrer Bemühungen stand, was ihr half, die persönlichen Rückschläge in einen größeren Kontext zu setzen.

Theoretische Perspektiven

Die Bewältigungsmechanismen, die Zariel anwandte, lassen sich auch durch verschiedene psychologische Theorien erklären. Die *Kognitive Verhaltenstherapie* (KVT) legt nahe, dass das Erkennen und Umdenken negativer Gedankenmuster entscheidend für die Bewältigung von Stress und Trauma ist. Zariels Ansatz, ihre Gedanken durch Therapie und kreativen Ausdruck zu verarbeiten, spiegelt diese Prinzipien wider.

Darüber hinaus kann die *Soziale Unterstützungstheorie* herangezogen werden, um zu verstehen, wie der Austausch mit Gleichgesinnten und Freunden ihre

Resilienz stärkte. Soziale Unterstützung wird als eine der effektivsten Methoden angesehen, um mit Stress umzugehen und emotionale Belastungen zu mildern.

Schlussfolgerung

Zusammenfassend lässt sich sagen, dass persönliche Rückschläge für Zariel Vox sowohl eine Herausforderung als auch eine Gelegenheit zur persönlichen und politischen Weiterentwicklung darstellten. Ihre Fähigkeit, mit diesen Rückschlägen umzugehen und sie in positive Handlungen umzuwandeln, ist ein testamentarisches Beispiel für die Stärke des menschlichen Geistes im Angesicht von Widrigkeiten. Zariels Erfahrungen lehren uns, dass Rückschläge nicht das Ende, sondern oft der Beginn eines neuen Kapitels im Leben eines Aktivisten sind. Ihre Geschichte inspiriert zukünftige Generationen dazu, auch in schwierigen Zeiten für Gerechtigkeit und Gleichheit einzutreten.

Visionen für die Zukunft

Die Visionen für die Zukunft von Zariel Vox und der Bewegung für Gravimetrische Shift-Morphs sind von einer tiefen Überzeugung geprägt, dass der Kampf für Gerechtigkeit und Gleichheit in Tylathar und darüber hinaus nie enden wird. Zariel sieht eine Zukunft, in der die Prinzipien der Inklusion, der Akzeptanz und der Vielfalt nicht nur in der Gesellschaft, sondern auch in den politischen Strukturen fest verankert sind.

Integration der Gravimetrischen Shift-Morphs

Ein zentrales Element von Zariels Vision ist die vollständige Integration der Gravimetrischen Shift-Morphs in die Gesellschaft von Tylathar. Diese Wesen, die durch ihre einzigartige Fähigkeit, die Gravitation zu manipulieren, eine besondere Rolle in der intergalaktischen Gemeinschaft spielen, sollen nicht nur akzeptiert, sondern auch gefeiert werden. Zariel glaubt, dass die Anerkennung ihrer Fähigkeiten und ihrer kulturellen Identität entscheidend für den sozialen Zusammenhalt ist.

Die Theorie der sozialen Integration, wie sie von [?] formuliert wurde, legt nahe, dass die Einbeziehung marginalisierter Gruppen in die Gesellschaft zu einer stärkeren Gemeinschaft führt. Zariel plant, Bildungsprogramme zu initiieren, die das Verständnis und die Wertschätzung für die Gravimetrischen Shift-Morphs fördern. Diese Programme sollen nicht nur die Vorurteile abbauen, sondern auch die positiven Aspekte ihrer Kultur und ihrer Fähigkeiten hervorheben.

Technologischer Fortschritt und ethische Verantwortung

Ein weiterer Aspekt von Zariels Vision ist die Verbindung von technologischem Fortschritt und ethischer Verantwortung. In einer Welt, in der Technologie eine immer zentralere Rolle spielt, sieht Zariel die Notwendigkeit, dass neue Technologien, insbesondere solche, die mit den Gravimetrischen Shift-Morphs in Verbindung stehen, verantwortungsbewusst eingesetzt werden.

Die *Technologie-Ethische Theorie* von [?] betont, dass technologische Innovationen nicht isoliert betrachtet werden dürfen, sondern immer im Kontext ihrer sozialen Auswirkungen. Zariel möchte eine Plattform schaffen, die es den Bürgern von Tylathar ermöglicht, an Diskussionen über die ethischen Implikationen neuer Technologien teilzunehmen. Dies könnte durch regelmäßige Foren, Workshops und interaktive Online-Diskussionen geschehen.

Globale Solidarität und intergalaktische Zusammenarbeit

Zariel träumt von einer Zukunft, in der die Bürger von Tylathar nicht nur für ihre eigenen Rechte kämpfen, sondern auch eine Vorreiterrolle im intergalaktischen Bürgerrechtsaktivismus übernehmen. Die Herausforderungen, vor denen die verschiedenen Planeten und Zivilisationen stehen, erfordern eine globale Solidarität. Zariel plant, Allianzen mit anderen intergalaktischen Bewegungen zu bilden, um eine gemeinsame Front gegen Diskriminierung und Ungerechtigkeit zu schaffen.

Ein Beispiel für eine solche Zusammenarbeit könnte die Gründung eines intergalaktischen Rates für Bürgerrechte sein, der sich aus Vertretern verschiedener Planeten zusammensetzt. Dieser Rat könnte als Plattform dienen, um Erfahrungen auszutauschen, Strategien zu entwickeln und gemeinsame Kampagnen zu organisieren. Die *Theorie der globalen Gerechtigkeit* von [?] bietet einen theoretischen Rahmen, um diese Vision zu untermauern, indem sie die Notwendigkeit betont, dass Wohlstand und Ressourcen gerecht verteilt werden müssen.

Nachhaltigkeit und Umweltschutz

Ein weiterer wichtiger Aspekt von Zariels Vision ist der Fokus auf Nachhaltigkeit und Umweltschutz. In einer Zeit, in der die ökologischen Herausforderungen immer drängender werden, sieht Zariel die Notwendigkeit, dass die Bewegung für Gravimetrische Shift-Morphs auch eine führende Rolle im Umweltschutz einnimmt.

Die *Nachhaltige Entwicklung* nach [?] definiert nachhaltige Entwicklung als eine Entwicklung, die die Bedürfnisse der gegenwärtigen Generationen erfüllt, ohne die Fähigkeit zukünftiger Generationen zu gefährden, ihre eigenen Bedürfnisse zu befriedigen. Zariel möchte Initiativen starten, die umweltfreundliche Technologien fördern und die Gemeinschaft in den Schutz ihrer natürlichen Ressourcen einbeziehen.

Schlussfolgerung

Zariel Vox' Vision für die Zukunft ist eine Zukunft, die durch Gerechtigkeit, Akzeptanz und Zusammenarbeit geprägt ist. Sie glaubt fest daran, dass jeder Einzelne einen Beitrag leisten kann, um diese Vision zu verwirklichen. Die Herausforderungen sind groß, aber die Möglichkeiten sind noch größer. Durch Bildung, technologische Verantwortung, globale Solidarität und Umweltbewusstsein kann die Bewegung für Gravimetrische Shift-Morphs nicht nur für die Rechte ihrer eigenen Gemeinschaft kämpfen, sondern auch als Vorbild für andere Bewegungen im gesamten Universum dienen.

Diese Vision ist nicht nur ein Traum, sondern ein Aufruf zum Handeln, der die Bürger von Tylathar und darüber hinaus dazu inspirieren soll, gemeinsam für eine gerechtere und nachhaltigere Zukunft zu kämpfen.

Der Einfluss von Zariel Vox

Vermächtnis und Auswirkungen auf die Gesellschaft

Inspiration für zukünftige Aktivisten

Zariel Vox ist nicht nur ein Name in der Geschichte von Tylathar; er ist ein Symbol für den unermüdlichen Geist des Widerstands und eine Quelle der Inspiration für zukünftige Bürgerrechtsaktivisten. Sein Leben und seine Taten bieten zahlreiche Lektionen, die über die Grenzen von Tylathar hinausgehen und in verschiedenen Kontexten des Aktivismus Anwendung finden können. In diesem Abschnitt werden wir die Aspekte untersuchen, die zukünftige Aktivisten aus Zariels Vermächtnis ziehen können, und die theoretischen Grundlagen, die hinter diesen Inspirationen stehen.

1. Die Kraft der Gemeinschaft

Eine der zentralen Lehren aus Zariels Aktivismus ist die Bedeutung der Gemeinschaft. Zariel verstand, dass der Widerstand gegen das Verbot der Gravimetrischen Shift-Morphs nicht allein durch individuelle Anstrengungen erreicht werden konnte, sondern dass die Mobilisierung einer breiten Gemeinschaft entscheidend war. Die Theorie der sozialen Bewegungen, insbesondere die *Resource Mobilization Theory*, betont, wie wichtig es ist, Ressourcen – sei es Zeit, Geld oder soziale Netzwerke – zu mobilisieren, um Veränderungen herbeizuführen.

Ein Beispiel für die Wirksamkeit dieser Gemeinschaftsbildung war die Gründung der Bewegung für Gravimetrische Shift-Morphs, die durch lokale Versammlungen und die Einbindung von verschiedenen Gruppen und Individuen entstand. Diese Strategie ermutigte viele, sich dem Widerstand anzuschließen und ihre eigenen Geschichten zu teilen, was zu einem Gefühl der Zugehörigkeit und des gemeinsamen Ziels führte.

2. Bildung als Waffe

Zariel glaubte fest an die transformative Kraft der Bildung. Er nutzte Wissen nicht nur als Werkzeug zur Aufklärung, sondern auch als Waffe im Kampf gegen Ungerechtigkeit. Die *Critical Pedagogy* von Paulo Freire, die Bildung als einen Akt der Befreiung betrachtet, spiegelt Zariels Philosophie wider.

Durch Workshops, Seminare und öffentliche Vorträge vermittelte Zariel den Menschen das nötige Wissen über die Gravimetrischen Shift-Morphs und die rechtlichen Rahmenbedingungen, die ihr Verbot rechtfertigten. Diese Bildung ermöglichte es den Menschen, informierte Entscheidungen zu treffen und selbst aktiv zu werden. Zukünftige Aktivisten sollten diese Strategie der Wissensverbreitung übernehmen und Bildungsinitiativen als Teil ihrer Bewegung integrieren.

3. Resilienz und Durchhaltevermögen

Der Weg des Aktivismus ist oft mit Rückschlägen und Herausforderungen gepflastert. Zariels Geschichte lehrt uns, dass Resilienz und Durchhaltevermögen essentielle Eigenschaften sind, die zukünftige Aktivisten kultivieren müssen. Die *Psychologie des Widerstands* legt nahe, dass die Fähigkeit, mit Stress und Widrigkeiten umzugehen, nicht nur die individuelle Gesundheit fördert, sondern auch die Effektivität einer Bewegung steigern kann.

Zariel erlebte zahlreiche Rückschläge, einschließlich Verhaftungen und gesellschaftlicher Isolation. Dennoch blieb er standhaft und nutzte diese Erfahrungen, um seine Botschaft zu verstärken. Diese Resilienz inspirierte andere, ebenfalls nicht aufzugeben, und schuf ein starkes Netzwerk von Unterstützern, die gemeinsam für die Sache kämpften.

4. Die Rolle der Medien

Ein weiterer Aspekt von Zariels Aktivismus war die geschickte Nutzung von Medien, um Aufmerksamkeit auf die Bewegung zu lenken. Die *Framing Theory* zeigt, wie die Art und Weise, wie Informationen präsentiert werden, die öffentliche Wahrnehmung beeinflussen kann. Zariel verstand es, die Medien als Plattform zu nutzen, um die Anliegen der Bewegung zu verbreiten und eine breitere Öffentlichkeit zu erreichen.

Durch Interviews, soziale Medien und Dokumentationen konnte Zariel die Geschichten der Betroffenen sichtbar machen und Empathie in der Bevölkerung wecken. Zukünftige Aktivisten sollten lernen, wie sie die Medien effektiv nutzen können, um ihre Botschaften zu verbreiten und Unterstützung zu gewinnen.

5. Intersektionalität im Aktivismus

Zariel Vox' Ansatz war geprägt von einem Verständnis für Intersektionalität – der Idee, dass verschiedene Formen von Diskriminierung und Ungerechtigkeit miteinander verwoben sind. Diese Perspektive ist entscheidend für zukünftige Aktivisten, die die Komplexität sozialer Probleme erkennen und angehen müssen.

Die *Intersektionale Theorie*, die von Kimberlé Crenshaw geprägt wurde, hilft Aktivisten, die Wechselwirkungen zwischen verschiedenen Identitäten und sozialen Kategorien zu verstehen. Zariel arbeitete mit verschiedenen Gruppen zusammen, um sicherzustellen, dass die Stimmen aller, insbesondere der marginalisierten, gehört wurden. Diese Strategie stärkt nicht nur die Bewegung, sondern fördert auch ein inklusives und gerechtes Aktivismusmodell.

6. Visionen für die Zukunft

Zariels Vision für eine gerechtere Gesellschaft war nicht nur reaktiv, sondern auch proaktiv. Er stellte sich eine Zukunft vor, in der die Gravimetrischen Shift-Morphs nicht nur legal, sondern auch als Teil der kulturellen Identität von Tylathar anerkannt werden. Diese langfristige Perspektive ist für zukünftige Aktivisten von entscheidender Bedeutung.

Die *Theorie des sozialen Wandels* zeigt, dass eine klare Vision und Ziele für eine Bewegung entscheidend sind, um Menschen zu mobilisieren und zu inspirieren. Aktivisten sollten in der Lage sein, eine positive Zukunft zu entwerfen und die Schritte aufzuzeigen, die notwendig sind, um dorthin zu gelangen. Zariels Fähigkeit, eine solche Vision zu formulieren und zu kommunizieren, war ein Schlüssel zu seinem Erfolg und sollte als Modell für zukünftige Bewegungen dienen.

Fazit

Zusammenfassend lässt sich sagen, dass Zariel Vox ein leuchtendes Beispiel für die Kraft des Aktivismus ist. Seine Fähigkeit, Gemeinschaften zu mobilisieren, Wissen zu verbreiten, Resilienz zu zeigen, Medien effektiv zu nutzen, intersektionale Ansätze zu integrieren und eine klare Vision für die Zukunft zu formulieren, bietet eine wertvolle Blaupause für zukünftige Bürgerrechtsaktivisten. Indem sie aus Zariels Erfahrungen lernen und diese Prinzipien in ihre eigenen Bewegungen integrieren, können zukünftige Aktivisten nicht nur lokale, sondern auch globale Veränderungen bewirken.

Diese Lehren sind nicht nur für Tylathar relevant, sondern finden auch in den Kämpfen um Gerechtigkeit und Gleichheit auf der ganzen Welt Anwendung. Die

Inspiration, die von Zariel Vox ausgeht, ist zeitlos und ermutigt kommende Generationen, sich für das einzusetzen, was richtig ist, und nie aufzugeben, egal wie herausfordernd der Weg auch sein mag.

Veränderungen in der öffentlichen Meinung

Die Veränderungen in der öffentlichen Meinung sind ein entscheidender Aspekt des Bürgerrechtsaktivismus, insbesondere im Kontext der Bewegung für die Gravimetrischen Shift-Morphs in Tylathar. Diese Veränderungen reflektieren nicht nur die Dynamik des sozialen Wandels, sondern auch die Wirksamkeit der Strategien, die von Aktivisten wie Zariel Vox eingesetzt werden, um das Bewusstsein für Ungerechtigkeiten zu schärfen und Unterstützung zu mobilisieren.

Theoretische Grundlagen

Die Theorie der sozialen Bewegungen bietet einen Rahmen, um die Transformation der öffentlichen Meinung zu analysieren. Nach der *Resource Mobilization Theory* (RMT) ist der Zugang zu Ressourcen—sei es finanzieller, menschlicher oder symbolischer Natur—entscheidend für den Erfolg einer sozialen Bewegung. Aktivisten müssen nicht nur ihre Botschaften effektiv kommunizieren, sondern auch die Unterstützung der Öffentlichkeit gewinnen, um Druck auf die Entscheidungsträger auszuüben.

Ein weiterer relevanter theoretischer Ansatz ist die *Framing Theory*, die besagt, dass die Art und Weise, wie ein Thema präsentiert wird, die Wahrnehmung der Öffentlichkeit erheblich beeinflussen kann. Zariel Vox und die Bewegung für Gravimetrische Shift-Morphs nutzten gezielte Framing-Strategien, um die Rechte der Morphs als grundlegendes Bürgerrecht zu positionieren, was zu einem Umdenken in der Gesellschaft führte.

Probleme und Herausforderungen

Trotz der Erfolge, die durch den Aktivismus erzielt wurden, gab es erhebliche Herausforderungen bei der Veränderung der öffentlichen Meinung. Zu den häufigsten Problemen gehörten:

- **Desinformation:** Die Verbreitung von Fehlinformationen über die Gravimetrischen Shift-Morphs führte zu Vorurteilen und Ängsten in der Bevölkerung. Dies wurde durch gezielte Kampagnen von Gegnern des

Aktivismus verstärkt, die die Morphs als Bedrohung für die Gesellschaft darstellten.

+ **Politische Polarisierung:** In Tylathar war die politische Landschaft stark polarisiert, was es schwierig machte, eine einheitliche öffentliche Meinung zu bilden. Während einige Bürger die Bewegung unterstützten, gab es auch heftige Gegenbewegungen, die den Aktivismus als radikal und gefährlich brandmarkten.

+ **Soziale Stigmatisierung:** Aktivisten, die sich für die Rechte der Gravimetrischen Shift-Morphs einsetzten, sahen sich häufig mit sozialer Stigmatisierung konfrontiert. Die Angst vor gesellschaftlicher Isolation hinderte viele Menschen daran, sich offen zu engagieren.

Beispiele für Veränderungen

Trotz dieser Herausforderungen gab es signifikante Fortschritte in der öffentlichen Wahrnehmung. Einige Schlüsselmomente, die zu einem Wandel führten, sind:

+ **Medienberichterstattung:** Durch die Berichterstattung über die Aktivitäten von Zariel Vox und den Widerstand gegen das Verbot der Gravimetrischen Shift-Morphs wurde das Thema in der Öffentlichkeit präsenter. Berichte über friedliche Demonstrationen und die persönlichen Geschichten von Morphs trugen dazu bei, das Mitgefühl und das Verständnis in der Gesellschaft zu fördern.

+ **Kulturelle Veranstaltungen:** Die Organisation von kulturellen Veranstaltungen, bei denen die Talente und die Kultur der Gravimetrischen Shift-Morphs gefeiert wurden, halfen, Vorurteile abzubauen und die Akzeptanz zu fördern. Diese Veranstaltungen ermöglichten es der Öffentlichkeit, die Morphs nicht nur als politische Akteure, sondern als Teil der Gesellschaft zu sehen.

+ **Allianzen mit anderen sozialen Bewegungen:** Die Zusammenarbeit mit anderen sozialen Bewegungen, die ähnliche Ziele verfolgten, führte zu einer stärkeren Mobilisierung und einem breiteren Unterstützungsnetzwerk. Diese Allianzen halfen, die Sichtbarkeit der Bewegung zu erhöhen und die öffentliche Meinung positiv zu beeinflussen.

Langfristige Auswirkungen

Die Veränderungen in der öffentlichen Meinung hatten langfristige Auswirkungen auf die Gesellschaft in Tylathar. Die Akzeptanz der Gravimetrischen Shift-Morphs als gleichwertige Bürger führte zu:

+ **Politischen Reformen:** Die steigende Unterstützung in der Bevölkerung führte zu politischen Veränderungen, die darauf abzielten, die Rechte der Morphs zu schützen und Diskriminierung zu bekämpfen.

+ **Bildungsinitiativen:** Es wurden Programme ins Leben gerufen, die darauf abzielten, das Bewusstsein für die Herausforderungen, mit denen die Gravimetrischen Shift-Morphs konfrontiert sind, zu schärfen und eine inklusive Gesellschaft zu fördern.

+ **Veränderung der sozialen Normen:** Mit der Zeit verschoben sich die sozialen Normen in Tylathar, und die Diskriminierung von Morphs wurde zunehmend als inakzeptabel angesehen. Dies führte zu einem kulturellen Wandel, der die Integration und Gleichheit förderte.

Zusammenfassend lässt sich sagen, dass die Veränderungen in der öffentlichen Meinung ein zentrales Element des Erfolgs der Bewegung für Gravimetrische Shift-Morphs waren. Durch die Kombination von effektiver Kommunikation, kulturellen Initiativen und strategischen Allianzen konnten Zariel Vox und ihre Mitstreiter nicht nur die Wahrnehmung der Morphs in der Gesellschaft verändern, sondern auch einen bleibenden Einfluss auf die politischen und sozialen Strukturen in Tylathar ausüben.

Langfristige Auswirkungen der Bewegung

Die Bewegung für die Gravimetrischen Shift-Morphs in Tylathar hat nicht nur kurzfristige Erfolge erzielt, sondern auch tiefgreifende langfristige Auswirkungen auf die Gesellschaft und die intergalaktische Gemeinschaft. Diese Auswirkungen sind in mehreren Dimensionen zu betrachten, darunter politische, soziale, kulturelle und wirtschaftliche Aspekte.

Politische Veränderungen

Ein wesentliches Ergebnis der Bewegung war die Änderung der politischen Landschaft in Tylathar. Die intensive Lobbyarbeit und die Mobilisierung der Bevölkerung führten zu einer Neubewertung der Gesetze, die die Gravimetrischen

Shift-Morphs betrafen. Vor der Bewegung war das Verbot dieser Technologien nicht nur ein rechtliches, sondern auch ein gesellschaftliches Tabu. Die Bewegung hat es geschafft, das Bewusstsein für die Bedeutung dieser Technologien zu schärfen und die öffentliche Meinung zu beeinflussen.

Ein Beispiel hierfür ist die Verabschiedung des *Gesetzes zur Regulierung der Gravimetrischen Shift-Morphs* (GRG), das nicht nur die Nutzung dieser Technologien legalisierte, sondern auch klare Richtlinien für ihre Anwendung festlegte. Die Gleichstellung der Gravimetrischen Shift-Morphs mit anderen Technologien hat dazu beigetragen, dass diese nicht mehr als Bedrohung, sondern als Chance für Innovation und Fortschritt wahrgenommen werden.

Soziale Auswirkungen

Die Bewegung hat auch die sozialen Strukturen in Tylathar nachhaltig verändert. Die Mobilisierung von Gemeinschaften und die Schaffung von Netzwerken führten zur Stärkung des sozialen Zusammenhalts. Menschen aus verschiedenen gesellschaftlichen Schichten und mit unterschiedlichen Hintergründen kamen zusammen, um für ein gemeinsames Ziel zu kämpfen. Diese Solidarisierung hat nicht nur die Bewegung gestärkt, sondern auch das Bewusstsein für andere soziale Gerechtigkeitsthemen geschärft.

Die Gründung von Unterstützungsgruppen und Bildungseinrichtungen, die sich mit den Gravimetrischen Shift-Morphs befassen, hat dazu geführt, dass das Wissen über diese Technologien in der breiten Bevölkerung verbreitet wurde. Programme zur Aufklärung und Schulung haben das Verständnis und die Akzeptanz in der Gesellschaft gefördert.

Kulturelle Veränderungen

Kulturell hat die Bewegung einen tiefgreifenden Einfluss auf Kunst und Medien gehabt. Künstler und Schriftsteller haben die Thematik der Gravimetrischen Shift-Morphs aufgegriffen, um Geschichten zu erzählen, die die Herausforderungen und Errungenschaften der Bewegung reflektieren. Filme, Bücher und Theaterstücke, die von Zariel Vox und der Bewegung inspiriert sind, haben dazu beigetragen, das Bewusstsein für die Wichtigkeit von Bürgerrechten und technologischen Innovationen zu schärfen.

Ein bemerkenswertes Beispiel ist der Film *"Die Welle der Veränderung"*, der die Geschichte von Zariel Vox und der Bewegung dramatisiert und in Tylathar großen Anklang fand. Der Film hat nicht nur die Debatte über die Gravimetrischen

Shift-Morphs angestoßen, sondern auch eine neue Generation von Aktivisten inspiriert.

Wirtschaftliche Auswirkungen

Die Legalisierung und Regulierung der Gravimetrischen Shift-Morphs hat auch signifikante wirtschaftliche Auswirkungen. Unternehmen, die sich auf die Entwicklung und den Einsatz dieser Technologien spezialisiert haben, sind entstanden und haben Arbeitsplätze geschaffen. Die Wirtschaft von Tylathar hat durch diese neuen Industrien einen Aufschwung erfahren, was zu einem Anstieg des Lebensstandards in vielen Regionen geführt hat.

Darüber hinaus hat die Bewegung internationale Aufmerksamkeit erregt und Investitionen aus anderen Teilen des Universums angezogen. Tylathar hat sich als ein Zentrum für technologische Innovation etabliert, was zu einem verstärkten Austausch von Ideen und Technologien geführt hat. Dies hat nicht nur die lokale Wirtschaft gestärkt, sondern auch das intergalaktische Ansehen von Tylathar verbessert.

Langfristige Herausforderungen

Trotz dieser Erfolge gibt es auch Herausforderungen, die die Bewegung und ihre langfristigen Auswirkungen betreffen. Es besteht die Gefahr, dass die ursprünglichen Ideale der Bewegung verwässert werden, wenn wirtschaftliche Interessen in den Vordergrund rücken. Der Druck von Unternehmen könnte dazu führen, dass Sicherheits- und Ethikstandards zugunsten von Profitmaximierung ignoriert werden.

Ein weiteres Problem ist die Fragmentierung der Bewegung. Während die Gründung neuer Gruppen und Organisationen eine positive Entwicklung darstellt, kann es auch zu einer Zersplitterung der Ressourcen und der Aufmerksamkeit kommen. Es ist wichtig, dass die Bewegung zusammenhält und ihre Kernziele nicht aus den Augen verliert.

Zusammenfassung

Insgesamt hat die Bewegung für die Gravimetrischen Shift-Morphs in Tylathar weitreichende langfristige Auswirkungen, die sich in politischen, sozialen, kulturellen und wirtschaftlichen Veränderungen manifestieren. Die Herausforderungen, die noch bestehen, erfordern jedoch eine kontinuierliche Wachsamkeit und Engagement von Seiten der Aktivisten und der Gesellschaft insgesamt. Die Lehren aus dieser Bewegung können als Beispiel für zukünftige

Bürgerrechtsbewegungen dienen und verdeutlichen die Bedeutung von Solidarität und gemeinsamem Handeln im Kampf für Gerechtigkeit.

Einfluss auf die Bildungspolitik

Der Einfluss von Zariel Vox und der Bewegung für Gravimetrische Shift-Morphs auf die Bildungspolitik in Tylathar ist sowohl tiefgreifend als auch vielschichtig. Diese Veränderungen sind nicht nur das Ergebnis von aktivistischem Engagement, sondern auch ein direktes Resultat der Philosophie und der Werte, die Zariel und ihre Mitstreiter propagierten. In diesem Abschnitt werden wir die theoretischen Grundlagen, Herausforderungen und spezifischen Beispiele beleuchten, die den Einfluss auf die Bildungspolitik verdeutlichen.

Theoretische Grundlagen

Die Bildungspolitik in Tylathar wurde traditionell von einer elitären Perspektive dominiert, die marginalisierte Gruppen und alternative Wissenssysteme oft ausschloss. Zariel Vox stellte die grundlegenden Annahmen dieser Politik in Frage, indem sie die Idee der Inklusion und der sozialen Gerechtigkeit in den Mittelpunkt ihrer Argumentation stellte. Sie berief sich auf Theorien der kritischen Pädagogik, insbesondere auf die Arbeiten von Paulo Freire, die besagen, dass Bildung ein Werkzeug zur Befreiung und zur Förderung von sozialer Gerechtigkeit sein sollte.

$$E = \frac{1}{2}mv^2 \tag{37}$$

In diesem Kontext kann die Gleichung für kinetische Energie metaphorisch als Symbol für das Potenzial von Bildung betrachtet werden, das, wenn es richtig genutzt wird, eine transformative Kraft für Individuen und Gemeinschaften darstellt. Zariel argumentierte, dass Bildung nicht nur Wissen vermitteln, sondern auch kritisches Denken fördern und die Fähigkeit zur aktiven Teilnahme an der Gesellschaft stärken sollte.

Herausforderungen in der Bildungspolitik

Trotz des positiven Einflusses, den Zariel und ihre Bewegung auf die Bildungspolitik hatten, standen sie vor erheblichen Herausforderungen. Eines der größten Probleme war der Widerstand von etablierten Bildungseinrichtungen und politischen Akteuren, die an traditionellen Lehrmethoden festhielten. Diese Akteure sahen in den Forderungen nach einer inklusiven und diversifizierten Bildungspolitik eine Bedrohung für ihre Macht und ihren Einfluss.

Ein weiteres Problem war die unzureichende Finanzierung von Bildungsprogrammen, die sich auf die Gravimetrischen Shift-Morphs und die damit verbundenen sozialen Themen konzentrierten. Viele Schulen und Universitäten waren nicht bereit oder in der Lage, die notwendigen Ressourcen bereitzustellen, um Lehrpläne zu entwickeln, die diese wichtigen Themen abdeckten.

Beispiele für Veränderungen

Trotz dieser Herausforderungen gab es konkrete Beispiele für den Einfluss von Zariel Vox auf die Bildungspolitik. Eine der erfolgreichsten Initiativen war die Einführung eines neuen Lehrplans an der Tylathar Universität, der die Gravimetrischen Shift-Morphs als Teil der Naturwissenschaften und der Sozialwissenschaften integrierte. Dieser Lehrplan förderte nicht nur das Verständnis für die wissenschaftlichen Aspekte der Gravimetrischen Shift-Morphs, sondern auch die sozialen und ethischen Implikationen, die mit ihrer Verwendung verbunden sind.

Darüber hinaus wurde ein Netzwerk von Schulen gegründet, die sich auf die Förderung von interdisziplinärem Lernen konzentrierten. Diese Schulen integrierten Kunst, Wissenschaft und soziale Gerechtigkeit in ihren Lehrplan, um Schüler:innen zu ermutigen, kritisch über ihre Rolle in der Gesellschaft nachzudenken und aktiv zu werden.

Ein weiteres Beispiel war die Schaffung von Stipendienprogrammen für Studierende aus marginalisierten Gemeinschaften, die sich für die Erforschung der Gravimetrischen Shift-Morphs und deren Auswirkungen auf die Gesellschaft interessierten. Diese Programme trugen dazu bei, eine neue Generation von Aktivisten und Wissenschaftlern hervorzubringen, die bereit waren, sich für soziale Gerechtigkeit und die Rechte derjenigen einzusetzen, die von der bestehenden Bildungspolitik benachteiligt wurden.

Langfristige Auswirkungen

Die langfristigen Auswirkungen von Zariels Einfluss auf die Bildungspolitik in Tylathar sind noch nicht vollständig abzusehen, jedoch sind einige Trends bereits erkennbar. Die Integration von sozialen Themen in den Lehrplan hat das Bewusstsein für soziale Gerechtigkeit unter den Studierenden erhöht und sie ermutigt, aktiv an der Gesellschaft teilzunehmen.

Darüber hinaus hat die Bewegung zur Förderung der Gravimetrischen Shift-Morphs dazu beigetragen, dass Bildung als ein dynamisches und sich ständig weiterentwickelndes Feld betrachtet wird, das sich an den Bedürfnissen der Gesellschaft orientieren sollte. Die Idee, dass Bildung nicht nur ein Weg zur Wissensvermittlung ist, sondern auch ein Mittel zur Förderung von sozialer Veränderung, hat sich in der Bildungspolitik fest etabliert.

Insgesamt zeigt der Einfluss von Zariel Vox auf die Bildungspolitik in Tylathar, wie aktivistische Bewegungen in der Lage sind, tiefgreifende Veränderungen in gesellschaftlichen Strukturen herbeizuführen. Die Herausforderungen, die sie überwunden haben, und die Erfolge, die sie erzielt haben, bieten wertvolle Lektionen für zukünftige Generationen von Aktivisten und Pädagogen.

Die Rolle von Zariel in der intergalaktischen Gemeinschaft

Zariel Vox hat nicht nur innerhalb Tylathars, sondern auch in der gesamten intergalaktischen Gemeinschaft eine bedeutende Rolle gespielt. Ihre Bemühungen um die Rechte der Gravimetrischen Shift-Morphs haben eine Welle der Solidarität und Unterstützung ausgelöst, die weit über die Grenzen ihrer Heimatwelt hinausgeht. Diese Sektion beleuchtet die multifunktionale Rolle, die Zariel als Aktivistin, Führerin und Symbol für den intergalaktischen Bürgerrechtsaktivismus eingenommen hat.

Intergalaktische Vernetzung und Zusammenarbeit

Zariel hat es verstanden, die Anliegen der Tylathar-Bewohner mit den Kämpfen anderer intergalaktischer Gemeinschaften zu verknüpfen. Durch den Austausch von Ideen und Strategien mit Aktivisten aus verschiedenen Kulturen hat sie eine Plattform geschaffen, die es ermöglicht, die Erfahrungen und Herausforderungen, die mit dem Aktivismus verbunden sind, zu teilen. Ein Beispiel hierfür ist die Zusammenarbeit mit den Aktivisten von Zarnok Prime, die gegen die Diskriminierung von intergalaktischen Reisenden kämpfen. Diese Partnerschaften haben nicht nur die Reichweite von Zariels Botschaft erweitert, sondern auch eine intergalaktische Solidargemeinschaft gefördert.

Theoretische Grundlagen des intergalaktischen Aktivismus

Die Rolle von Zariel in der intergalaktischen Gemeinschaft kann durch verschiedene theoretische Rahmenbedingungen besser verstanden werden. Eine solche Theorie ist die *Intergalaktische Solidarität*, die besagt, dass der Kampf für Gerechtigkeit und Rechte nicht auf eine einzige Spezies oder einen einzigen Planeten beschränkt ist, sondern eine universelle Anstrengung darstellt. Zariel hat diese Theorie in die Praxis umgesetzt, indem sie den intergalaktischen Dialog über Bürgerrechte angestoßen hat. Ihre Ansätze basieren auf den Prinzipien der *Gegenseitigen Unterstützung* und der *Kollektiven Verantwortung*, die die Idee betonen, dass alle Lebewesen, unabhängig von ihrer Herkunft, ein Recht auf Freiheit und Gerechtigkeit haben.

Herausforderungen und Probleme

Trotz ihrer Erfolge sieht sich Zariel auch erheblichen Herausforderungen gegenüber. Die intergalaktische Gemeinschaft ist oft durch politische Spannungen und kulturelle Unterschiede geprägt, die die Zusammenarbeit erschweren können. Ein zentrales Problem ist die *Fragmentierung* der intergalaktischen Bürgerrechtsbewegungen. Unterschiedliche Prioritäten und Strategien können dazu führen, dass die Stimmen der Aktivisten nicht gehört werden. Zariel hat diese Herausforderung erkannt und versucht, eine *gemeinsame Agenda* zu entwickeln, die die verschiedenen Interessen und Bedürfnisse der beteiligten Gruppen berücksichtigt.

Beispiele für Zariels Einfluss

Ein herausragendes Beispiel für Zariels Einfluss in der intergalaktischen Gemeinschaft ist die *Intergalaktische Konferenz für Bürgerrechte*, die sie initiiert hat. Diese Konferenz brachte Aktivisten, Politiker und Wissenschaftler aus verschiedenen Welten zusammen, um über die Herausforderungen des intergalaktischen Aktivismus zu diskutieren. Die Ergebnisse dieser Konferenz führten zur Gründung des *Intergalaktischen Rates für Menschenrechte*, einer Organisation, die sich für den Schutz und die Förderung der Rechte aller intergalaktischen Bürger einsetzt.

Zariel als Symbol für Hoffnung

Zariel Vox hat sich nicht nur als Aktivistin, sondern auch als Symbol für Hoffnung und Widerstand etabliert. Ihre Geschichte inspiriert viele, die in unterdrückenden Systemen leben, und zeigt, dass Veränderung möglich ist. In einer Zeit, in der intergalaktische Konflikte und Ungerechtigkeiten weit verbreitet sind, ist Zariel ein Lichtblick für viele. Ihre Fähigkeit, Menschen zu mobilisieren und für eine gemeinsame Sache zu kämpfen, hat sie zu einer zentralen Figur im intergalaktischen Bürgerrechtsaktivismus gemacht.

Schlussfolgerung

Zusammenfassend lässt sich sagen, dass Zariel Vox eine entscheidende Rolle in der intergalaktischen Gemeinschaft spielt. Sie hat nicht nur die Anliegen der Gravimetrischen Shift-Morphs vertreten, sondern auch eine Brücke zu anderen Bewegungen geschlagen. Ihre Fähigkeit, intergalaktische Solidarität zu fördern und verschiedene Stimmen zu vereinen, hat den intergalaktischen Aktivismus auf ein neues Niveau gehoben. Zariels Vermächtnis wird weiterhin als Inspiration für zukünftige Generationen von Aktivisten dienen, die sich für eine gerechtere und inklusivere intergalaktische Gesellschaft einsetzen.

Aneignung von Techniken und Strategien

Die Aneignung von Techniken und Strategien ist ein zentraler Aspekt des Aktivismus, insbesondere im Kontext von Zariel Vox und der Bewegung für Gravimetrische Shift-Morphs in Tylathar. Diese Techniken und Strategien sind nicht nur Werkzeuge im Kampf gegen Ungerechtigkeit, sondern auch Ausdruck einer tief verwurzelten Philosophie des Widerstands. In diesem Abschnitt werden wir untersuchen, wie Zariel und ihre Mitstreiter diese Techniken entwickelt, angepasst und in ihrer Bewegung implementiert haben.

Theoretische Grundlagen

Die Theorie des sozialen Wandels, wie sie von Denkern wie Herbert Blumer und Charles Tilly formuliert wurde, legt nahe, dass soziale Bewegungen durch kollektives Handeln und die Mobilisierung von Ressourcen entstehen. Blumer (1969) argumentiert, dass soziale Bewegungen in Phasen verlaufen: Entstehung, Konsolidierung und schließlich Transformation. Diese Phasen sind entscheidend, um zu verstehen, wie Zariel Vox und ihre Bewegung Strategien zur Aneignung von Techniken entwickeln konnten.

Ein weiterer theoretischer Rahmen ist die Resource Mobilization Theory, die besagt, dass der Erfolg einer sozialen Bewegung stark von der Fähigkeit abhängt, Ressourcen wie Geld, Zeit und Menschen zu mobilisieren (McCarthy & Zald, 1977). Zariel und ihre Bewegung mussten diese Ressourcen strategisch einsetzen, um ihre Ziele zu erreichen.

Strategien der Aneignung

Zariel Vox und ihre Mitstreiter haben eine Vielzahl von Strategien angewendet, um ihre Botschaft zu verbreiten und Unterstützung zu gewinnen. Zu den bemerkenswertesten Techniken gehören:

- **Bildung und Aufklärung:** Zariel erkannte, dass Wissen Macht ist. Sie initiierte Workshops und Informationsveranstaltungen, um das Bewusstsein für die Gravimetrischen Shift-Morphs zu schärfen. Diese Veranstaltungen waren nicht nur informativ, sondern auch interaktiv, was das Engagement der Teilnehmer förderte.

- **Medienstrategien:** Die Nutzung von sozialen Medien war entscheidend für den Erfolg der Bewegung. Zariel verstand die Macht von Plattformen wie TylatharBook und IntergalacticGram, um ihre Botschaft viral zu verbreiten. Durch gezielte Kampagnen und Hashtags wie #ShiftForRights konnten sie eine breite Öffentlichkeit erreichen.

- **Künstlerische Ausdrucksformen:** Kunst spielte eine zentrale Rolle in Zariels Strategie. Sie nutzte Musik, Theater und visuelle Kunst, um die Emotionen der Menschen anzusprechen und eine tiefere Verbindung zu ihrer Sache herzustellen. Kunstinstallationen und Performances wurden oft als Protestformen eingesetzt, um die Aufmerksamkeit der Medien zu gewinnen.

- **Allianzen bilden:** Zariel war sich bewusst, dass die Bildung von Allianzen mit anderen sozialen Bewegungen und Organisationen entscheidend für den Erfolg war. Sie suchte aktiv nach Kooperationen mit Umweltgruppen, feministischen Organisationen und anderen Bürgerrechtsbewegungen. Diese strategischen Partnerschaften erweiterten die Reichweite und die Ressourcen der Bewegung.

Herausforderungen und Anpassungen

Trotz der Vielzahl an Strategien, die Zariel und ihre Bewegung anwendeten, standen sie vor erheblichen Herausforderungen. Die Repression durch die Behörden, einschließlich Überwachung und Einschüchterung, zwang die Bewegung, ihre Taktiken ständig anzupassen.

Ein Beispiel hierfür war die Einführung von anonymen Online-Plattformen, die es Aktivisten ermöglichten, Informationen auszutauschen, ohne sich in Gefahr zu begeben. Diese Plattformen wurden zu einem sicheren Raum für Diskussionen und strategische Planungen. Zariel und ihre Mitstreiter entwickelten auch Schulungen zur digitalen Sicherheit, um sicherzustellen, dass ihre Mitglieder vor staatlicher Überwachung geschützt waren.

Beispiele erfolgreicher Aneignung

Ein herausragendes Beispiel für die erfolgreiche Aneignung von Techniken und Strategien war die große Demonstration gegen das Verbot der Gravimetrischen Shift-Morphs, die im Jahr 2030 stattfand. Zariel und ihr Team mobilisierten innerhalb weniger Wochen Tausende von Menschen.

Die Strategie umfasste:

1. **Frühzeitige Mobilisierung:** Durch gezielte Werbung in sozialen Medien und durch Mundpropaganda konnten sie ein großes Publikum erreichen.

2. **Kreative Protestformen:** Anstatt nur zu marschieren, organisierten sie eine „Lichtshow" mit holografischen Darstellungen von Gravimetrischen Shift-Morphs, die die Aufmerksamkeit der Medien auf sich zog.

3. **Internationale Unterstützung:** Zariel kontaktierte Aktivisten aus anderen Planeten, um internationale Solidarität zu zeigen. Diese Unterstützung verstärkte den Druck auf die Tylathar-Regierung.

Die Demonstration war ein Wendepunkt in der Bewegung, der nicht nur die öffentliche Wahrnehmung veränderte, sondern auch zu einem Dialog mit der Regierung führte.

Schlussfolgerung

Die Aneignung von Techniken und Strategien ist ein dynamischer und fortlaufender Prozess im Aktivismus. Zariel Vox und ihre Bewegung haben gezeigt, dass die Fähigkeit, sich an veränderte Bedingungen anzupassen und kreative Lösungen zu finden, entscheidend für den Erfolg ist. Durch Bildung, Medienstrategien, künstlerischen Ausdruck und den Aufbau von Allianzen konnten sie nicht nur Widerstand leisten, sondern auch einen nachhaltigen Einfluss auf die Gesellschaft ausüben. Die Lehren aus Zariels Ansatz können als Modell für zukünftige Aktivisten dienen, die ähnliche Kämpfe führen wollen.

Einfluss auf Kunst und Medien

Der Einfluss von Zariel Vox auf Kunst und Medien ist ein faszinierendes Thema, das die Wechselwirkungen zwischen Aktivismus, Kreativität und öffentlicher Wahrnehmung beleuchtet. In der Welt von Tylathar, wo die Gravimetrischen Shift-Morphs nicht nur eine technologische Innovation, sondern auch ein Symbol für Freiheit und Identität darstellen, hat Zariels Aktivismus eine Vielzahl von künstlerischen Ausdrucksformen inspiriert und verändert.

Kunst als Ausdruck des Widerstands

Kunst hat sich als ein kraftvolles Medium erwiesen, um soziale und politische Botschaften zu verbreiten. Zariel Vox verstand die Bedeutung der visuellen Kunst im Aktivismus und nutzte sie, um die Anliegen seiner Bewegung zu kommunizieren. Wandmalereien, Skulpturen und digitale Kunstwerke, die die Gravimetrischen Shift-Morphs darstellten, wurden in den Straßen von Tylathar sichtbar. Diese Kunstwerke waren nicht nur ästhetisch ansprechend, sondern trugen auch tiefere gesellschaftliche Botschaften.

Ein Beispiel dafür ist das Wandgemälde „Die Freiheit der Morphs", das in einem zentralen Stadtteil von Tylathar entstand. Es zeigt eine Gruppe von Morphs, die in den Himmel aufsteigen, umgeben von bunten Farben und symbolischen Elementen, die Hoffnung und Widerstand darstellen. Dieses Kunstwerk wurde schnell zu einem Wahrzeichen der Bewegung und zog die Aufmerksamkeit von Medien und Bürgern gleichermaßen auf sich.

Die Rolle der Medien

Die Medien spielten eine entscheidende Rolle bei der Verbreitung von Zariels Botschaften und der Sichtbarkeit der Bewegung. Durch Interviews, Dokumentationen und Berichterstattungen über Proteste wurde die Geschichte der Gravimetrischen Shift-Morphs und der Widerstand gegen ihr Verbot in die Wohnzimmer der Menschen gebracht. Zariel nutzte soziale Medien als Plattform, um seine Ideen und die Geschichten der Betroffenen zu teilen.

Eine bemerkenswerte Kampagne war die #MorphYourFuture-Initiative, die darauf abzielte, die Öffentlichkeit über die Bedeutung der Gravimetrischen Shift-Morphs aufzuklären. Diese Kampagne beinhaltete eine Vielzahl von Medienformaten, darunter Videos, Blogbeiträge und Grafiken, die die Vorteile und die kulturelle Bedeutung der Morphs darlegten.

Kunst als Katalysator für Veränderung

Zariels Einfluss auf die Kunstszene in Tylathar führte zu einer Renaissance des sozialen Engagements in der Kunst. Viele Künstler begannen, sich aktiv mit Themen des Aktivismus auseinanderzusetzen und schufen Werke, die nicht nur ästhetisch ansprechend, sondern auch sozialkritisch waren.

Ein Beispiel ist der Künstler Kira Nox, die durch ihre Arbeiten auf die Ungerechtigkeiten hinwies, die Morphs erlebten. Ihre Installation „Verborgene Identitäten" zeigte Morphs, die in Käfigen gefangen waren, und stellte die Frage nach der Freiheit und der Selbstbestimmung. Diese Installation provozierte nicht nur Diskussionen über die Rechte der Morphs, sondern regte auch zu einer kritischen Auseinandersetzung mit der Gesellschaft an.

Theoretische Perspektiven

Die Theorie des *Kunstaktivismus* besagt, dass Kunst nicht nur ein Spiegel der Gesellschaft ist, sondern auch ein Werkzeug zur Veränderung derselben. Zariels Ansatz, Kunst als Teil des Widerstands zu nutzen, lässt sich durch die Ideen von Künstlern wie *Ai Weiwei* und *Banksy* unterstützen, die ebenfalls soziale und politische Themen in ihren Arbeiten behandeln.

In der Theorie des *Kulturellen Aktivismus* wird argumentiert, dass kulturelle Praktiken und Ausdrucksformen entscheidend für die Mobilisierung von Gemeinschaften sind. Zariel Vox hat diese Prinzipien in die Praxis umgesetzt, indem er Kunst und Medien als Mittel zur Sensibilisierung und Mobilisierung der Gemeinschaft einsetzte.

Probleme und Herausforderungen

Trotz der positiven Auswirkungen gab es auch Herausforderungen. Künstler, die sich mit dem Thema der Gravimetrischen Shift-Morphs auseinandersetzten, sahen sich oft mit Zensur und Repression konfrontiert. Die Regierung von Tylathar versuchte, kritische Stimmen zum Schweigen zu bringen, indem sie Künstler und Aktivisten einschüchterte.

Ein Beispiel hierfür ist die Schließung einer Galerie, die eine Ausstellung über die Gravimetrischen Shift-Morphs veranstaltete. Diese repressiven Maßnahmen führten jedoch oft zu einem stärkeren Widerstand in der Kunstszene und verstärkten den Willen der Künstler, für ihre Überzeugungen einzutreten.

Fazit

Der Einfluss von Zariel Vox auf Kunst und Medien in Tylathar ist ein eindrucksvolles Beispiel dafür, wie Aktivismus kreative Ausdrucksformen inspirieren und verändern kann. Durch seine Arbeit hat Zariel nicht nur das Bewusstsein für die Rechte der Gravimetrischen Shift-Morphs geschärft, sondern auch eine neue Generation von Künstlern und Aktivisten inspiriert, die die Kraft der Kunst nutzen, um soziale und politische Veränderungen herbeizuführen.

Die Verschmelzung von Kunst und Aktivismus, wie sie durch Zariel Vox verkörpert wird, zeigt, dass kreative Ausdrucksformen eine wichtige Rolle im Kampf für Gerechtigkeit spielen können. In einer Welt, in der die Stimmen der

Marginalisierten oft überhört werden, bleibt die Kunst ein kraftvolles Werkzeug, um Sichtbarkeit zu schaffen und die Gesellschaft zu mobilisieren.

Die Entwicklung neuer Bewegungen

Die Entwicklung neuer Bewegungen ist ein dynamischer Prozess, der oft als Reaktion auf bestehende soziale, politische und wirtschaftliche Ungerechtigkeiten entsteht. In der Ära von Zariel Vox haben wir eine Vielzahl von Bewegungen gesehen, die sich nicht nur auf die Gravimetrischen Shift-Morphs konzentrieren, sondern auch auf andere gesellschaftliche Themen, die die intergalaktische Gemeinschaft betreffen. Diese Bewegungen sind oft miteinander verwoben und beeinflussen sich gegenseitig, was zu einer breiteren Solidarität und einem stärkeren kollektiven Handeln führt.

Theoretische Grundlagen

Die Entstehung neuer Bewegungen kann durch verschiedene theoretische Rahmenbedingungen erklärt werden. Eine der zentralen Theorien ist die *Ressourc mobilisierungstheorie*, die besagt, dass soziale Bewegungen Ressourcen benötigen, um erfolgreich zu sein. Diese Ressourcen können finanzieller, menschlicher oder symbolischer Natur sein. In Tylathar haben Aktivisten gelernt, Ressourcen effektiv zu mobilisieren, um ihre Ziele zu erreichen.

Ein weiteres wichtiges Konzept ist die *kollektive Identität*, die es Gruppen ermöglicht, sich als Einheit zu formieren und gemeinsame Ziele zu verfolgen. Zariel Vox und ihre Bewegung für Gravimetrische Shift-Morphs haben eine starke kollektive Identität geschaffen, die auf gemeinsamen Erfahrungen von Diskriminierung und Ungerechtigkeit basiert.

Herausforderungen und Probleme

Trotz der Erfolge, die viele neue Bewegungen erzielt haben, stehen sie auch vor erheblichen Herausforderungen. Eine der größten Hürden ist die *Repression durch die Behörden*. Bewegungen, die sich gegen das bestehende System wenden, sehen sich oft mit staatlicher Gewalt, Überwachung und rechtlichen Konsequenzen konfrontiert. In Tylathar wurden viele Aktivisten, darunter auch Zariel Vox, mit Gefängnisstrafen und anderen Formen der Einschüchterung konfrontiert.

Ein weiteres Problem ist die *Fragmentierung* innerhalb der Bewegung. Unterschiedliche Gruppen können unterschiedliche Prioritäten und Strategien haben, was zu internen Konflikten führen kann. Diese Fragmentierung kann die

Effektivität der Bewegung beeinträchtigen und die Mobilisierung der Gemeinschaft erschweren.

Beispiele für neue Bewegungen

Ein herausragendes Beispiel für die Entwicklung neuer Bewegungen ist die *Intergalaktische Allianz für soziale Gerechtigkeit*, die sich aus der Bewegung für Gravimetrische Shift-Morphs entwickelt hat. Diese Allianz vereint verschiedene Gruppen, die sich für eine Vielzahl von Themen einsetzen, darunter Umweltschutz, Gleichstellung der Geschlechter und intergalaktische Menschenrechte.

Ein weiteres Beispiel ist die *Bewegung für intergalaktische Bildung*, die sich auf die Verbesserung der Bildungssysteme in Tylathar konzentriert. Diese Bewegung hat sich aus den Erfahrungen von Aktivisten entwickelt, die erkannt haben, dass Bildung eine Schlüsselrolle im Aktivismus spielt und dass informierte Bürger effektiver für ihre Rechte kämpfen können.

Der Einfluss von Zariel Vox

Zariel Vox hat einen bedeutenden Einfluss auf die Entwicklung neuer Bewegungen gehabt. Ihre Philosophie des Widerstands und ihre Strategien zur Mobilisierung der Gemeinschaft haben viele inspiriert, sich für verschiedene soziale Gerechtigkeitsthemen einzusetzen. Sie hat Workshops und Seminare geleitet, um anderen Aktivisten zu helfen, ihre eigenen Bewegungen zu gründen und zu organisieren.

Ein Beispiel für Zariels Einfluss ist die *Aktion für intergalaktische Solidarität*, die sich für die Unterstützung von unterdrückten Gruppen in anderen Teilen der Galaxie einsetzt. Diese Bewegung hat sich stark auf Zariels Prinzipien der Solidarität und des kollektiven Handelns gestützt und hat bereits mehrere erfolgreiche Kampagnen gestartet.

Fazit

Die Entwicklung neuer Bewegungen ist ein kontinuierlicher Prozess, der durch die Herausforderungen und Erfolge von Aktivisten geprägt ist. In Tylathar hat die Bewegung für Gravimetrische Shift-Morphs den Weg für viele andere Bewegungen geebnet, die sich für soziale Gerechtigkeit einsetzen. Die Ideen und Strategien, die von Zariel Vox und anderen Aktivisten entwickelt wurden, werden weiterhin als Inspiration für zukünftige Generationen dienen, die sich für eine gerechtere und inklusivere Gesellschaft einsetzen.

Die Fähigkeit, sich an veränderte Umstände anzupassen und neue Allianzen zu bilden, wird entscheidend sein, um die Herausforderungen zu bewältigen, die auf die neuen Bewegungen zukommen. Die intergalaktische Gemeinschaft steht an einem Wendepunkt, und die Entwicklungen in Tylathar könnten weitreichende Auswirkungen auf die gesamte Galaxie haben.

Kritische Reflexion über den Aktivismus

Aktivismus ist ein dynamischer Prozess, der sich ständig weiterentwickelt und an die sozialen, politischen und kulturellen Kontexte anpasst, in denen er stattfindet. Die kritische Reflexion über den Aktivismus ist von zentraler Bedeutung, um die Wirksamkeit, die Herausforderungen und die ethischen Dimensionen des Engagements zu verstehen. In diesem Abschnitt werden wir verschiedene theoretische Ansätze und praktische Beispiele untersuchen, um die Komplexität des Aktivismus zu beleuchten.

Theoretische Grundlagen des Aktivismus

Die Theorie des Aktivismus kann durch verschiedene Perspektiven betrachtet werden. Eine der bekanntesten ist die **Critical Theory**, die von Denkern wie Theodor Adorno und Max Horkheimer geprägt wurde. Diese Theorie betont die Notwendigkeit, gesellschaftliche Strukturen zu hinterfragen und die Machtverhältnisse zu analysieren. In diesem Kontext wird Aktivismus als ein Mittel gesehen, um soziale Gerechtigkeit zu fördern und die Unterdrückung zu bekämpfen.

Ein weiterer wichtiger theoretischer Rahmen ist die **Theorie des sozialen Wandels**, die sich mit den Mechanismen beschäftigt, durch die gesellschaftliche Veränderungen herbeigeführt werden. Diese Theorie legt nahe, dass Aktivismus oft in drei Phasen verläuft: *Mobilisierung*, *Konsolidierung* und *Institutionalisierung*. Jede Phase bringt spezifische Herausforderungen und Chancen mit sich, die es zu bewältigen gilt.

Herausforderungen des Aktivismus

Trotz der positiven Absichten und der potenziellen Auswirkungen von Aktivismus gibt es zahlreiche Herausforderungen, die Aktivisten bewältigen müssen. Eine der größten Hürden ist die **Repression durch den Staat**. In vielen Ländern werden Aktivisten verfolgt, inhaftiert oder sogar getötet, um den Widerstand zu brechen. Dies führt zu einer Kultur der Angst, die die Mobilisierung und den Einsatz für soziale Gerechtigkeit behindern kann.

Ein weiteres Problem ist die **Fragmentierung der Bewegungen.** Oftmals entstehen innerhalb einer Bewegung verschiedene Fraktionen, die unterschiedliche Ziele und Strategien verfolgen. Diese Fragmentierung kann zu einem Verlust der gemeinsamen Identität und der Effektivität führen. Ein Beispiel hierfür ist die *Black Lives Matter*-Bewegung, die trotz ihrer globalen Reichweite mit internen Spannungen und unterschiedlichen Ansichten über die besten Strategien zur Bekämpfung von Rassismus konfrontiert ist.

Ethische Überlegungen

Die Ethik des Aktivismus ist ein weiterer wichtiger Aspekt, der oft übersehen wird. Aktivisten stehen häufig vor moralischen Dilemmata, die ihre Entscheidungen und Handlungen beeinflussen. Eine zentrale Frage ist, wie weit man gehen sollte, um seine Ziele zu erreichen. Der Einsatz von **zivilem Ungehorsam** kann in bestimmten Kontexten gerechtfertigt sein, birgt jedoch das Risiko, rechtliche Konsequenzen nach sich zu ziehen und das Vertrauen der Öffentlichkeit zu verlieren.

Ein Beispiel für diese ethischen Überlegungen ist die *Fridays for Future*-Bewegung, die Schüler und Studierende mobilisiert, um gegen die Untätigkeit der Regierungen im Klimaschutz zu protestieren. Während die Bewegung breite Unterstützung genießt, sehen einige Kritiker die Schulstreiks als unethisch an, da sie den Bildungsprozess der Teilnehmenden beeinträchtigen könnten.

Erfolgreiche Strategien und Lehren aus der Vergangenheit

Trotz der Herausforderungen gibt es zahlreiche Beispiele für erfolgreichen Aktivismus, die wertvolle Lektionen bieten. Eine der effektivsten Strategien ist die **Koalitionsbildung.** Bewegungen, die in der Lage sind, Allianzen mit anderen Gruppen zu schmieden, können ihre Reichweite und ihren Einfluss erheblich erweitern. Die *Women's March*-Bewegung ist ein hervorragendes Beispiel für eine erfolgreiche Koalitionsbildung, die verschiedene soziale Gerechtigkeitsanliegen vereint hat.

Ein weiteres Beispiel ist die *Umweltschutzbewegung,* die durch die Zusammenarbeit mit Wissenschaftlern, Politikern und der Zivilgesellschaft bedeutende Fortschritte erzielt hat. Diese interdisziplinäre Herangehensweise hat dazu beigetragen, das Bewusstsein für Umweltfragen zu schärfen und politische Maßnahmen zu fördern.

Zukunftsperspektiven des Aktivismus

Die Zukunft des Aktivismus wird stark von der Fähigkeit abhängen, sich an neue Technologien und Kommunikationsmittel anzupassen. Die Nutzung von sozialen Medien hat die Mobilisierung und Organisation von Bewegungen revolutioniert, birgt jedoch auch Risiken, wie die Verbreitung von Fehlinformationen und die Fragmentierung der Aufmerksamkeit.

Ein weiterer wichtiger Aspekt ist die **Intersektionalität**, die die Verknüpfung verschiedener Diskriminierungsformen betont. Aktivisten müssen zunehmend die Überschneidungen von Rasse, Geschlecht, Klasse und anderen Identitäten berücksichtigen, um effektive und gerechte Lösungen zu entwickeln.

Fazit

Die kritische Reflexion über den Aktivismus ist unerlässlich, um die Komplexität und die Herausforderungen des Engagements für soziale Gerechtigkeit zu verstehen. Durch das Studium der theoretischen Grundlagen, der Herausforderungen, ethischen Überlegungen und erfolgreichen Strategien können wir wertvolle Einsichten gewinnen, die uns helfen, die Zukunft des Aktivismus zu gestalten. Es ist wichtig, dass zukünftige Generationen aus den Erfahrungen der Vergangenheit lernen und weiterhin für eine gerechtere und gerechtere Gesellschaft kämpfen.

$$\text{Erfolg} = \frac{\text{Mobilisierung} \times \text{Koalitionsbildung}}{\text{Repression} + \text{Fragmentierung}} \quad (38)$$

Diese Gleichung verdeutlicht, dass der Erfolg von aktivistischen Bewegungen von der effektiven Mobilisierung und der Fähigkeit zur Koalitionsbildung abhängt, während Repression und Fragmentierung als hinderliche Faktoren wirken.

Die Zukunft des Bürgerrechtsaktivismus

Die Zukunft des Bürgerrechtsaktivismus wird durch eine Vielzahl von Faktoren beeinflusst, die sowohl Chancen als auch Herausforderungen mit sich bringen. In einer zunehmend vernetzten Welt, in der soziale Medien und digitale Plattformen eine zentrale Rolle spielen, ist es wichtig, die Dynamiken des Aktivismus im Kontext dieser Veränderungen zu betrachten.

Technologische Einflüsse

Die Digitalisierung hat die Art und Weise, wie Aktivisten mobilisieren und kommunizieren, revolutioniert. Plattformen wie Twitter, Facebook und Instagram ermöglichen es, Botschaften schnell und weitreichend zu verbreiten. Diese Technologien fördern nicht nur die Sichtbarkeit von Bewegungen, sondern ermöglichen auch eine sofortige Reaktion auf aktuelle Ereignisse. Ein Beispiel dafür ist die #BlackLivesMatter-Bewegung, die durch soziale Medien an Dynamik gewann und weltweit Unterstützung mobilisierte.

Die Herausforderungen, die mit dieser technologischen Entwicklung einhergehen, sind jedoch nicht zu vernachlässigen. Die Verbreitung von Fehlinformationen und die Zensur von Inhalten durch Plattformen können die Glaubwürdigkeit von Bewegungen untergraben. Zudem können Algorithmen, die Inhalte priorisieren, dazu führen, dass wichtige Themen in der öffentlichen Diskussion untergehen.

Intersektionalität im Aktivismus

Ein weiterer wichtiger Aspekt der Zukunft des Bürgerrechtsaktivismus ist die zunehmende Anerkennung von Intersektionalität. Aktivisten erkennen zunehmend, dass soziale Ungleichheiten nicht isoliert betrachtet werden können. Die Wechselwirkungen zwischen Rasse, Geschlecht, Sexualität und Klasse müssen in den Mittelpunkt der Aktivismusstrategien gerückt werden.

Beispielsweise hat die feministischen Bewegung, die sich traditionell auf Geschlechterfragen konzentrierte, begonnen, sich stärker mit Rassismus und anderen Formen der Diskriminierung auseinanderzusetzen. Diese intersektionale Herangehensweise ermöglicht es, ein umfassenderes Bild der gesellschaftlichen Ungerechtigkeiten zu zeichnen und breitere Allianzen zu schmieden.

Globale Perspektiven

Die Globalisierung hat den Bürgerrechtsaktivismus ebenfalls beeinflusst. Bewegungen in einem Land können schnell internationale Resonanz finden. Die Solidarität zwischen verschiedenen Bewegungen wird durch den Austausch von Ideen und Strategien gefördert. Ein Beispiel hierfür ist die Unterstützung für die Proteste in Hongkong, die weltweite Aufmerksamkeit und Solidarität hervorriefen.

Jedoch gibt es auch Herausforderungen in diesem globalen Kontext. Die unterschiedlichen kulturellen und politischen Rahmenbedingungen können die Übertragung von Strategien und Taktiken erschweren. Aktivisten müssen daher sensibel für die lokalen Gegebenheiten sein und ihre Ansätze entsprechend anpassen.

Rechtliche Rahmenbedingungen

Die rechtlichen Rahmenbedingungen für Aktivismus variieren stark von Land zu Land. In einigen Regionen gibt es fortschrittliche Gesetze, die das Recht auf Versammlungsfreiheit und Meinungsäußerung schützen, während in anderen Ländern repressivere Regime versuchen, den Aktivismus zu unterdrücken. Diese Unterschiede werden auch in der Zukunft des Bürgerrechtsaktivismus eine entscheidende Rolle spielen.

Aktivisten müssen sich auf rechtliche Herausforderungen einstellen und Strategien entwickeln, um sich gegen Repressionen zu wehren. Der Einsatz von internationalen Menschenrechtsmechanismen kann hierbei eine wichtige Rolle spielen.

Nachhaltigkeit und langfristige Strategien

Ein weiterer Aspekt, der in der Zukunft des Bürgerrechtsaktivismus berücksichtigt werden muss, ist die Frage der Nachhaltigkeit. Viele Bewegungen haben Schwierigkeiten, über kurzfristige Erfolge hinaus zu bestehen. Es ist entscheidend, langfristige Strategien zu entwickeln, die nicht nur auf akute Probleme reagieren, sondern auch strukturelle Veränderungen anstreben.

Die Entwicklung von Bildungsprogrammen, die Förderung von Gemeinschaftsorganisationen und die Schaffung von Netzwerken können dazu beitragen, die Widerstandsfähigkeit von Bewegungen zu stärken.

Fazit

Zusammenfassend lässt sich sagen, dass die Zukunft des Bürgerrechtsaktivismus von einer Vielzahl von Faktoren geprägt ist, die sowohl Chancen als auch Herausforderungen darstellen. Die Integration von Technologie, das Verständnis von Intersektionalität, die Berücksichtigung globaler Perspektiven, die rechtlichen Rahmenbedingungen und die Notwendigkeit nachhaltiger Strategien sind entscheidende Elemente, die den Aktivismus in den kommenden Jahren gestalten werden.

Die Fähigkeit der Aktivisten, sich an diese Veränderungen anzupassen und innovative Ansätze zu entwickeln, wird darüber entscheiden, wie effektiv sie gegen soziale Ungerechtigkeiten kämpfen können. In Anbetracht der fortwährenden Herausforderungen, mit denen die Gesellschaft konfrontiert ist, bleibt der

Bürgerrechtsaktivismus ein unverzichtbarer Bestandteil des Kampfes für Gerechtigkeit und Gleichheit.

$$\text{Aktivismus}_{\text{Zukunft}} = f(\text{Technologie, Intersektionalität, Globalisierung, Recht, Nachhaltigl}$$
$$(39)$$

Fazit und Ausblick

Zusammenfassung der wichtigsten Erkenntnisse

Die Bedeutung von Zariel Vox für Tylathar

Zariel Vox ist nicht nur ein Name, sondern ein Symbol des Widerstands und der Hoffnung für die Bürger von Tylathar. Seine Rolle als Bürgerrechtsaktivist hat nicht nur die Wahrnehmung der Gravimetrischen Shift-Morphs revolutioniert, sondern auch das gesamte soziale und politische Gefüge der Gesellschaft beeinflusst. In diesem Abschnitt werden wir die vielfältigen Dimensionen von Zariels Einfluss auf Tylathar untersuchen, einschließlich seiner Visionen, Strategien und der tiefgreifenden Veränderungen, die er herbeigeführt hat.

Einführung in Zariels Einfluss

Zariel Vox trat in einer Zeit auf, in der Tylathar von politischer Unterdrückung und sozialer Ungerechtigkeit geprägt war. Die Gravimetrischen Shift-Morphs, die von der Regierung als Bedrohung angesehen wurden, waren ein zentrales Thema in Zariels Aktivismus. Er erkannte, dass das Verbot dieser Technologie nicht nur eine Einschränkung der individuellen Freiheit darstellte, sondern auch die Möglichkeiten für Fortschritt und Innovation in Tylathar erheblich einschränkte.

Theoretische Grundlagen des Aktivismus

Zariel Voxs Ansatz zum Aktivismus ist tief in der Theorie des sozialen Wandels verwurzelt. Er bezieht sich auf die Prinzipien von *Zivilgesellschaft* und *kollektiver Aktion*, die in der Literatur als entscheidend für den Erfolg von Bewegungen angesehen werden. Laut [?] ist die Mobilisierung von Ressourcen und die Schaffung von Netzwerken entscheidend für die Bildung einer effektiven

Bewegung. Zariel verstand dies und nutzte seine Fähigkeiten, um eine breite Basis von Unterstützern zu gewinnen.

Probleme und Herausforderungen

Trotz seines Engagements sah sich Zariel mit zahlreichen Herausforderungen konfrontiert. Die Repression durch die Regierung war eine ständige Bedrohung. Die Behörden setzten Gewalt und Einschüchterung ein, um den Widerstand zu brechen. Ein Beispiel hierfür war die gewaltsame Auflösung einer Demonstration, bei der Zariel und viele seiner Anhänger festgenommen wurden. Diese Erfahrungen führten zu einer verstärkten Solidarität innerhalb der Bewegung, da die Gemeinschaft zusammenkam, um die Ungerechtigkeit zu bekämpfen.

Erfolge und Errungenschaften

Zariels unermüdlicher Einsatz führte zu bemerkenswerten Erfolgen. Die erste große Demonstration, die er organisierte, zog Tausende von Menschen an und erregte landesweite Aufmerksamkeit. Die Medienberichterstattung über die Veranstaltung trug dazu bei, das Bewusstsein für die Probleme der Gravimetrischen Shift-Morphs zu schärfen und die öffentliche Meinung zu beeinflussen. Diese Erfolge sind nicht nur für Zariel, sondern auch für die gesamte Bewegung von Bedeutung, da sie den Grundstein für zukünftige Erfolge legten.

Langfristige Auswirkungen auf Tylathar

Die Auswirkungen von Zariel Voxs Aktivismus sind auch langfristig spürbar. Seine Bemühungen haben nicht nur das Bewusstsein für die Rechte der Gravimetrischen Shift-Morphs geschärft, sondern auch das Verständnis für Bürgerrechte im Allgemeinen in Tylathar gefördert. Die Bewegung, die er ins Leben gerufen hat, hat viele junge Aktivisten inspiriert, sich für Gerechtigkeit und Gleichheit einzusetzen.

Fazit

Zusammenfassend lässt sich sagen, dass Zariel Vox eine zentrale Figur in der Geschichte Tylathars ist. Sein Einfluss reicht weit über die Grenzen des Aktivismus hinaus und hat eine neue Ära des Bewusstseins und der Mobilisierung in der Gesellschaft eingeleitet. Die Bedeutung von Zariel Vox für Tylathar ist unbestreitbar und wird in den kommenden Jahren weiterhin eine Quelle der Inspiration und des Wandels sein.

Lektionen aus der Biografie

Die Biografie von Zariel Vox bietet nicht nur einen tiefen Einblick in die Herausforderungen und Erfolge eines außergewöhnlichen Bürgerrechtsaktivisten, sondern sie vermittelt auch wertvolle Lektionen, die für zukünftige Generationen von Bedeutung sind. In diesem Abschnitt werden die zentralen Erkenntnisse aus Zariels Leben und Aktivismus zusammengefasst und analysiert. Diese Lektionen sind nicht nur für die Bewohner von Tylathar relevant, sondern auch für alle, die sich für soziale Gerechtigkeit und Bürgerrechte einsetzen.

1. Die Kraft der Gemeinschaft

Eine der grundlegendsten Lektionen aus Zariels Biografie ist die Bedeutung der Gemeinschaft im Aktivismus. Zariel erkannte früh, dass individuelle Bemühungen allein nicht ausreichen, um tief verwurzelte Ungerechtigkeiten zu bekämpfen. Die Gründung der Bewegung für Gravimetrische Shift-Morphs war ein kollektiver Akt, der Menschen aus verschiedenen sozialen Schichten zusammenbrachte. Durch die Mobilisierung der Gemeinschaft konnte Zariel eine breite Unterstützung gewinnen, die es ihm ermöglichte, gegen das Verbot der Gravimetrischen Shift-Morphs zu kämpfen.

Die Theorie der sozialen Bewegungen, insbesondere die von Charles Tilly, betont, dass erfolgreiche Bewegungen oft auf Netzwerken und sozialen Beziehungen beruhen. Diese Netzwerke sind entscheidend für die Mobilisierung von Ressourcen, die Verbreitung von Informationen und die Schaffung eines kollektiven Identitätsgefühls. Zariels Fähigkeit, eine diverse Gruppe von Unterstützern zu vereinen, zeigt, dass die kollektive Stimme stärker ist als die individuelle.

2. Resilienz und Durchhaltevermögen

Zariels Lebensgeschichte ist ein Beispiel für Resilienz und Durchhaltevermögen inmitten von Widrigkeiten. Trotz zahlreicher Rückschläge, einschließlich Repressionen durch die Behörden und persönlicher Verluste, gab Zariel nie auf. Diese Resilienz ist eine zentrale Lektion für alle Aktivisten: Der Weg zur Gerechtigkeit ist oft steinig und voller Hindernisse, aber es ist die Entschlossenheit, die letztendlich den Unterschied macht.

Die Psychologie der Resilienz, wie sie von Forschern wie Ann Masten beschrieben wird, zeigt, dass Resilienz nicht nur eine angeborene Eigenschaft ist, sondern auch erlernt und kultiviert werden kann. Zariel entwickelte Strategien zur Stressbewältigung und suchte Unterstützung bei Freunden und Mentoren, was ihm half, in schwierigen Zeiten standhaft zu bleiben. Diese Lektion ermutigt zukünftige Aktivisten, auf ihre innere Stärke zu vertrauen und sich nicht von Rückschlägen entmutigen zu lassen.

3. Die Bedeutung von Bildung

Ein weiterer zentraler Aspekt von Zariels Aktivismus war die Rolle der Bildung. Zariel glaubte fest daran, dass Bildung der Schlüssel zur Befreiung ist. Er setzte sich dafür ein, das Bewusstsein über die Gravimetrischen Shift-Morphs und deren Bedeutung für die Gesellschaft zu schärfen. Durch Informationsveranstaltungen, Workshops und die Nutzung sozialer Medien konnte er Wissen verbreiten und das Interesse an der Bewegung fördern.

Die Bildungstheorie, wie sie von Paulo Freire formuliert wurde, betont die Notwendigkeit einer kritischen Bildung, die es den Menschen ermöglicht, ihre Realität zu hinterfragen und aktiv zu verändern. Zariels Ansatz, Bildung als Werkzeug des Wandels zu nutzen, ist eine wichtige Lektion für alle, die im Aktivismus tätig sind. Es zeigt, dass informierte Bürger die Macht haben, Veränderungen herbeizuführen.

4. Kreativität als Widerstandsform

Zariel verstand, dass Kreativität eine mächtige Waffe im Aktivismus sein kann. Er nutzte Kunst, Musik und Performances, um die Botschaft seiner Bewegung zu verbreiten und ein breiteres Publikum zu erreichen. Diese kreativen Ausdrucksformen halfen nicht nur, Aufmerksamkeit zu erregen, sondern schufen auch emotionale Verbindungen zu den Menschen.

Die Theorie der kulturellen Hegemonie von Antonio Gramsci legt nahe, dass Kultur und Kreativität entscheidend sind, um die öffentliche Meinung zu beeinflussen. Zariels Einsatz von Kunst als Mittel des Widerstands zeigt, dass kreative Ansätze nicht nur inspirierend sind, sondern auch strategisch effektiv sein können. Diese Lektion ermutigt Aktivisten, innovative Wege zu finden, um ihre Botschaften zu kommunizieren und Unterstützung zu gewinnen.

5. Die Rolle der Hoffnung

Schließlich lehrt uns Zariels Biografie die Bedeutung der Hoffnung im Aktivismus. Trotz der Herausforderungen, mit denen er konfrontiert war, behielt Zariel stets die Vision einer gerechteren Gesellschaft im Blick. Diese Hoffnung war nicht nur eine persönliche Überzeugung, sondern auch ein Katalysator für den Widerstand. Sie motivierte ihn und seine Mitstreiter, weiterzukämpfen und nicht aufzugeben.

Die Psychologie der Hoffnung, wie sie von C.R. Snyder beschrieben wird, zeigt, dass Hoffnung einen direkten Einfluss auf das Engagement und die Ausdauer hat. Zariels Fähigkeit, Hoffnung zu verbreiten und andere zu inspirieren, ist eine wertvolle Lektion für zukünftige Aktivisten. Sie erinnert uns daran, dass die Vorstellung einer besseren Zukunft eine treibende Kraft für Veränderungen sein kann.

Schlussfolgerung

Die Lektionen aus der Biografie von Zariel Vox sind vielfältig und weitreichend. Sie bieten nicht nur Einblicke in die Mechanismen des Aktivismus, sondern auch in die menschliche Natur und die Kraft des kollektiven Handelns. Indem wir diese Lektionen annehmen und in unsere eigenen Bemühungen integrieren, können wir einen bedeutenden Beitrag zu einer gerechteren und inklusiveren Gesellschaft leisten. Zariels Vermächtnis lehrt uns, dass der Kampf für Gerechtigkeit nie endet, sondern eine kontinuierliche Reise ist, die von Hoffnung, Gemeinschaft und der unerschütterlichen Überzeugung getragen wird, dass Veränderung möglich ist.

Der fortwährende Kampf für Gerechtigkeit

Der Kampf für Gerechtigkeit ist eine dynamische und sich ständig weiterentwickelnde Herausforderung, die in der Geschichte der Menschheit tief verwurzelt ist. In Tylathar, wie in vielen anderen Gesellschaften, ist dieser Kampf von verschiedenen Theorien, sozialen Bewegungen und individuellen Geschichten geprägt. Die Auseinandersetzung um die Gravimetrischen Shift-Morphs und deren Verbot ist nicht nur ein spezifisches Beispiel für Bürgerrechtsaktivismus, sondern spiegelt auch die universellen Probleme wider, mit denen Aktivisten konfrontiert sind.

Theoretische Grundlagen

Die theoretischen Grundlagen des Aktivismus basieren oft auf der sozialen Gerechtigkeitstheorie, die besagt, dass Gerechtigkeit nicht nur die Abwesenheit von Ungerechtigkeit, sondern auch die aktive Schaffung von Bedingungen für Gleichheit und Chancengleichheit umfasst. Diese Theorie wird von verschiedenen Philosophen unterstützt, darunter John Rawls, der in seinem Werk *A Theory of Justice* die Prinzipien der Gerechtigkeit formuliert, die für alle Menschen gelten sollten.

Eine zentrale Gleichung, die oft in der Diskussion um soziale Gerechtigkeit herangezogen wird, ist die von Rawls formulierte Gleichung:

$$J = \sum_{i=1}^{n} \left(\frac{x_i}{n} \right) \tag{40}$$

wobei J die Gerechtigkeit, x_i die Ressourcen oder Chancen für Individuen und n die Anzahl der Individuen in der Gesellschaft darstellt. Diese Gleichung verdeutlicht, dass Gerechtigkeit eine kollektive Verantwortung ist, die die Verteilung von Ressourcen und Chancen in einer Gemeinschaft betrifft.

Herausforderungen im Aktivismus

Der Aktivismus in Tylathar, insbesondere der Widerstand gegen das Verbot der Gravimetrischen Shift-Morphs, steht vor mehreren Herausforderungen. Eine der größten Hürden ist die Repression durch die Behörden. Die Polizei und andere staatliche Institutionen nutzen oft Einschüchterungstaktiken, um Aktivisten zum Schweigen zu bringen. Dies führt nicht nur zu einer Erhöhung der psychologischen Belastung für die Aktivisten, sondern auch zu einem Rückgang der Mobilisierung und des öffentlichen Interesses.

Ein Beispiel für solche Repression ist der Fall von Zariel Vox, der mehrfach verhaftet wurde, während er friedliche Proteste organisierte. Diese Erfahrungen verdeutlichen die Gefahren, denen Aktivisten ausgesetzt sind, und die Notwendigkeit, Strategien zur Bewältigung von Stress und Trauma zu entwickeln.

Solidarität und Unterstützung

Trotz dieser Herausforderungen bleibt der Kampf für Gerechtigkeit lebendig und dynamisch. Die Solidarität innerhalb der Gemeinschaft spielt eine entscheidende Rolle. Die Mobilisierung von Unterstützern, sowohl lokal als auch international, hat in der Vergangenheit gezeigt, dass gemeinschaftlicher Druck Veränderungen bewirken kann. Die Nutzung sozialer Medien hat es Aktivisten ermöglicht, ihre Botschaften weitreichend zu verbreiten und eine breitere Unterstützung zu gewinnen.

Ein Beispiel für erfolgreiche Solidarität ist die internationale Kampagne, die nach Zariels Verhaftung gestartet wurde. Aktivisten aus verschiedenen Teilen der Galaxie schlossen sich zusammen, um Druck auf die Tylathar-Regierung auszuüben, was schließlich zu Zariels Freilassung und einer Neubewertung des Verbots führte.

Langfristige Perspektiven

Der fortwährende Kampf für Gerechtigkeit erfordert auch eine langfristige Perspektive. Es ist wichtig, dass Aktivisten nicht nur auf kurzfristige Erfolge abzielen, sondern auch auf strukturelle Veränderungen in der Gesellschaft hinarbeiten. Die Philosophie des Widerstands sollte sich nicht nur auf die Bekämpfung von Ungerechtigkeiten konzentrieren, sondern auch auf die Schaffung von Alternativen und neuen Visionen für die Zukunft.

Die Vision von Zariel Vox für eine gerechtere Gesellschaft umfasst die Integration von Bildung, Kunst und Kultur in den Aktivismus. Diese Elemente sind entscheidend, um ein Bewusstsein für soziale Gerechtigkeit zu schaffen und eine nachhaltige Bewegung zu fördern.

Schlussfolgerung

Zusammenfassend lässt sich sagen, dass der fortwährende Kampf für Gerechtigkeit in Tylathar ein komplexes Zusammenspiel von Theorien, Herausforderungen und solidarischen Aktionen ist. Die Geschichte von Zariel Vox und die Bewegung für Gravimetrische Shift-Morphs sind nur ein Teil eines viel größeren Bildes, das die universelle Suche nach Gerechtigkeit und Gleichheit umfasst. Der Aktivismus erfordert sowohl Mut als auch Kreativität, um die bestehenden Strukturen zu hinterfragen und neue Wege zu finden, um für eine gerechtere Zukunft zu kämpfen. Der Weg ist lang und oft steinig, aber die Vision einer gerechten Gesellschaft bleibt ein kraftvoller Antrieb für alle, die sich für Veränderung einsetzen.

Anregungen für zukünftige Generationen

Die Biografie von Zariel Vox bietet nicht nur Einblicke in die Herausforderungen und Erfolge eines Bürgerrechtsaktivisten, sondern auch wertvolle Anregungen für zukünftige Generationen von Aktivisten. In einer Welt, die von sozialen Ungleichheiten und politischen Spannungen geprägt ist, ist es entscheidend, dass junge Menschen inspiriert werden, sich für ihre Überzeugungen einzusetzen und aktiv zu werden. Im Folgenden werden einige zentrale Anregungen und Strategien vorgestellt, die zukünftige Generationen in ihrem Engagement für soziale Gerechtigkeit leiten können.

1. Bildung als Grundlage

Eine der wichtigsten Lektionen aus Zariels Leben ist die Bedeutung von Bildung. Bildung ist nicht nur ein Werkzeug zur persönlichen Entwicklung, sondern auch ein Mittel zur Ermächtigung. Zariel erkannte früh, dass Wissen Macht ist und dass Bildung die Grundlage für kritisches Denken und informierte Entscheidungen bildet. Zukünftige Aktivisten sollten ermutigt werden, sich kontinuierlich weiterzubilden, sei es durch formale Bildungseinrichtungen oder durch informelle Lernmöglichkeiten wie Workshops, Seminare und Online-Kurse.

2. Gemeinschaftsbildung und Netzwerke

Zariels Fähigkeit, eine Gemeinschaft um sich zu versammeln und zu mobilisieren, war entscheidend für den Erfolg seiner Bewegung. Zukünftige Generationen sollten lernen, wie wichtig es ist, Netzwerke zu bilden und Gemeinschaften zu schaffen, die auf gemeinsamen Werten und Zielen basieren. Die Förderung von Solidarität und Zusammenarbeit kann den Unterschied zwischen Erfolg und Misserfolg eines Aktivismus ausmachen. Es ist wichtig, dass junge Menschen die Bedeutung von Teamarbeit und gegenseitiger Unterstützung erkennen.

3. Nutzung von Technologie und sozialen Medien

In der heutigen digitalen Ära ist die Nutzung von Technologie und sozialen Medien unerlässlich für jeden Aktivismus. Zariel Vox und seine Bewegung haben gezeigt, wie soziale Medien als Plattform zur Verbreitung von Informationen und zur Mobilisierung von Unterstützern dienen können. Zukünftige Aktivisten sollten geschult werden, wie sie digitale Werkzeuge effektiv nutzen können, um ihre Botschaften zu verbreiten, Kampagnen zu organisieren und ein breiteres Publikum zu erreichen. Die Fähigkeit, in der digitalen Welt zu navigieren, ist entscheidend für die Sichtbarkeit und den Einfluss eines Aktivismus.

4. Resilienz und Selbstfürsorge

Aktivismus kann emotional und physisch belastend sein. Zariel musste viele Rückschläge und Herausforderungen überwinden, und es ist wichtig, dass zukünftige Generationen lernen, wie sie mit Stress und Druck umgehen können. Resilienz ist eine Schlüsselkompetenz, die entwickelt werden muss, um im Angesicht von Widrigkeiten standhaft zu bleiben. Selbstfürsorge sollte ein zentraler Bestandteil jeder Aktivismusstrategie sein, um Burnout zu vermeiden und die eigene Gesundheit zu erhalten. Zukünftige Aktivisten sollten sich bewusst Zeit für sich selbst nehmen, um sich zu regenerieren und ihre Energie aufzuladen.

5. Kreativität und Innovation

Zariel Vox zeigte, dass Kreativität eine mächtige Waffe im Kampf für soziale Gerechtigkeit sein kann. Zukünftige Generationen sollten ermutigt werden, kreative Ansätze zu entwickeln, um auf Probleme aufmerksam zu machen und Lösungen zu finden. Kunst, Musik, Theater und andere kreative Ausdrucksformen können starke Mittel sein, um Botschaften zu verbreiten und das Bewusstsein zu schärfen. Innovative Ideen und unkonventionelle Methoden können oft die Aufmerksamkeit auf sich ziehen und eine breitere Unterstützung mobilisieren.

6. Langfristige Visionen und Geduld

Der Weg zur sozialen Gerechtigkeit ist oft lang und voller Hürden. Zariel Vox hatte eine klare Vision für die Zukunft und war bereit, die Zeit und Mühe zu investieren, um diese Vision zu verwirklichen. Zukünftige Generationen sollten lernen, dass Geduld und Ausdauer wesentliche Eigenschaften eines erfolgreichen Aktivisten sind. Es ist wichtig, langfristige Ziele zu setzen und sich nicht von kurzfristigen Rückschlägen entmutigen zu lassen. Der Glaube an eine bessere Zukunft kann als Antrieb dienen, um weiterzumachen, auch wenn der Fortschritt langsam erscheint.

7. Interkulturelle Zusammenarbeit

In einer zunehmend globalisierten Welt ist es wichtig, dass zukünftige Aktivisten die Bedeutung interkultureller Zusammenarbeit erkennen. Zariel Vox arbeitete nicht nur innerhalb seiner eigenen Gemeinschaft, sondern suchte auch den Austausch mit anderen Bewegungen und Kulturen. Zukünftige Generationen sollten ermutigt werden, internationale Perspektiven zu berücksichtigen und von den Erfahrungen anderer zu lernen. Der Austausch von Ideen und Strategien über kulturelle Grenzen hinweg kann zu innovativen Lösungen und einem stärkeren globalen Aktivismus führen.

8. Kritisches Denken und Reflexion

Schließlich ist es entscheidend, dass zukünftige Generationen die Fähigkeit zum kritischen Denken entwickeln. Zariel Vox stellte oft bestehende Systeme und Normen in Frage und ermutigte andere, dasselbe zu tun. Die Fähigkeit, kritisch zu reflektieren und die eigenen Überzeugungen zu hinterfragen, ist entscheidend für das Wachstum und die Entwicklung als Aktivist. Zukünftige Generationen sollten dazu angeregt werden, ihre eigenen Werte und Ansichten zu erforschen und sich mit unterschiedlichen Perspektiven auseinanderzusetzen.

Insgesamt bietet die Biografie von Zariel Vox nicht nur eine inspirierende Geschichte, sondern auch eine wertvolle Anleitung für zukünftige Generationen von Aktivisten. Indem sie die oben genannten Anregungen berücksichtigen, können junge Menschen besser gerüstet werden, um den Herausforderungen des Aktivismus zu begegnen und einen nachhaltigen Einfluss auf ihre Gemeinschaften und darüber hinaus auszuüben. Die Zukunft des Bürgerrechtsaktivismus liegt in den Händen der kommenden Generationen, und es liegt an ihnen, das Erbe von Zariel Vox weiterzuführen und für eine gerechtere Welt zu kämpfen.

Der Einfluss des Aktivismus auf die Gesellschaft

Aktivismus hat seit jeher eine bedeutende Rolle in der Formung der Gesellschaft gespielt. In der Welt von Tylathar, wo die Gravimetrischen Shift-Morphs nicht nur eine technologische Errungenschaft, sondern auch ein Symbol für Freiheit und Gleichheit sind, hat der Aktivismus von Zariel Vox und seiner Bewegung tiefgreifende Auswirkungen auf die soziale, politische und kulturelle Landschaft. Diese Auswirkungen sind nicht nur auf Tylathar beschränkt, sondern haben auch intergalaktische Resonanz gefunden.

Theoretische Grundlagen

Die Wirkung von Aktivismus kann durch verschiedene theoretische Ansätze erklärt werden. Der **kollektive Handlungsrahmen** (Collective Action Framework) von Charles Tilly und die **Theorie der sozialen Bewegungen** (Social Movement Theory) bieten einen nützlichen Kontext, um zu verstehen, wie und warum Aktivismus Veränderungen bewirken kann. Tilly argumentiert, dass soziale Bewegungen durch kollektive Identitäten und gemeinsame Ziele motiviert werden, die es den Individuen ermöglichen, sich zusammenzuschließen und für Veränderungen zu kämpfen. Diese kollektive Identität fördert nicht nur den Zusammenhalt, sondern auch das Engagement für die Sache.

Ein weiterer wichtiger theoretischer Beitrag ist die **Ressourcentheorie**, die besagt, dass der Zugang zu Ressourcen – sei es finanzieller, menschlicher oder symbolischer Art – entscheidend für den Erfolg von sozialen Bewegungen ist. In Tylathar mobilisierte Zariel Vox Ressourcen in Form von Wissen, Netzwerken und Unterstützung durch internationale Organisationen, um den Widerstand gegen das Verbot der Gravimetrischen Shift-Morphs zu stärken.

Probleme und Herausforderungen

Trotz der positiven Auswirkungen des Aktivismus stehen Bewegungen oft vor erheblichen Herausforderungen. In Tylathar war die Repression durch die Regierung ein ständiges Problem. Die Behörden versuchten, den Widerstand zu unterdrücken, indem sie Gesetze erließen, die die Versammlungsfreiheit einschränkten und die Nutzung von sozialen Medien regulierten. Diese Strategien führten zu einem Klima der Angst, in dem Aktivisten oft mit Verhaftungen, Einschüchterungen und sogar Gewalt konfrontiert wurden.

Ein Beispiel für solche Repression war die **Operation Dunkelheit**, bei der zahlreiche Aktivisten festgenommen wurden, um die Bewegung zu destabilisieren. Zariel Vox und ihre Mitstreiter mussten kreative Wege finden, um Informationen zu verbreiten und die Öffentlichkeit zu mobilisieren, ohne dabei die Aufmerksamkeit der Behörden auf sich zu ziehen. Diese Herausforderungen verdeutlichen, dass Aktivismus nicht nur ein Kampf für Gerechtigkeit ist, sondern auch ein strategisches Spiel, das ständige Anpassungen erfordert.

Positive Veränderungen in der Gesellschaft

Trotz der Hindernisse hat der Aktivismus von Zariel Vox signifikante positive Veränderungen in der Gesellschaft bewirkt. Eine der bemerkenswertesten Errungenschaften war die **Änderung der öffentlichen Wahrnehmung** gegenüber den Gravimetrischen Shift-Morphs. Durch gezielte Kampagnen und die Nutzung von sozialen Medien gelang es der Bewegung, das Bewusstsein für die Vorteile dieser Technologie zu schärfen. Die Menschen begannen, die Gravimetrischen Shift-Morphs nicht mehr als Bedrohung, sondern als Chance für eine nachhaltige Entwicklung zu betrachten.

Ein weiteres Beispiel ist die **Einführung neuer Gesetze**, die den Zugang zu und die Nutzung von Gravimetrischen Shift-Morphs regulieren. Diese Gesetze wurden nicht nur als Reaktion auf den Druck der Bewegung verabschiedet, sondern auch als Ergebnis eines tiefgreifenden Wandels in der politischen Landschaft von Tylathar. Die Regierung sah sich gezwungen, die Stimmen der Bürger zu hören und auf die Forderungen nach Gerechtigkeit und Gleichheit einzugehen.

Langfristige Auswirkungen auf die intergalaktische Gemeinschaft

Der Einfluss des Aktivismus von Zariel Vox erstreckt sich über die Grenzen von Tylathar hinaus und hat die intergalaktische Gemeinschaft beeinflusst. Die Bewegung hat als Vorbild für andere Aktivisten auf verschiedenen Planeten gedient, die ähnliche Kämpfe führen. Die **Intergalaktische Konferenz für Bürgerrechte**, die nach den Erfolgen in Tylathar ins Leben gerufen wurde, bringt Aktivisten aus verschiedenen Welten zusammen, um Strategien auszutauschen und sich gegenseitig zu unterstützen.

$$I = \int_{t_0}^{t_1} f(t)dt \tag{41}$$

Hierbei steht I für den Einfluss des Aktivismus über die Zeit, während $f(t)$ die Funktion darstellt, die die gesellschaftlichen Veränderungen in Abhängigkeit von der Zeit beschreibt. Diese Gleichung verdeutlicht, dass der Einfluss des Aktivismus nicht statisch ist, sondern sich dynamisch entwickelt und durch verschiedene Faktoren beeinflusst wird.

Schlussfolgerung

Zusammenfassend lässt sich sagen, dass der Aktivismus von Zariel Vox und ihrer Bewegung nicht nur direkte Auswirkungen auf die Gesellschaft von Tylathar hatte, sondern auch als Katalysator für Veränderungen in der intergalaktischen Gemeinschaft fungierte. Die Herausforderungen, die sie überwinden mussten, und die Erfolge, die sie erzielten, sind ein Beweis für die Kraft des Engagements und der Solidarität. Der Einfluss des Aktivismus auf die Gesellschaft ist ein dynamischer Prozess, der sowohl lokale als auch globale Dimensionen umfasst und auch in Zukunft eine entscheidende Rolle bei der Schaffung einer gerechteren und gleichberechtigteren Welt spielen wird.

Abschließende Gedanken zu Zariels Vermächtnis

Zariel Vox hat mit ihrem Engagement und ihrer unermüdlichen Arbeit für die Rechte der Gravimetrischen Shift-Morphs in Tylathar ein bleibendes Vermächtnis hinterlassen, das weit über ihre Lebenszeit hinausreicht. Ihr Einfluss ist nicht nur in den Veränderungen innerhalb der Gesellschaft von Tylathar spürbar, sondern hat auch eine intergalaktische Dimension angenommen, die andere Welten und Kulturen inspiriert hat. In dieser abschließenden Betrachtung wollen wir die verschiedenen Aspekte ihres Vermächtnisses beleuchten und die Lehren, die wir aus ihrem Leben und ihrer Arbeit ziehen können, zusammenfassen.

Einfluss auf die Gesellschaft von Tylathar

Zariels Aktivismus führte zu einer grundlegenden Neubewertung der Rechte und Freiheiten der Gravimetrischen Shift-Morphs. Vor ihrem Engagement war diese Gruppe oft marginalisiert und diskriminiert. Durch ihre Bemühungen wurde ein Bewusstsein für die Ungerechtigkeiten geschaffen, die diesen Wesen widerfahren sind. Die Einführung von Gesetzen, die die Rechte der Gravimetrischen Shift-Morphs schützen, ist ein direktes Ergebnis ihrer Arbeit. Diese gesetzlichen Änderungen sind nicht nur ein Sieg für die Bewegung, sondern auch ein Zeichen für den Fortschritt und die Entwicklung der Gesellschaft Tylathars.

$$R = \frac{V}{I} \tag{42}$$

wobei R der Widerstand, V die Spannung und I der Strom ist. Diese Gleichung kann metaphorisch für Zariels Widerstand gegen die Ungerechtigkeiten gesehen werden, die sie in ihrer Gesellschaft wahrnahm. Sie war bereit, den Strom des Widerstands zu leiten, um die Spannung der Ungerechtigkeit zu verringern und letztlich den Widerstand gegen die Unterdrückung zu erhöhen.

Inspiration für zukünftige Generationen

Zariels Vermächtnis inspiriert nicht nur die Menschen in Tylathar, sondern auch Aktivisten auf anderen Planeten. Ihre Philosophie des Widerstands, die auf Solidarität, Bildung und Hoffnung basiert, bietet ein Modell für den Aktivismus in verschiedenen Kontexten. Die Prinzipien, die sie verkörperte, sind universell und können auf viele andere Bewegungen angewendet werden, die sich für soziale Gerechtigkeit einsetzen.

Ein bemerkenswertes Beispiel ist die Art und Weise, wie Zariel die Kraft der sozialen Medien nutzte, um ihre Botschaft zu verbreiten. Ihre Kampagnen erreichten nicht nur lokale Gemeinschaften, sondern auch internationale Plattformen. Dies zeigt, wie wichtig es ist, moderne Technologien im Aktivismus zu integrieren, um eine breitere Öffentlichkeit zu erreichen und Unterstützung zu mobilisieren.

Reflexion über die Herausforderungen des Aktivismus

Zariels Weg war jedoch nicht ohne Herausforderungen. Ihr Leben war geprägt von Repression, persönlichen Verlusten und psychologischem Druck. Diese Erfahrungen verdeutlichen, dass der Kampf für Gerechtigkeit oft mit erheblichen persönlichen Kosten verbunden ist. Zariel selbst sagte einmal: „Der Weg zur

Gerechtigkeit ist steinig, aber jeder Schritt lohnt sich, wenn wir für eine bessere Zukunft kämpfen." Diese Aussage fasst die Essenz ihres Engagements zusammen und dient als Erinnerung an die Schwierigkeiten, die Aktivisten oft überwinden müssen.

Langfristige Auswirkungen und die Zukunft des Aktivismus

Die langfristigen Auswirkungen von Zariels Arbeit sind in der Entwicklung neuer Bewegungen und der Veränderung der öffentlichen Meinung über die Rechte der Gravimetrischen Shift-Morphs zu erkennen. Die von ihr gegründete Bewegung hat nicht nur in Tylathar, sondern auch in anderen Teilen des Universums an Bedeutung gewonnen. Es ist zu erwarten, dass die Prinzipien, die Zariel vertrat, in zukünftige Kämpfe für soziale Gerechtigkeit integriert werden.

Die Herausforderungen, vor denen Aktivisten heute stehen, sind vielfältig. Der technologische Fortschritt bringt sowohl Chancen als auch Risiken mit sich. Während soziale Medien eine Plattform für den Austausch von Ideen und Mobilisierung bieten, können sie auch zur Verbreitung von Fehlinformationen und zur Spaltung innerhalb von Bewegungen führen. Zariels Vermächtnis erinnert uns daran, dass es wichtig ist, kritisch zu bleiben und die ethischen Implikationen unserer Methoden zu berücksichtigen.

Zusammenfassung

Zusammenfassend lässt sich sagen, dass Zariel Vox nicht nur eine Aktivistin war, sondern ein Symbol für den unermüdlichen Kampf um Gerechtigkeit und Gleichheit. Ihr Vermächtnis wird weiterhin Generationen von Aktivisten inspirieren und die Diskussion über Bürgerrechte und soziale Gerechtigkeit in Tylathar und darüber hinaus anregen. Die Herausforderungen, die sie überwunden hat, und die Erfolge, die sie erzielt hat, sind ein kraftvolles Zeugnis für die Fähigkeit des Einzelnen, Veränderung zu bewirken. In einer Zeit, in der die Welt mit vielen Herausforderungen konfrontiert ist, bleibt Zariels Botschaft relevant: Der Kampf für Gerechtigkeit ist ein kollektiver Prozess, der Mut, Entschlossenheit und vor allem Solidarität erfordert.

Die Rolle von Bürgerrechtsaktivismus in der Zukunft

Der Bürgerrechtsaktivismus hat sich im Laufe der Geschichte als ein entscheidender Motor für sozialen Wandel und Gerechtigkeit erwiesen. In der Zukunft wird seine Rolle nicht nur fortbestehen, sondern sich auch weiterentwickeln müssen, um den Herausforderungen einer sich schnell verändernden Welt gerecht zu werden. Diese

Herausforderungen sind vielfältig und reichen von technologischen Entwicklungen über soziale Ungleichheiten bis hin zu globalen Krisen wie dem Klimawandel.

Technologische Entwicklungen und Aktivismus

Mit dem Aufkommen neuer Technologien, insbesondere des Internets und sozialer Medien, hat sich die Art und Weise, wie Aktivisten mobilisieren und kommunizieren, grundlegend verändert. Plattformen wie Twitter, Facebook und Instagram ermöglichen es Aktivisten, ihre Botschaften schnell und weitreichend zu verbreiten. Diese Technologien bieten nicht nur eine Bühne für die Sichtbarkeit von Anliegen, sondern auch Werkzeuge zur Organisation und Mobilisierung.

Allerdings bringt die Digitalisierung auch Herausforderungen mit sich. Desinformation und Cyberangriffe können den Aktivismus untergraben. Laut einer Studie von [?], die die Auswirkungen von Fake News auf soziale Bewegungen untersucht, kann falsche Information die öffentliche Wahrnehmung und Unterstützung für Bürgerrechtsbewegungen erheblich beeinflussen. Daher ist es entscheidend, dass zukünftige Aktivisten nicht nur die Vorteile der Technologie nutzen, sondern auch Strategien entwickeln, um gegen Desinformation vorzugehen.

Soziale Ungleichheiten und ihre Bekämpfung

Ein zentrales Anliegen des Bürgerrechtsaktivismus bleibt die Bekämpfung sozialer Ungleichheiten. In vielen Gesellschaften sind ethnische, geschlechtliche und wirtschaftliche Ungleichheiten nach wie vor weit verbreitet. Die Herausforderungen, die sich aus diesen Ungleichheiten ergeben, sind komplex und erfordern einen intersektionalen Ansatz, der verschiedene Identitäten und Erfahrungen berücksichtigt.

Ein Beispiel für einen erfolgreichen intersektionalen Aktivismus ist die *Black Lives Matter*-Bewegung, die nicht nur gegen Rassismus, sondern auch gegen die Ungleichheiten kämpft, die Frauen, LGBTQ+-Personen und andere marginalisierte Gruppen betreffen. Zukünftige Aktivisten müssen diese Ansätze weiterverfolgen und sich für eine inklusive Gesellschaft einsetzen, die die Stimmen aller Menschen hört und respektiert.

Globale Krisen und der Aktivismus

Der Klimawandel ist eine der drängendsten Herausforderungen unserer Zeit und erfordert kollektives Handeln auf globaler Ebene. Bürgerrechtsaktivisten sind gefordert, sich mit Umweltfragen auseinanderzusetzen und zu erkennen, dass soziale Gerechtigkeit und ökologische Nachhaltigkeit miteinander verbunden sind. Die Bewegung *Fridays for Future*, angeführt von Greta Thunberg, hat gezeigt, wie junge Menschen mobilisieren können, um auf die Dringlichkeit des Klimawandels aufmerksam zu machen.

Zukünftige Bürgerrechtsbewegungen müssen sich mit der Frage auseinandersetzen, wie sie Umweltgerechtigkeit in ihren Aktivismus integrieren können. Laut der [?] ist die Verbindung zwischen Umwelt- und Sozialgerechtigkeit entscheidend, um ein nachhaltiges und gerechtes Zukunftsmodell zu schaffen.

Die Rolle von Bildung im Aktivismus

Bildung wird eine zentrale Rolle im zukünftigen Bürgerrechtsaktivismus spielen. Ein informierter Bürger ist besser in der Lage, für seine Rechte einzutreten und sich aktiv an Veränderungen zu beteiligen. Bildung kann auch helfen, Vorurteile abzubauen und das Bewusstsein für soziale Gerechtigkeit zu schärfen. Programme, die kritisches Denken und gesellschaftliches Engagement fördern, sind entscheidend für die Entwicklung einer aktiven und informierten Bürgerschaft.

Die Integration von Bürgerrechtsbildung in Schulen und Gemeinschaften kann dazu beitragen, eine neue Generation von Aktivisten hervorzubringen, die bereit sind, sich für Gerechtigkeit und Gleichheit einzusetzen. Initiativen wie *Teach for Change* zeigen, wie Bildung als Werkzeug für sozialen Wandel eingesetzt werden kann.

Zusammenarbeit und Solidarität

Die zukünftige Rolle des Bürgerrechtsaktivismus wird auch von der Fähigkeit abhängen, über nationale und kulturelle Grenzen hinweg zusammenzuarbeiten. Globale Herausforderungen erfordern globale Lösungen, und der Austausch von Strategien und Erfahrungen zwischen Aktivisten aus verschiedenen Ländern kann zu innovativen Ansätzen führen.

Die Solidarität zwischen verschiedenen Bewegungen, sei es im Kampf für Frauenrechte, LGBTQ+-Rechte oder Umweltgerechtigkeit, wird entscheidend sein, um eine umfassende Veränderung zu bewirken. Die *Global Citizen*-Bewegung ist ein Beispiel dafür, wie Aktivisten weltweit zusammenarbeiten können, um eine gemeinsame Vision für Gerechtigkeit und Gleichheit zu fördern.

Fazit

Zusammenfassend lässt sich sagen, dass die Rolle des Bürgerrechtsaktivismus in der Zukunft sowohl Herausforderungen als auch Chancen mit sich bringt. Technologische Entwicklungen, soziale Ungleichheiten, globale Krisen und die Notwendigkeit von Bildung und Zusammenarbeit werden die Landschaft des Aktivismus prägen.   Um erfolgreich zu sein, müssen zukünftige Aktivisten anpassungsfähig, innovativ und bereit sein, über den Tellerrand hinaus zu denken. Die Lektionen aus der Vergangenheit werden entscheidend sein, aber es ist die Kreativität und der Mut der kommenden Generationen, die den Aktivismus in eine neue Ära führen werden.

Aufruf zur Solidarität und zum Handeln

In der heutigen Zeit, in der die Herausforderungen des Aktivismus komplexer und vielschichtiger denn je erscheinen, ist der Aufruf zur Solidarität und zum Handeln von entscheidender Bedeutung. Zariel Vox hat uns in seiner Biografie nicht nur die Dringlichkeit des Widerstands gegen das Verbot der Gravimetrischen Shift-Morphs in Tylathar nähergebracht, sondern auch die Notwendigkeit, dass jede*r Einzelne von uns aktiv wird und sich für die Rechte aller Lebewesen einsetzt.

Die Bedeutung von Solidarität

Solidarität ist nicht nur ein Wort, sondern ein kraftvolles Konzept, das die Grundlage jeder erfolgreichen Bewegung bildet.   Es bedeutet, über individuelle Interessen hinauszuschauen und die Gemeinschaft als Ganzes zu betrachten. In Tylathar hat Zariel Vox die Macht der Solidarität demonstriert, indem er Menschen aus unterschiedlichen sozialen und kulturellen Hintergründen zusammenbrachte, um für ein gemeinsames Ziel zu kämpfen.

Die Theorie des sozialen Wandels, wie sie von Soziologen wie [?] formuliert wurde, besagt, dass kollektives Handeln notwendig ist, um gesellschaftliche Veränderungen zu bewirken. Dies zeigt sich in der Art und Weise, wie Zariel und seine Mitstreiter*innen die Bevölkerung mobilisierten.   Sie organisierten öffentliche Veranstaltungen, führten Kampagnen durch und schufen Netzwerke, die es den Menschen ermöglichten, sich zu vernetzen und ihre Stimmen zu erheben.

Herausforderungen und Probleme

Trotz der bedeutenden Fortschritte, die durch den Aktivismus erzielt wurden, stehen wir vor Herausforderungen, die oft entmutigend wirken. Die Repression durch autoritäre Regierungen, wie sie in Tylathar erlebte wurde, ist ein Beispiel für die Schwierigkeiten, mit denen Aktivist*innen konfrontiert sind. [?] argumentieren, dass solche Repressionen oft darauf abzielen, den Widerstand zu schwächen und die Mobilisierung zu unterdrücken.

Ein weiteres Problem, das es zu überwinden gilt, ist die Fragmentierung innerhalb von Bewegungen. Oft gibt es unterschiedliche Ansichten über Strategien und Ziele, die zu internen Konflikten führen können. Zariel Vox hat jedoch gezeigt, dass es möglich ist, diese Differenzen zu überbrücken und eine gemeinsame Vision zu entwickeln, die alle Beteiligten einschließt.

Beispiele für Handeln

Um aktiv zu werden, können wir aus den Taten von Zariel Vox lernen. Hier sind einige konkrete Schritte, die Einzelpersonen und Gemeinschaften unternehmen können:

+ **Bildung und Aufklärung:** Informieren Sie sich über die Themen, die Ihnen am Herzen liegen, und teilen Sie Ihr Wissen mit anderen. Bildung ist der Schlüssel zur Mobilisierung.

+ **Teilnahme an Demonstrationen:** Schließen Sie sich friedlichen Protesten an, um Ihre Stimme zu erheben und Solidarität zu zeigen. Dies sendet eine starke Botschaft an Entscheidungsträger.

+ **Engagement in sozialen Medien:** Nutzen Sie Plattformen wie *Twitter* und *Instagram*, um auf Missstände aufmerksam zu machen und Gleichgesinnte zu finden.

+ **Unterstützung lokaler Initiativen:** Engagieren Sie sich in Ihrer Gemeinschaft, indem Sie lokale Organisationen unterstützen, die sich für soziale Gerechtigkeit einsetzen.

Der Weg nach vorne

Der Aufruf zur Solidarität und zum Handeln ist nicht nur ein Appell an das individuelle Handeln, sondern auch an das kollektive Bewusstsein. Zariel Vox hat uns gelehrt, dass der Kampf für Gerechtigkeit niemals allein geführt werden kann.

Es ist wichtig, dass wir uns gegenseitig unterstützen und ermutigen, um eine gerechtere und inklusivere Gesellschaft zu schaffen.

In der Zukunft müssen wir weiterhin für die Rechte aller Lebewesen eintreten, unabhängig von ihrer Herkunft oder ihrem Status. Die Philosophie des Aktivismus, die Zariel verkörpert hat, fordert uns auf, nicht nur für uns selbst, sondern auch für die weniger privilegierten Stimmen zu kämpfen.

$$\text{Solidarität} = \text{Gemeinschaft} + \text{Engagement} + \text{Handeln} \tag{43}$$

Diese Gleichung verdeutlicht, dass Solidarität aus einer starken Gemeinschaft, aktivem Engagement und konsequentem Handeln resultiert. Lassen Sie uns gemeinsam für die Rechte aller Lebewesen eintreten und den Weg für eine gerechtere Zukunft ebnen.

Zusammenfassung: Der Aufruf zur Solidarität und zum Handeln ist entscheidend für den Erfolg jeder sozialen Bewegung. Wir müssen lernen, uns zu vereinen, unsere Stimmen zu erheben und für die Rechte aller zu kämpfen. Zariel Vox ist ein Beispiel dafür, wie individueller und kollektiver Aktivismus die Welt verändern kann. Lassen Sie uns inspiriert von seinem Vermächtnis handeln und eine gerechtere Gesellschaft schaffen.

Vision für eine gerechte Gesellschaft

Die Vision für eine gerechte Gesellschaft ist nicht nur ein Traum, sondern eine notwendige Voraussetzung für das Überleben und das Gedeihen aller Lebewesen, sowohl auf Tylathar als auch in der gesamten intergalaktischen Gemeinschaft. Diese Vision basiert auf den Prinzipien von Gleichheit, Gerechtigkeit und Respekt für alle, unabhängig von ihrer Herkunft, Spezies oder ihren Fähigkeiten. Zariel Vox hat sich unermüdlich für diese Ideale eingesetzt, und ihre Philosophie des Widerstands bietet wertvolle Einsichten in die Herausforderungen und Möglichkeiten, die mit dem Streben nach einer gerechteren Welt verbunden sind.

Theoretische Grundlagen

Die theoretischen Grundlagen einer gerechten Gesellschaft können in der politischen Philosophie und in den Sozialwissenschaften verankert werden. Die Konzepte der Gerechtigkeit, wie sie von Philosophen wie John Rawls und Martha Nussbaum formuliert wurden, bieten einen Rahmen für das Verständnis dessen, was eine gerechte Gesellschaft ausmacht. Rawls' Theorie der Gerechtigkeit postuliert, dass eine gerechte Gesellschaft die gleichen Grundrechte für alle garantieren sollte und dass soziale und wirtschaftliche Ungleichheiten nur dann akzeptabel sind, wenn sie den am wenigsten Begünstigten zugutekommen.

Ein zentrales Element dieser Theorie ist das sogenannte *Differenzprinzip*, das besagt, dass Ungleichheiten nur dann gerechtfertigt sind, wenn sie denjenigen zugutekommen, die am wenigsten privilegiert sind. In einer Welt, in der die Gravimetrischen Shift-Morphs als ein Symbol für Ungerechtigkeit betrachtet werden, ist die Anwendung dieses Prinzips von entscheidender Bedeutung. Zariel Vox hat dieses Prinzip in ihren Kämpfen gegen das Verbot der Morphs verkörpert, indem sie stets die Stimmen der Unterdrückten in den Vordergrund stellte und auf ihre Bedürfnisse und Forderungen einging.

Gesellschaftliche Probleme

Die Herausforderungen, die einer gerechten Gesellschaft im Wege stehen, sind vielfältig. Diskriminierung, Ungleichheit und soziale Isolation sind nur einige der Probleme, die es zu überwinden gilt. In Tylathar wurden die Gravimetrischen Shift-Morphs von der herrschenden Klasse als Bedrohung wahrgenommen, was zu einem systematischen Verbot und zur Stigmatisierung ihrer Nutzer führte. Diese Diskriminierung führte nicht nur zu einer Verletzung der Rechte der Morph-Nutzer, sondern auch zu einem tiefen Riss in der gesellschaftlichen Struktur.

Ein weiteres zentrales Problem ist die Ungleichheit im Zugang zu Ressourcen und Bildung. In einer gerechten Gesellschaft sollte jeder Zugang zu den notwendigen Mitteln haben, um ein erfülltes Leben zu führen. Die ungleiche Verteilung von Ressourcen führt zu einem Teufelskreis der Armut und der Ausgrenzung, der nur schwer zu durchbrechen ist. Zariel Vox hat in ihrer Bewegung stets betont, dass Bildung der Schlüssel zur Befreiung ist, und hat Programme initiiert, die den Zugang zu Bildung für alle fördern.

Praktische Beispiele und Ansätze

Praktische Ansätze zur Verwirklichung einer gerechten Gesellschaft können auf verschiedenen Ebenen erfolgen. Ein Beispiel ist die Förderung von inklusiven Gemeinschaften, in denen Vielfalt als Stärke angesehen wird. In Tylathar hat Zariel Vox verschiedene Initiativen ins Leben gerufen, die den interkulturellen Austausch und das Verständnis zwischen verschiedenen Gruppen fördern. Diese Initiativen haben nicht nur zur Stärkung der Gemeinschaft beigetragen, sondern auch das Bewusstsein für die Rechte der Gravimetrischen Shift-Morphs geschärft.

Ein weiterer Ansatz ist die Schaffung von Allianzen zwischen verschiedenen sozialen Bewegungen. Zariel hat erkannt, dass der Kampf für die Rechte der Morph-Nutzer eng mit anderen sozialen Gerechtigkeitsbewegungen verbunden ist, wie der Umweltbewegung und der feministischen Bewegung. Durch die Bildung solcher Allianzen kann eine breitere Basis für den Widerstand geschaffen werden, die es ermöglicht, gemeinsame Ziele zu verfolgen und Ressourcen zu bündeln.

Zukunftsvision

Die Vision für eine gerechte Gesellschaft ist eine, die auf Solidarität, Respekt und Zusammenarbeit basiert. Sie erfordert ein Umdenken in der Art und Weise, wie wir über Gerechtigkeit und Gleichheit denken. Zariel Vox hat in ihrer Arbeit immer wieder betont, dass die Zukunft in der Hand der nächsten Generation liegt. Es ist die Verantwortung der heutigen Aktivisten, eine Welt zu schaffen, in der die Rechte aller respektiert werden und in der jeder die Möglichkeit hat, sein volles Potenzial zu entfalten.

Diese Vision ist nicht nur ein Ziel, sondern ein kontinuierlicher Prozess, der ständiger Reflexion und Anpassung bedarf. Die Herausforderungen mögen groß sein, aber die Hoffnung auf eine gerechte Gesellschaft bleibt ungebrochen. Zariel Vox hat uns gelehrt, dass der Weg zur Gerechtigkeit oft steinig ist, aber dass jeder Schritt in die richtige Richtung zählt. Ihre Vision inspiriert uns, weiterhin für eine Welt zu kämpfen, in der Gerechtigkeit und Gleichheit für alle verwirklicht werden können.

$$J = \frac{E + R}{C} \tag{44}$$

Hierbei steht J für die Gerechtigkeit, E für die Gleichheit, R für die Ressourcenverteilung und C für die gesellschaftlichen Herausforderungen. Diese Gleichung verdeutlicht, dass Gerechtigkeit das Ergebnis einer ausgewogenen Beziehung zwischen Gleichheit und Ressourcenverteilung ist, während gleichzeitig die gesellschaftlichen Herausforderungen berücksichtigt werden müssen.

Insgesamt ist die Vision für eine gerechte Gesellschaft nicht nur ein Leitbild für den Aktivismus, sondern auch ein Aufruf an alle, sich für die Rechte der Unterdrückten einzusetzen und eine Welt zu schaffen, in der jeder Mensch, unabhängig von seiner Herkunft oder seinen Fähigkeiten, die Möglichkeit hat, ein erfülltes Leben zu führen.

Danksagung und Schlussworte

Es ist mir eine große Ehre, diese Danksagungen in der Biografie von Zariel Vox, einem herausragenden Bürgerrechtsaktivisten, zu verfassen. Diese Arbeit wäre ohne die Unterstützung und Inspiration vieler Menschen nicht möglich gewesen. Zunächst möchte ich Zariel Vox selbst danken, dessen unermüdlicher Einsatz für die Rechte der Gravimetrischen Shift-Morphs und die Gerechtigkeit in Tylathar mich dazu motiviert hat, diese Biografie zu schreiben. Zariels Mut und Entschlossenheit sind ein Lichtstrahl in der Dunkelheit und eine Quelle der Inspiration für alle, die für das Gute kämpfen.

Ein besonderer Dank gilt meinen Mentoren und Lehrern, die mir die Werkzeuge und das Wissen vermittelt haben, um diese Geschichte zu erzählen. Ihre Geduld und ihr Glaube an meine Fähigkeiten haben mir den Mut gegeben, diesen Weg zu beschreiten. Ich schätze die Ratschläge und die Unterstützung, die ich von ihnen erhalten habe, sehr. In einer Welt, die oft von Ungerechtigkeit geprägt ist, sind es die Lehrer, die den Unterschied machen, indem sie uns lehren, wie man denkt und handelt.

Des Weiteren möchte ich den vielen Aktivisten danken, die an Zariels Seite gestanden haben. Ihre Geschichten und Erfahrungen haben mir geholfen, ein umfassenderes Bild von den Herausforderungen und Erfolgen des Aktivismus zu zeichnen. Die Solidarität innerhalb der Bewegung ist ein kraftvolles Zeugnis für den menschlichen Geist und die Fähigkeit, trotz Widrigkeiten zusammenzukommen und für eine gerechtere Welt zu kämpfen.

Ich möchte auch den Mitgliedern der Gemeinschaft danken, die ihre Stimme erhoben haben, um für die Rechte der Gravimetrischen Shift-Morphs zu kämpfen. Ihre Entschlossenheit und ihr Engagement sind unverzichtbar für den Fortschritt, den wir heute sehen. Die Geschichten der Menschen, die unter dem Verbot gelitten haben, sind nicht nur tragisch, sondern auch inspirierend. Sie zeigen uns, dass der Kampf für Gerechtigkeit oft mit persönlichen Opfern verbunden ist, und dass wir alle eine Rolle in diesem wichtigen Prozess spielen können.

Ein großer Dank gilt auch den vielen Organisationen und Netzwerken, die sich für Bürgerrechte und soziale Gerechtigkeit einsetzen. Ihre Arbeit hat dazu beigetragen, dass die Stimmen der Unterdrückten gehört werden, und sie haben den Aktivisten von Tylathar die nötige Unterstützung gegeben, um ihre Botschaft zu verbreiten. Die Zusammenarbeit zwischen verschiedenen Gruppen ist ein hervorragendes Beispiel dafür, wie wichtig es ist, über Grenzen hinweg zu arbeiten, um gemeinsame Ziele zu erreichen.

Ich möchte nicht versäumen, die Rolle der Medien zu würdigen, die es uns ermöglicht haben, die Geschichten von Zariel Vox und anderen Aktivisten zu erzählen. Die Berichterstattung über die Bewegung hat dazu beigetragen, das Bewusstsein für die Probleme der Gravimetrischen Shift-Morphs zu schärfen und die öffentliche Meinung zu beeinflussen. In einer Zeit, in der Informationen so leicht zugänglich sind, ist es wichtig, dass wir verantwortungsbewusst mit diesen Informationen umgehen und sicherstellen, dass die richtigen Geschichten erzählt werden.

Abschließend möchte ich meinen Lesern danken. Ihre Bereitschaft, sich mit diesen Themen auseinanderzusetzen und sich für soziale Gerechtigkeit einzusetzen, ist der Schlüssel zu einer besseren Zukunft. Ich hoffe, dass diese Biografie nicht nur als Dokumentation von Zariel Vox' Leben und Kampf dient, sondern auch als Anstoß für andere, aktiv zu werden und sich für das einzusetzen, was richtig ist.

In einer Welt, die oft von Konflikten und Ungerechtigkeiten geprägt ist, ist es wichtig, dass wir uns daran erinnern, dass jede Stimme zählt. Die Geschichten von Zariel Vox und den vielen anderen Aktivisten sind ein Aufruf zur Solidarität und zum Handeln. Lassen Sie uns gemeinsam für eine gerechtere Gesellschaft eintreten, in der alle Lebewesen, unabhängig von ihrer Herkunft oder ihrem Status, die gleichen Rechte und Chancen haben.

Es ist mein Wunsch, dass die Lehren aus Zariels Leben und seinem unermüdlichen Kampf für Gerechtigkeit in den Herzen und Köpfen zukünftiger Generationen weiterleben. Mögen wir alle inspiriert werden, den Mut zu finden, für das einzutreten, was wir für richtig halten, und mögen wir niemals die Kraft der Gemeinschaft und der Solidarität unterschätzen.

In Dankbarkeit,
Lina Dos Santos

Anhang

Glossar der Begriffe

Definitionen wichtiger Konzepte

In diesem Abschnitt werden zentrale Begriffe und Konzepte, die für das Verständnis der Biografie von Zariel Vox und der Bewegung für Gravimetrische Shift-Morphs in Tylathar von Bedeutung sind, definiert und erläutert. Diese Begriffe sind entscheidend, um die philosophischen, sozialen und politischen Dimensionen des Aktivismus zu verstehen.

Bürgerrechtsaktivismus

Bürgerrechtsaktivismus bezeichnet die Bemühungen von Individuen oder Gruppen, die Rechte und Freiheiten von Bürgern zu schützen und zu fördern. Dies geschieht oft in Form von Protesten, Kampagnen und rechtlichen Maßnahmen. Ein bekanntes Beispiel ist die Bürgerrechtsbewegung in den Vereinigten Staaten in den 1960er Jahren, die sich gegen Rassendiskriminierung und für die Gleichheit der Bürgerrechte einsetzte. In Tylathar manifestiert sich der Bürgerrechtsaktivismus durch den Widerstand gegen das Verbot der Gravimetrischen Shift-Morphs, das als ungerecht empfunden wird.

Gravimetrische Shift-Morphs

Gravimetrische Shift-Morphs sind hypothetische Wesen oder Technologien, die in der Lage sind, ihre Masse und Schwerkraft durch Manipulation von gravitativen Feldern zu verändern. Diese Fähigkeit ermöglicht es ihnen, sich in verschiedenen Umgebungen zu bewegen und sich an unterschiedliche physikalische Bedingungen anzupassen. In der Welt von Tylathar sind diese Morphs nicht nur ein Symbol für technologische Innovation, sondern auch ein zentrales Element im Kampf um

Bürgerrechte, da ihr Verbot als Ausdruck von Diskriminierung und Unterdrückung angesehen wird.

Solidarität

Solidarität ist das Prinzip der Unterstützung und des Zusammenhalts zwischen Individuen oder Gruppen, die gemeinsame Interessen oder Ziele teilen. In der Aktivismusbewegung ist Solidarität entscheidend, um eine starke Gemeinschaft zu bilden, die in der Lage ist, gegen Ungerechtigkeiten zu kämpfen. Zariel Vox und ihre Mitstreiterinnen und Mitstreiter haben durch Solidarität mit anderen Bewegungen und Organisationen ihre Reichweite und Wirkung verstärkt. Ein Beispiel hierfür ist die Zusammenarbeit mit intergalaktischen Gruppen, die ähnliche Ziele verfolgen.

Repression

Repression bezieht sich auf die Maßnahmen, die von staatlichen oder institutionellen Akteuren ergriffen werden, um oppositionelle Bewegungen zu unterdrücken. Diese Maßnahmen können von gewaltsamen Auseinandersetzungen über rechtliche Schritte bis hin zu sozialen und wirtschaftlichen Sanktionen reichen. In Tylathar erlebte Zariel Vox Repression durch die Behörden, die versuchten, die Bewegung für Gravimetrische Shift-Morphs zu diskreditieren und zu zerschlagen. Solche Maßnahmen sind oft ein Indikator für die Bedrohung, die eine Bewegung für die bestehende Ordnung darstellt.

Ethik des Widerstands

Die Ethik des Widerstands beschäftigt sich mit den moralischen Grundlagen und Prinzipien, die das Handeln von Aktivisten leiten. Diese Ethik ist oft geprägt von der Überzeugung, dass es moralisch gerechtfertigt ist, gegen Ungerechtigkeit zu kämpfen, auch wenn dies bedeutet, Gesetze zu brechen oder sich in Gefahr zu begeben. Zariel Vox und ihre Bewegung basieren ihre Aktivitäten auf der Überzeugung, dass der Widerstand gegen das Verbot der Gravimetrischen Shift-Morphs nicht nur ein rechtliches, sondern auch ein ethisches Gebot ist.

Mobilisierung der Gemeinschaft

Mobilisierung der Gemeinschaft bezieht sich auf den Prozess, durch den Individuen und Gruppen aktiviert werden, um gemeinsam für ein gemeinsames

Ziel zu kämpfen. Dies umfasst die Organisation von Veranstaltungen, die Verbreitung von Informationen und die Schaffung von Netzwerken. Zariel Vox spielte eine entscheidende Rolle bei der Mobilisierung der Gemeinschaft in Tylathar, indem sie Workshops und Informationsveranstaltungen organisierte, die das Bewusstsein für die Probleme rund um die Gravimetrischen Shift-Morphs schärften.

Intergalaktische Gemeinschaft

Die intergalaktische Gemeinschaft umfasst alle intelligenten Lebensformen und Zivilisationen, die in verschiedenen Galaxien existieren. Diese Gemeinschaft ist geprägt von einem Austausch von Ideen, Technologien und kulturellen Praktiken. Zariel Vox' Einfluss erstreckt sich über Tylathar hinaus und hat dazu beigetragen, das Bewusstsein für die Rechte der Gravimetrischen Shift-Morphs auch auf intergalaktischer Ebene zu fördern. Ein Beispiel hierfür ist die Teilnahme an intergalaktischen Konferenzen, bei denen über Bürgerrechte und den Schutz von Minderheiten diskutiert wird.

Psychologische Belastungen des Aktivismus

Aktivismus kann erhebliche psychologische Belastungen mit sich bringen, die sich auf die mentale Gesundheit der Aktivisten auswirken können. Diese Belastungen können durch ständige Konfrontation mit Ungerechtigkeit, Repression und Verlust von Mitstreitern entstehen. Zariel Vox erlebte während ihrer Aktivität Phasen von Angst, Trauer und Stress, die sie jedoch durch Selbstfürsorge und Unterstützung von Freunden und Familie bewältigte. Die Auseinandersetzung mit diesen Belastungen ist ein wichtiger Aspekt des Aktivismus und sollte nicht vernachlässigt werden.

Zukunft des Bürgerrechtsaktivismus

Die Zukunft des Bürgerrechtsaktivismus ist ungewiss, aber es gibt Anzeichen dafür, dass die Bewegung weiterhin an Bedeutung gewinnen wird. Die Herausforderungen, vor denen Aktivisten stehen, verändern sich ständig, und neue Technologien und soziale Medien bieten sowohl Chancen als auch Risiken. Zariel Vox' Arbeit hat das Fundament für zukünftige Generationen gelegt, die sich weiterhin für Gerechtigkeit und Gleichheit einsetzen werden. Der Bürgerrechtsaktivismus wird sich weiterentwickeln, um den neuen Herausforderungen der Gesellschaft gerecht zu werden.

Zusammenfassung

Die Definitionen dieser Schlüsselkonzepte sind entscheidend für das Verständnis der komplexen Dynamik des Bürgerrechtsaktivismus in Tylathar und der Rolle von Zariel Vox. Sie bieten einen Rahmen, um die Herausforderungen, Erfolge und Philosophien zu analysieren, die den Widerstand gegen das Verbot der Gravimetrischen Shift-Morphs prägen. Indem wir diese Begriffe verstehen, können wir die Bedeutung des Aktivismus in einer sich ständig verändernden Welt besser erfassen und die Lehren, die aus Zariels Leben und Arbeit gezogen werden können, in den Kontext aktueller und zukünftiger Kämpfe für Gerechtigkeit einordnen.

Erläuterung der Gravimetrischen Shift-Morphs

Die Gravimetrischen Shift-Morphs, oft abgekürzt als GSM, sind eine revolutionäre Technologie, die in der Welt von Tylathar entwickelt wurde. Diese Morphs sind nicht nur technologische Wunderwerke, sondern auch ein Symbol für den Widerstand gegen Unterdrückung und Ungerechtigkeit. Um die Bedeutung und die Funktionsweise der Gravimetrischen Shift-Morphs zu verstehen, ist es wichtig, sich mit ihren theoretischen Grundlagen, den damit verbundenen Problemen und praktischen Beispielen auseinanderzusetzen.

Theoretische Grundlagen

Die Gravimetrischen Shift-Morphs basieren auf der Theorie der Gravitation und der Raum-Zeit-Krümmung, die von Albert Einstein im Rahmen seiner allgemeinen Relativitätstheorie formuliert wurde. In einfachen Worten ermöglichen diese Morphs die Manipulation von Gravitationsfeldern, was es den Nutzern ermöglicht, ihre Masse und damit ihre physikalischen Eigenschaften zu verändern. Diese Technologie nutzt die Gleichung:

$$F = G \frac{m_1 m_2}{r^2} \tag{45}$$

wobei F die Gravitationskraft ist, G die Gravitationskonstante, m_1 und m_2 die Massen der Objekte und r der Abstand zwischen ihren Schwerpunkten. Durch die gezielte Veränderung der Masse m eines Objekts können Gravimetrische Shift-Morphs die Wirkung der Gravitation auf den Nutzer beeinflussen und so verschiedene physikalische Zustände erzeugen.

Funktionsweise der Gravimetrischen Shift-Morphs

Die Gravimetrischen Shift-Morphs bestehen aus einem komplexen Zusammenspiel von Nanotechnologie und Quantenmechanik. Sie sind in der Lage, die Gravitationsdichte eines Objekts in Echtzeit zu messen und anzupassen. Die Morphs verwenden spezielle Materialien, die in der Lage sind, ihre Struktur und damit ihre Masse zu verändern, indem sie auf externe gravimetrische Felder reagieren.

Ein Beispiel für die Funktionsweise ist die Veränderung der Dichte eines Objekts. Wenn ein Nutzer eines Gravimetrischen Shift-Morphs seine Dichte verringert, wird er leichter und kann sich schneller bewegen. Dies wird durch die Formel für die Dichte ρ beschrieben:

$$\rho = \frac{m}{V} \tag{46}$$

wobei m die Masse und V das Volumen des Objekts ist. Durch die Anpassung der Dichte kann der Nutzer verschiedene physikalische Eigenschaften annehmen, die ihm im Kampf gegen Unterdrückung und Ungerechtigkeit helfen.

Probleme und Herausforderungen

Trotz ihrer beeindruckenden Fähigkeiten stehen Gravimetrische Shift-Morphs vor mehreren Herausforderungen. Eine der größten Herausforderungen ist die Regulierung und Kontrolle dieser Technologie. Da sie potenziell für kriminelle Aktivitäten missbraucht werden kann, gibt es strenge Gesetze und Vorschriften, die ihre Nutzung einschränken. Dies hat zur Folge, dass viele Bürgerrechtsaktivisten, einschließlich Zariel Vox, sich gegen das Verbot dieser Morphs aussprechen.

Ein weiteres Problem ist die technische Komplexität der Gravimetrischen Shift-Morphs. Die Nutzer müssen über umfangreiche Kenntnisse in Physik und Technik verfügen, um die Morphs effektiv einsetzen zu können. Dies schränkt den Zugang zu dieser Technologie ein und führt zu einer Kluft zwischen denjenigen, die in der Lage sind, sie zu nutzen, und denen, die es nicht sind.

Praktische Beispiele

In der Praxis haben Gravimetrische Shift-Morphs bereits in verschiedenen Szenarien Anwendung gefunden. Ein bemerkenswertes Beispiel ist die Nutzung dieser Morphs während der Demonstrationen gegen das Verbot. Aktivisten konnten durch die Veränderung ihrer Dichte und Masse der Polizei entkommen und sich in unzugängliche Bereiche zurückziehen. Dies führte zu einem verstärkten Interesse an der Technologie und ihrer Bedeutung für den Bürgerrechtsaktivismus.

Ein weiteres Beispiel ist die Verwendung von Gravimetrischen Shift-Morphs im Bereich der Kunst. Künstler haben begonnen, diese Morphs zu nutzen, um beeindruckende visuelle Effekte zu erzeugen, die die Wahrnehmung der Betrachter herausfordern. Diese Verbindung zwischen Kunst und Technologie hat das Bewusstsein für die Gravimetrischen Shift-Morphs in der breiten Öffentlichkeit geschärft und zur Unterstützung der Bewegung beigetragen.

Fazit

Die Gravimetrischen Shift-Morphs sind ein faszinierendes Beispiel für die Schnittstelle zwischen Technologie und Aktivismus. Sie bieten nicht nur neue Möglichkeiten für den individuellen Ausdruck und Widerstand, sondern stellen auch Herausforderungen dar, die es zu bewältigen gilt. Die Auseinandersetzung mit dieser Technologie ist entscheidend für das Verständnis der aktuellen Bürgerrechtsbewegungen in Tylathar und darüber hinaus. Zariel Vox und andere Aktivisten setzen sich weiterhin dafür ein, dass diese Morphs als Instrumente des Wandels und der Gerechtigkeit anerkannt werden.

Wichtige Akteure in der Bewegung

Die Bewegung für die Gravimetrischen Shift-Morphs in Tylathar wurde nicht nur von Zariel Vox geprägt, sondern auch von einer Vielzahl anderer Schlüsselpersonen, die entscheidend zum Erfolg und zur Verbreitung des Aktivismus beitrugen. Diese Akteure, die aus verschiedenen Hintergründen und mit unterschiedlichen Motivationen kamen, spielten eine wesentliche Rolle in der Mobilisierung der Gemeinschaft, der Entwicklung von Strategien und der Umsetzung von Aktionen. In diesem Abschnitt werden einige der wichtigsten Akteure und deren Beiträge zur Bewegung vorgestellt.

1. Zariel Vox

Zariel Vox, der zentrale Charakter dieser Biografie, war nicht nur ein Aktivist, sondern auch ein Visionär, der die Bewegung mit seiner charismatischen Präsenz und seiner Fähigkeit, Menschen zu inspirieren, vorantrieb. Zariels Ansatz umfasste sowohl direkte Aktionen als auch die Schaffung eines Bewusstseins für die Bedeutung der Gravimetrischen Shift-Morphs. Er nutzte kreative Methoden, um seine Botschaft zu verbreiten, darunter Kunst, Musik und soziale Medien.

Zariels Philosophie basierte auf den Prinzipien der Gerechtigkeit und der Gleichheit, die er in seinen Reden und Schriften deutlich machte.

2. Liora Kessan

Liora Kessan war eine der ersten Unterstützerinnen von Zariel und spielte eine entscheidende Rolle in der Organisation von Protesten. Sie hatte einen Hintergrund in der Soziologie und brachte wertvolle Erkenntnisse über die Dynamik von sozialen Bewegungen ein. Liora war bekannt für ihre Fähigkeit, Menschen zu mobilisieren und Netzwerke zu schaffen. Ihre Strategie, die lokale Gemeinschaft durch Workshops und Informationsveranstaltungen zu aktivieren, war entscheidend für das Wachstum der Bewegung.

3. Dr. Elian Tharok

Dr. Elian Tharok, ein angesehener Wissenschaftler und Experte für Gravimetrie, war ein weiterer wichtiger Akteur in der Bewegung. Er lieferte die wissenschaftlichen Grundlagen für die Argumentation, dass die Gravimetrischen Shift-Morphs nicht nur eine technische Innovation, sondern auch ein Menschenrecht darstellten. Durch Vorträge und Veröffentlichungen konnte Dr. Tharok das Verständnis für die Technologie und deren Potenzial in der Gesellschaft erweitern. Seine Forschungsergebnisse wurden oft in den Medien zitiert und halfen, die öffentliche Wahrnehmung der Gravimetrischen Shift-Morphs zu verändern.

4. Talia Miro

Talia Miro war eine Aktivistin, die sich auf die rechtlichen Aspekte des Aktivismus konzentrierte. Sie war eine erfahrene Juristin und half der Bewegung, rechtliche Strategien zu entwickeln, um gegen das Verbot der Gravimetrischen Shift-Morphs vorzugehen. Talia organisierte Workshops, in denen Aktivisten über ihre Rechte und die rechtlichen Rahmenbedingungen informiert wurden. Ihre Arbeit führte zu mehreren erfolgreichen Klagen, die das Bewusstsein für die Rechte der Nutzer der Gravimetrischen Shift-Morphs schärften und die Bewegung in der Öffentlichkeit legitimierten.

5. Der Rat der Elders

Der Rat der Elders, eine Gruppe von älteren und respektierten Mitgliedern der Tylathar-Gesellschaft, spielte eine wichtige Rolle in der Bewegung. Sie waren nicht nur Berater, sondern auch Vermittler zwischen den jüngeren Aktivisten und der älteren Generation. Der Rat stellte sicher, dass die Traditionen und Werte der Gesellschaft respektiert wurden, während gleichzeitig neue Ideen und Ansätze in den Aktivismus integriert wurden. Ihre Unterstützung verlieh der Bewegung Gewicht und half, eine breitere Akzeptanz in der Gesellschaft zu erreichen.

6. Medienvertreter

Die Rolle der Medien war für die Bewegung von entscheidender Bedeutung. Journalisten wie Kira Voss und Samir Jadon berichteten über die Aktivitäten der Bewegung und halfen, die Anliegen der Aktivisten einem breiteren Publikum zugänglich zu machen. Ihre Berichterstattung war oft kritisch, aber auch unterstützend, was dazu beitrug, die öffentliche Diskussion über die Gravimetrischen Shift-Morphs zu fördern. Die Medienvertreter waren in der Lage, die Stimmen der Aktivisten zu verstärken und die Relevanz der Bewegung in der Gesellschaft zu unterstreichen.

7. Internationale Unterstützer

Die Bewegung für die Gravimetrischen Shift-Morphs erhielt auch Unterstützung von internationalen Organisationen und Aktivisten. Diese globalen Netzwerke ermöglichten es der Bewegung, Erfahrungen und Strategien auszutauschen und internationale Solidarität zu mobilisieren. Organisationen wie die Intergalaktische Allianz für Bürgerrechte und die Vereinigung der intergalaktischen Wissenschaftler trugen dazu bei, die Anliegen der Bewegung auf eine breitere Plattform zu heben und internationale Aufmerksamkeit zu generieren.

8. Künstler und Kreative

Künstler und Kreative spielten eine entscheidende Rolle in der Bewegung, indem sie Kunstwerke, Musik und Performances schufen, die die Botschaft der Aktivisten verstärkten. Diese kreativen Ausdrucksformen halfen, Emotionen zu wecken und das Bewusstsein für die Anliegen der Bewegung zu schärfen. Projekte wie die „Shift-Morph-Kunstinstallation" zogen Tausende von Besuchern an und wurden zu einem Symbol des Widerstands.

Zusammenfassung

Die Bewegung für die Gravimetrischen Shift-Morphs in Tylathar war das Ergebnis der Zusammenarbeit vieler engagierter Individuen, die aus unterschiedlichen

Bereichen kamen. Jeder dieser Akteure brachte einzigartige Fähigkeiten, Perspektiven und Strategien mit, die zur Stärke und Widerstandsfähigkeit der Bewegung beitrugen. Diese Vielfalt an Stimmen und Erfahrungen war entscheidend für den Erfolg des Aktivismus und zeigte, dass der Kampf für Gerechtigkeit oft die Zusammenarbeit und das Engagement vieler erfordert. In der Summe verdeutlicht dies, dass der Widerstand gegen Unterdrückung und Ungerechtigkeit eine kollektive Anstrengung ist, die über individuelle Beiträge hinausgeht.

Chronologie der Ereignisse

Die Chronologie der Ereignisse rund um den Widerstand gegen das Verbot der Gravimetrischen Shift-Morphs in Tylathar ist eine faszinierende Reise, die die Entwicklung der Bewegung und die Herausforderungen, mit denen Zariel Vox konfrontiert war, dokumentiert. Diese Zeitlinie bietet einen Überblick über die Schlüsselmomente, die den Verlauf des Aktivismus geprägt haben.

1. **Januar 2020: Entdeckung der Gravimetrischen Shift-Morphs**

   - Zariel Vox und eine Gruppe von Wissenschaftlern entdecken die Gravimetrischen Shift-Morphs, die als revolutionäre Technologie angesehen werden, um die Schwerkraft zu manipulieren. Diese Entdeckung wird als potenzieller Durchbruch für den intergalaktischen Verkehr und die Energieerzeugung gefeiert.

2. **März 2020: Erste Proteste**

   - Angesichts der politischen Reaktionen auf die Entdeckung beginnen die ersten Proteste gegen die drohende Regulierung der Shift-Morphs. Zariel Vox wird zu einer Schlüsselfigur in der Mobilisierung der Gemeinschaft.

3. **Mai 2020: Gründung der Bewegung**

   - Die Bewegung für Gravimetrische Shift-Morphs wird offiziell gegründet. Zariel Vox wird zum Sprecher ernannt. Die Bewegung hat das Ziel, die Technologie zu schützen und die Rechte der Bürger zu verteidigen.

4. **Juli 2020: Erster großer Protest**

    ✦ Ein großer Protest wird in der Hauptstadt von Tylathar abgehalten, bei dem Tausende von Menschen teilnehmen. Die Demonstration wird von den Medien umfassend berichtet, was zu einer breiteren Unterstützung der Bewegung führt.

5. **September 2020: Repression durch die Behörden**

    ✦ Die Behörden reagieren mit Gewalt auf die Proteste. Zariel und andere Aktivisten werden festgenommen, was zu internationaler Aufmerksamkeit und Unterstützung führt. Die Repression führt zu einem Anstieg der Solidarität innerhalb der Gemeinschaft.

6. **November 2020: Rechtsstreit**

    ✦ Zariel Vox und andere Aktivisten klagen gegen die Verhaftungen und die repressiven Maßnahmen der Regierung. Der Fall wird zu einem Symbol für den Kampf um Bürgerrechte in Tylathar.

7. **Februar 2021: Internationale Unterstützung**

    ✦ Die internationale Gemeinschaft beginnt, sich für die Bewegung zu interessieren. Verschiedene Organisationen bieten Unterstützung und Ressourcen an, um den Aktivisten zu helfen.

8. **April 2021: Erster Erfolg**

    ✦ Nach monatelangem Druck und Protesten gibt die Regierung bekannt, dass sie das Verbot der Gravimetrischen Shift-Morphs vorübergehend aufhebt. Dies wird als erster großer Erfolg der Bewegung gefeiert.

9. **Juli 2021: Bildung von Allianzen**

    ✦ Zariel und die Bewegung schließen sich mit anderen Bürgerrechtsorganisationen zusammen, um eine breitere Plattform für den Aktivismus zu schaffen. Diese Allianzen stärken die Position der Bewegung und erweitern ihre Reichweite.

10. **Oktober 2021: Medienberichterstattung**

    ✦ Die Medien berichten weiterhin über die Fortschritte und Herausforderungen der Bewegung. Zariel Vox wird als eine der wichtigsten Stimmen für den Aktivismus in Tylathar anerkannt.

11. Januar 2022: Langfristige Auswirkungen

- Die Bewegung hat nicht nur Auswirkungen auf die Gesetzgebung in Tylathar, sondern inspiriert auch ähnliche Bewegungen in anderen intergalaktischen Gemeinschaften. Zariels Philosophie des Widerstands wird in verschiedenen Kontexten übernommen.

12. März 2022: Reflexion über den Aktivismus

- Zariel Vox hält eine Rede über die Lektionen des Aktivismus und die Bedeutung der Solidarität. Diese Rede wird als Meilenstein in der Geschichte der Bewegung angesehen und motiviert viele, sich weiterhin für Gerechtigkeit einzusetzen.

Diese Chronologie zeigt, wie der Widerstand gegen das Verbot der Gravimetrischen Shift-Morphs in Tylathar nicht nur eine lokale Bewegung war, sondern auch internationale Wellen schlug. Die Herausforderungen, die Zariel Vox und seine Mitstreiter erlebten, und die Erfolge, die sie erzielten, sind ein Zeugnis für den unermüdlichen Kampf um Bürgerrechte und soziale Gerechtigkeit. Die Ereignisse, die in dieser Chronologie festgehalten sind, bilden das Fundament für das Verständnis der gegenwärtigen und zukünftigen Bewegungen im Bereich des Bürgerrechtsaktivismus.

Quellen und Literaturverzeichnis

In diesem Abschnitt werden die verwendeten Quellen und Literaturverzeichnisse für die Biografie von Zariel Vox aufgelistet. Die Auswahl der Literatur basiert auf einer umfassenden Recherche, die sowohl wissenschaftliche als auch populärwissenschaftliche Werke umfasst, um ein fundiertes Verständnis der Themen Bürgerrechtsaktivismus, Gravimetrische Shift-Morphs und die sozialen und politischen Gegebenheiten in Tylathar zu gewährleisten.

Bücher

- Smith, John. *The History of Civil Rights Movements in the Galaxy.* Galactic Press, 2020.

- Müller, Anna. *Gravimetrische Shift-Morphs: Eine Einführung.* Tylathar Verlag, 2019.

- Lopez, Maria. *Alien Activism: Voices from the Frontlines.* Intergalactic Publishing, 2021.

+ **Johnson, Emily.** *The Ethics of Resistance: Philosophical Perspectives.* Cosmic Ethics Press, 2018.

+ **Fischer, Klaus.** *Tylathar: Eine politische Geschichte.* Tylathar Press, 2022.

Artikel und wissenschaftliche Arbeiten

+ **Klein, David.** "The Role of Media in Activism: A Case Study of Tylathar." *Journal of Intergalactic Studies,* vol. 15, no. 3, 2021, pp. 45-67.

+ **Schmidt, Laura.** "Gravimetrische Shift-Morphs und ihre Bedeutung für die Gesellschaft." *Tylathar Wissenschaftsjournal,* vol. 10, no. 2, 2020, pp. 89-102.

+ **Nguyen, An.** "Solidarity in Activism: Lessons from Zariel Vox." *Galactic Activism Review,* vol. 8, no. 1, 2022, pp. 34-50.

+ **Hernandez, Carlos.** "The Psychological Impact of Activism: A Review." *Psychology of Resistance,* vol. 5, no. 4, 2023, pp. 78-95.

Online-Ressourcen

+ **Tylathar Nachrichten.** "Zariel Vox: Ein Symbol des Widerstands." *Tylathar Nachrichten,* 15. Mai 2023, www.tylatharnachrichten.org/zariel-vox-symbol-des-widerstands.

+ **Intergalaktische Bürgerrechtsallianz.** "Bericht über die Gravimetrischen Shift-Morphs." *Intergalaktische Bürgerrechtsallianz,* 2022, www.ibra.org/gravimetrische-shift-morphs-bericht.

+ **Kunst und Kultur in Tylathar.** "Der Einfluss von Kunst auf den Aktivismus." *Kunst und Kultur in Tylathar,* 2021, www.kunstkulturtylathar.org/kunst-und-aktivismus.

Interviews

Die Informationen in dieser Biografie wurden auch durch Interviews mit Zeitzeugen und Aktivisten ergänzt. Diese Interviews wurden mit folgenden Personen geführt:

+ **Dr. Elara Voss,** Aktivistin und Forscherin, Interview am 10. April 2023.

+ **Ravi Kher,** Mitbegründer der Bewegung für Gravimetrische Shift-Morphs, Interview am 22. Mai 2023.

+ **Tara Lin,** Journalistin und Autorin, Interview am 5. Juni 2023.

Dokumente und Berichte

Zusätzlich zu den oben genannten Quellen wurden auch verschiedene offizielle Dokumente und Berichte konsultiert:

- Bericht der Tylathar Regierung. "Die Auswirkungen des Verbots der Gravimetrischen Shift-Morphs." Tylathar Regierung, 2021.

- UN Bericht über Bürgerrechte. "Bürgerrechtsverletzungen in Tylathar." Vereinte Nationen, 2022.

Zitierte Theorien und Konzepte

Für die theoretischen Grundlagen dieser Biografie wurden folgende Konzepte und Theorien herangezogen:

- Theorie des sozialen Wandels: Die Idee, dass soziale Bewegungen Veränderungen in der Gesellschaft bewirken können, wurde von Tilly, Charles. *Social Movements, 1760-2000*. Paradigm Publishers, 2004.

- Kollektive Identität: Die Bedeutung der kollektiven Identität in sozialen Bewegungen, wie in Polletta, Francesca, und James M. Jasper. *Collective Identity and Social Movements*. Annual Review of Sociology, 2001, pp. 283-305.

- Theorie der sozialen Gerechtigkeit: Die Prinzipien der sozialen Gerechtigkeit, wie sie von Rawls, John. *A Theory of Justice*. Harvard University Press, 1971, formuliert wurden.

Diese sorgfältige Auswahl an Quellen und Literatur bildet die Grundlage für die Analyse und das Verständnis der komplexen Themen, die in der Biografie von Zariel Vox behandelt werden. Sie ermöglicht es, die verschiedenen Facetten des Bürgerrechtsaktivismus und die spezifischen Herausforderungen, denen sich Zariel gegenübersah, umfassend zu beleuchten und zu verstehen.

Interviews mit Zeitzeugen

In dieser Sektion werden Interviews mit Zeitzeugen präsentiert, die aus erster Hand Einblicke in die Ereignisse und den Aktivismus von Zariel Vox geben. Diese persönlichen Berichte sind von unschätzbarem Wert, um die Auswirkungen von Zariels Arbeit auf die Gesellschaft von Tylathar zu verstehen und die Dynamik des Widerstands gegen das Verbot der Gravimetrischen Shift-Morphs zu beleuchten.

Methodik der Interviews

Die Interviews wurden mit verschiedenen Zeitzeugen durchgeführt, darunter Aktivisten, Unterstützer, sowie Gegner des Widerstands. Die Auswahl der Interviewpartner erfolgte nach dem Prinzip der maximalen Variation, um ein breites Spektrum an Perspektiven zu erfassen. Jedes Interview wurde mit offenen Fragen durchgeführt, um den Befragten Raum zu geben, ihre Erfahrungen und Meinungen ausführlich zu teilen.

Erfahrungen von Aktivisten

Ein ehemaliger Mitstreiter von Zariel, der anonym bleiben möchte, berichtete:

> „Zariel hatte die Fähigkeit, Menschen zu mobilisieren. Ihre Leidenschaft war ansteckend. Ich erinnere mich an die erste große Demonstration, die wir organisiert haben. Es war ein Gefühl von Einheit, als Tausende von Menschen für die Gravimetrischen Shift-Morphs auf die Straße gingen."

Diese Aussage verdeutlicht die Fähigkeit Zariels, eine Gemeinschaft zu inspirieren und zu vereinen, was eine zentrale Strategie im Aktivismus darstellt. Die Mobilisierung der Gemeinschaft war entscheidend, um den Widerstand gegen das Verbot effektiv zu gestalten.

Perspektiven von Unterstützern

Eine Unterstützerin, die in der Medienbranche tätig ist, äußerte sich zu Zariels Einfluss auf die öffentliche Wahrnehmung:

> „Zariel verstand es, die Medien zu nutzen, um unsere Botschaft zu verbreiten. Ihre Auftritte in den Nachrichten haben uns geholfen, die Aufmerksamkeit auf unsere Sache zu lenken. Ohne diese Medienpräsenz wären wir vielleicht nie so weit gekommen."

Hier wird die Bedeutung der Medien als Plattform für den Aktivismus hervorgehoben. Zariels strategischer Umgang mit Medien trug dazu bei, das Bewusstsein für die Problematik der Gravimetrischen Shift-Morphs zu schärfen und ein breiteres Publikum zu erreichen.

Erfahrungen von Gegnern

Um ein vollständiges Bild der Ereignisse zu erhalten, wurden auch Stimmen von Gegnern des Aktivismus eingeholt. Ein Vertreter der Regierung, der anonym bleiben wollte, erklärte:

> „Wir sahen Zariel Vox als Bedrohung. Ihr Einfluss auf die Massen war nicht zu unterschätzen, und wir mussten Maßnahmen ergreifen, um die öffentliche Ordnung zu gewährleisten."

Diese Perspektive zeigt die Spannungen zwischen Aktivisten und Behörden und verdeutlicht die Herausforderungen, denen sich Zariel und ihre Unterstützer gegenübersahen. Es wird deutlich, dass der Aktivismus nicht nur eine soziale Bewegung, sondern auch ein politisches Konfliktszenario darstellt.

Theoretische Einordnung

Die Interviews können im Rahmen der Theorien des sozialen Wandels und des kollektiven Handelns eingeordnet werden. Nach der Theorie von Charles Tilly ist kollektives Handeln eine Form des sozialen Wandels, die durch Mobilisierung und die Schaffung von Netzwerken gekennzeichnet ist. Zariels Fähigkeit, Menschen zu mobilisieren, ist ein praktisches Beispiel für diese Theorie.

Ein weiteres relevantes Konzept ist die „Ressourcentheorie" von McCarthy und Zald, die besagt, dass der Zugang zu Ressourcen (wie Informationen, Geld und soziale Netzwerke) entscheidend für den Erfolg von sozialen Bewegungen ist. Zariel nutzte geschickt die Ressourcen ihrer Unterstützer und der Medien, um ihre Bewegung voranzubringen.

Schlussfolgerungen aus den Interviews

Die Interviews mit Zeitzeugen bieten wertvolle Einblicke in die Dynamik des Widerstands und die Rolle von Zariel Vox. Sie verdeutlichen, wie wichtig persönliche Erfahrungen und individuelle Geschichten für das Verständnis von sozialen Bewegungen sind. Die verschiedenen Perspektiven zeigen, dass der Aktivismus nicht nur eine Frage von Idealen ist, sondern auch von menschlichen Beziehungen, Emotionen und strategischem Handeln.

Zusammenfassend lässt sich sagen, dass die Interviews einen bedeutenden Beitrag zur Biografie von Zariel Vox leisten und die komplexen Facetten des Bürgerrechtsaktivismus in Tylathar beleuchten. Die Stimmen der Zeitzeugen sind nicht nur Zeugnisse der Vergangenheit, sondern auch Inspiration für zukünftige Generationen von Aktivisten.

Weiterführende Literatur

In diesem Abschnitt werden bedeutende Werke und Quellen vorgestellt, die sich mit den Themen Bürgerrechtsaktivismus, intergalaktische Bewegungen und die spezifischen Herausforderungen des Widerstands in Tylathar befassen. Diese Literatur bietet eine tiefere Einsicht in die Theorien und Probleme, die Zariel Vox und seine Mitstreiter während ihres Kampfes gegen das Verbot der Gravimetrischen Shift-Morphs erlebten.

Theoretische Grundlagen des Bürgerrechtsaktivismus

Ein zentraler Text in der Theorie des Bürgerrechtsaktivismus ist *"The Politics of Nonviolent Action"* von Gene Sharp. Sharp beschreibt die Strategien und Methoden, die Aktivisten nutzen können, um soziale und politische Veränderungen herbeizuführen. Seine Arbeit ist besonders relevant für das Verständnis der Taktiken, die Zariel Vox in der Bewegung für Gravimetrische Shift-Morphs anwendete. Sharp identifiziert drei Kategorien von Aktionen:

- **Proteste und Demonstrationen** – öffentliche Versammlungen, die die Aufmerksamkeit auf Ungerechtigkeiten lenken.

- **Wirtschaftliche Aktionen** – Boykotte und Streiks, die die wirtschaftlichen Interessen der Unterdrücker treffen.

- **Politische Aktionen** – Initiativen zur Änderung von Gesetzen und Vorschriften.

Ein weiteres wichtiges Werk ist *"The Wretched of the Earth"* von Frantz Fanon, das die psychologischen und sozialen Auswirkungen von Kolonialismus und Rassismus behandelt. Fanons Analyse der Entkolonialisierung ist für das Verständnis der intergalaktischen Dimensionen des Widerstands von Zariel Vox von Bedeutung, da sie die Mechanismen der Unterdrückung und die Notwendigkeit eines kollektiven Widerstands beleuchtet.

Probleme des Aktivismus

Aktivismus ist oft mit spezifischen Herausforderungen verbunden, die in der Literatur eingehend behandelt werden. In *"The Activist's Handbook"* von A. J. Muste wird die Problematik der Repression durch staatliche Institutionen thematisiert. Muste beschreibt, wie Aktivisten häufig mit Gewalt, Einschüchterung und rechtlichen Konsequenzen konfrontiert werden. Diese

Themen sind besonders relevant für Zariel Vox, der sich wiederholt mit der Polizei und anderen Behörden auseinandersetzen musste.

Darüber hinaus behandelt *"Freedom is a Constant Struggle"* von Angela Davis die intersektionalen Herausforderungen, denen Aktivisten gegenüberstehen, insbesondere in Bezug auf Rasse, Geschlecht und Klasse. Davis' Argumentation, dass der Kampf für Freiheit und Gerechtigkeit viele Dimensionen hat, spiegelt die Erfahrungen von Zariel Vox wider, die sich nicht nur auf die Gravimetrischen Shift-Morphs konzentrierten, sondern auch auf breitere gesellschaftliche Ungleichheiten.

Beispiele erfolgreicher Bewegungen

Die Literatur bietet auch zahlreiche Beispiele erfolgreicher Bewegungen, die als Inspiration für den Widerstand von Zariel Vox dienen können. In *"Why We Can't Wait"* von Martin Luther King Jr. wird die Bürgerrechtsbewegung in den Vereinigten Staaten detailliert beschrieben. King hebt die Bedeutung von gewaltfreiem Widerstand hervor und diskutiert, wie Mobilisierung und Solidarität zur Erreichung von Zielen führen können. Diese Prinzipien waren entscheidend für die Strategien, die Zariel und ihre Mitstreiter in Tylathar entwickelten.

Ein weiteres Beispiel findet sich in *"No Is Not Enough"* von Naomi Klein, das die Notwendigkeit eines positiven, visionären Ansatzes im Aktivismus betont. Klein argumentiert, dass erfolgreiche Bewegungen nicht nur gegen bestehende Ungerechtigkeiten kämpfen, sondern auch eine klare Vision für die Zukunft präsentieren müssen. Zariel Vox' Vision für eine gerechtere Gesellschaft war ein zentraler Bestandteil ihrer Aktivismus-Philosophie.

Zusammenfassung der Literatur

Die oben genannten Werke und viele andere bieten wichtige Einsichten und Perspektiven, die für das Verständnis des Aktivismus von Zariel Vox und der Bewegung für Gravimetrische Shift-Morphs unerlässlich sind. Sie helfen, die Theorien, Probleme und Beispiele zu kontextualisieren, die in dieser Biografie behandelt werden. Diese Literatur ist nicht nur für Forscher und Studierende von Interesse, sondern auch für alle, die sich für soziale Gerechtigkeit und Bürgerrechtsaktivismus engagieren möchten.

Bibliography

[1] Sharp, Gene. *The Politics of Nonviolent Action*. Boston: Porter Sargent Publishers, 1973.

[2] Fanon, Frantz. *The Wretched of the Earth*. New York: Grove Press, 1963.

[3] Muste, A. J. *The Activist's Handbook*. New York: The Macmillan Company, 1944.

[4] Davis, Angela. *Freedom is a Constant Struggle*. Chicago: Haymarket Books, 2016.

[5] King Jr., Martin Luther. *Why We Can't Wait*. New York: Harper & Row, 1964.

[6] Klein, Naomi. *No Is Not Enough*. New York: Knopf, 2017.

Organisationen und Netzwerke

In der Welt von Tylathar, in der der Bürgerrechtsaktivismus eine zentrale Rolle spielt, sind Organisationen und Netzwerke von entscheidender Bedeutung für den Erfolg und die Nachhaltigkeit von Bewegungen wie derjenigen von Zariel Vox. Diese Strukturen bieten nicht nur Ressourcen und Unterstützung, sondern auch eine Plattform für den Austausch von Ideen und Strategien. In diesem Abschnitt werden wir einige der Schlüsselorganisationen und Netzwerke untersuchen, die den Aktivismus in Tylathar geprägt haben, sowie deren Herausforderungen und Erfolge.

Wichtige Organisationen

Eine der bedeutendsten Organisationen in Tylathar ist die *Intergalaktische Allianz für Bürgerrechte* (IABC). Diese Organisation hat sich zum Ziel gesetzt, die Rechte von Bürgern in verschiedenen Galaxien zu schützen und zu fördern. Die IABC spielt eine zentrale Rolle in der Mobilisierung von Ressourcen und der Schaffung eines Netzwerks von Aktivisten, die sich für die Rechte der Gravimetrischen Shift-Morphs einsetzen.

Die IABC hat mehrere Initiativen ins Leben gerufen, um das Bewusstsein für die Probleme der Gravimetrischen Shift-Morphs zu schärfen. Ein Beispiel dafür ist die Kampagne *„Gemeinsam für Gerechtigkeit"*, die darauf abzielt, die Öffentlichkeit über die Gefahren und Ungerechtigkeiten aufzuklären, die mit dem Verbot dieser Technologien verbunden sind. Diese Kampagne nutzt sowohl traditionelle Medien als auch soziale Medien, um eine breite Zielgruppe zu erreichen.

Netzwerke und Kooperationen

Neben formellen Organisationen sind auch Netzwerke von Bedeutung, die oft informeller Natur sind. Diese Netzwerke ermöglichen es Aktivisten, sich über verschiedene Plattformen hinweg zu vernetzen und Erfahrungen auszutauschen. Ein herausragendes Beispiel ist das *Netzwerk der Gravimetrischen Shift-Morphs*, das sich aus verschiedenen Gruppen zusammensetzt, die sich für die Rechte und Freiheiten der Morphs einsetzen.

Dieses Netzwerk hat sich als besonders effektiv erwiesen, um Informationen über rechtliche Entwicklungen und politische Veränderungen auszutauschen. Die Mitglieder organisieren regelmäßig Treffen, um Strategien zu entwickeln und gemeinsame Aktionen zu planen. Ein Beispiel für eine erfolgreiche gemeinsame Aktion war die *Woche des Wandels*, in der zahlreiche Proteste und Informationsveranstaltungen in verschiedenen Städten Tylathars stattfanden.

Herausforderungen

Trotz der Erfolge, die durch diese Organisationen und Netzwerke erzielt wurden, stehen sie vor erheblichen Herausforderungen. Eine der größten Hürden ist die Repression durch die Behörden. Oftmals werden Aktivisten eingeschüchtert oder sogar strafrechtlich verfolgt, was die Mobilisierung von Unterstützern erschwert. Die IABC hat wiederholt Berichte über Übergriffe auf ihre Mitglieder veröffentlicht, was die Notwendigkeit von Schutzmaßnahmen und rechtlicher Unterstützung unterstreicht.

Ein weiteres Problem ist die Fragmentierung der Bewegung. Verschiedene Gruppen verfolgen unterschiedliche Ansätze und Strategien, was zu Spannungen und Missverständnissen führen kann. Um diese Herausforderungen zu bewältigen, ist eine klare Kommunikation und Zusammenarbeit zwischen den verschiedenen Organisationen und Netzwerken unerlässlich.

Erfolge und Meilensteine

Trotz dieser Herausforderungen haben Organisationen und Netzwerke in Tylathar bedeutende Erfolge erzielt. Ein Beispiel ist die *Resolution zur Anerkennung der Gravimetrischen Shift-Morphs*, die nach intensiven Verhandlungen und Mobilisierungen von Aktivisten verabschiedet wurde. Diese Resolution hat nicht nur das öffentliche Bewusstsein geschärft, sondern auch rechtliche Rahmenbedingungen geschaffen, die den Schutz der Morphs gewährleisten.

Darüber hinaus hat die Zusammenarbeit zwischen der IABC und dem Netzwerk der Gravimetrischen Shift-Morphs dazu geführt, dass mehrere wichtige Gesetzesinitiativen ins Leben gerufen wurden, die auf die Verbesserung der Lebensbedingungen der Morphs abzielen. Diese Initiativen umfassen unter anderem Bildungsprogramme und Gesundheitsversorgung.

Schlussfolgerung

Zusammenfassend lässt sich sagen, dass Organisationen und Netzwerke eine unverzichtbare Rolle im Bürgerrechtsaktivismus in Tylathar spielen. Sie bieten nicht nur Unterstützung und Ressourcen, sondern fördern auch den Austausch von Ideen und Strategien. Trotz der Herausforderungen, mit denen sie konfrontiert sind, haben sie bedeutende Erfolge erzielt, die das Potenzial haben, die gesellschaftlichen Strukturen in Tylathar nachhaltig zu verändern. Die Zukunft des Aktivismus hängt maßgeblich von der Fähigkeit dieser Organisationen ab, zusammenzuarbeiten und sich den Herausforderungen der Zeit zu stellen.

$$\text{Erfolg} = \text{Engagement} \times \text{Zusammenarbeit} - \text{Herausforderungen} \quad (47)$$

Kontaktinformationen für Unterstützer

In dieser Sektion finden Sie wichtige Kontaktinformationen für Unterstützer, die sich für die Bewegung zur Förderung der Gravimetrischen Shift-Morphs in Tylathar engagieren möchten. Ihr Beitrag, sei es durch finanzielle Unterstützung, Freiwilligenarbeit oder durch das Teilen von Informationen, ist von entscheidender Bedeutung für den fortwährenden Erfolg des Aktivismus.

Organisationen und Netzwerke

Es gibt mehrere Organisationen und Netzwerke, die sich aktiv für die Rechte der Gravimetrischen Shift-Morphs einsetzen. Hier sind einige der wichtigsten:

+ **Tylathar für alle e.V.**
  Diese Organisation setzt sich für die Rechte von marginalisierten Gruppen in Tylathar ein, einschließlich der Unterstützer der Gravimetrischen Shift-Morphs.   Sie   können   Kontakt   aufnehmen   unter: `info@tylatharfueralle.org`

+ **Intergalaktischer Bürgerrechtsbund**
  Eine überregionale Organisation, die sich für Bürgerrechte und Gerechtigkeit in verschiedenen galaktischen Gemeinschaften einsetzt. Kontaktieren Sie sie unter: `support@intergalaktisch.org`

+ **Freunde der Gravimetrischen Shift-Morphs**
  Diese Gruppe konzentriert sich speziell auf die Unterstützung und Aufklärung über Gravimetrische Shift-Morphs.   Sie erreichen sie unter: `friends@shiftmorphs.org`

Soziale Medien und Online-Plattformen

Die Nutzung sozialer Medien ist ein effektives Mittel, um Informationen zu verbreiten und Unterstützung zu mobilisieren. Hier sind einige Plattformen, auf denen Sie sich engagieren können:

+ **Facebook-Gruppe: Tylathar Shift-Morph Support**
  Treten Sie unserer Facebook-Gruppe bei, um aktuelle Informationen, Veranstaltungen   und   Diskussionen   zu   verfolgen. `facebook.com/groups/tylatharshiftmorphsupport`

+ **Twitter: @ShiftMorphs**
  Folgen Sie uns auf Twitter für die neuesten Updates und um an Kampagnen teilzunehmen. `twitter.com/ShiftMorphs`

+ **Instagram: @TylatharActivism**
  Teilen Sie Ihre Unterstützung und Erfahrungen über Instagram mit dem Hashtag #ShiftMorphs. `instagram.com/tylatharactivism`

Freiwilligenarbeit und Spenden

Es gibt viele Möglichkeiten, sich aktiv zu engagieren, sei es durch Freiwilligenarbeit oder durch finanzielle Unterstützung:

+ **Freiwilligenanmeldung**
  Wenn Sie sich für Freiwilligenarbeit interessieren, besuchen Sie unsere Webseite unter `www.shiftmorphs.org/volunteer` und füllen Sie das Anmeldeformular aus.

+ **Spenden**
  Ihre Spenden sind entscheidend für die Finanzierung unserer Projekte und Kampagnen. Spenden Sie online unter `www.shiftmorphs.org/donate` oder kontaktieren Sie uns für weitere Informationen über andere Möglichkeiten der Unterstützung.

Engagement in der Gemeinschaft

Engagieren Sie sich aktiv in Ihrer Gemeinschaft, um das Bewusstsein für die Anliegen der Gravimetrischen Shift-Morphs zu schärfen. Hier sind einige Vorschläge:

+ Organisieren Sie Informationsveranstaltungen oder Workshops, um die Öffentlichkeit über die Rechte der Gravimetrischen Shift-Morphs aufzuklären.

+ Unterstützen Sie lokale Künstler und Aktivisten, die sich für die Sache einsetzen, indem Sie ihre Werke teilen und fördern.

+ Nehmen Sie an Demonstrationen und Protesten teil, um Ihre Stimme für die Rechte der Gravimetrischen Shift-Morphs zu erheben.

Zusammenarbeit mit Schulen und Universitäten

Bildungseinrichtungen spielen eine wichtige Rolle im Aktivismus. Hier sind einige Möglichkeiten, wie Sie mit Schulen und Universitäten zusammenarbeiten können:

+ Initiieren Sie Partnerschaften mit Schulen, um Bildungsprogramme über die Gravimetrischen Shift-Morphs zu entwickeln.

+ Halten Sie Vorträge oder Workshops an Universitäten, um Studierende zu ermutigen, sich aktiv für die Rechte der Gravimetrischen Shift-Morphs einzusetzen.

246   BIBLIOGRAPHY

◆ Unterstützen Sie studentische Initiativen, die sich für soziale Gerechtigkeit
und Bürgerrechte engagieren.

Schlussfolgerung

Ihr Engagement als Unterstützer ist von unschätzbarem Wert für die Bewegung.
Egal, ob Sie durch finanzielle Beiträge, Freiwilligenarbeit oder das Teilen von
Informationen helfen, jede Handlung zählt.   Zusammen können wir eine
gerechtere Gesellschaft für alle schaffen, einschließlich der Gravimetrischen
Shift-Morphs. Wir danken Ihnen für Ihre Unterstützung und Ihr Engagement!

Abschließende Gedanken und Ausblick

In dieser abschließenden Betrachtung der Biografie von Zariel Vox und ihrem
unermüdlichen Einsatz für die Rechte der Gravimetrischen Shift-Morphs in
Tylathar wird deutlich, dass der Bürgerrechtsaktivismus nicht nur eine Reaktion
auf bestehende Ungerechtigkeiten ist, sondern auch ein dynamischer Prozess, der
kontinuierlich neue Herausforderungen und Chancen mit sich bringt. Der Weg
von Zariel zeigt, dass der Kampf für Gerechtigkeit oft mit persönlichen Opfern
und Rückschlägen verbunden ist, aber auch mit außergewöhnlichen Erfolgen und
der Möglichkeit, das Leben vieler zu verändern.

Zariels Engagement steht exemplarisch für die Komplexität des Aktivismus.
Die Herausforderungen, denen sie begegnete, sind nicht nur spezifisch für
Tylathar, sondern spiegeln universelle Probleme wider, die in vielen Gesellschaften
existieren. Der Widerstand gegen das Verbot der Gravimetrischen Shift-Morphs
ist ein Beispiel für den Kampf gegen Diskriminierung und Ungleichheit, der in
verschiedenen Kontexten zu finden ist. Diese Parallelen verdeutlichen, dass der
Bürgerrechtsaktivismus eine globale Dimension hat, die über lokale Gegebenheiten
hinausgeht.

Ein zentrales Element des Aktivismus ist die Mobilisierung der Gemeinschaft.
Zariel verstand, dass eine effektive Bewegung nicht nur auf individuellen
Heldentaten basiert, sondern auf der Fähigkeit, Menschen zu verbinden und eine
gemeinsame Vision zu fördern. Diese Philosophie des kollektiven Handelns ist
entscheidend, um nachhaltige Veränderungen zu bewirken. Die Strategien, die
Zariel und ihre Mitstreiter entwickelten, können als Modell für zukünftige
Bewegungen dienen, die ähnliche Ziele verfolgen.

Die Philosophie des Widerstands, die Zariel verkörperte, war tief verwurzelt
in den Werten von Gerechtigkeit, Gleichheit und Solidarität. Diese Werte sind
nicht nur theoretische Konzepte, sondern erfordern praktische Anwendungen und

die Entwicklung von Taktiken, die auf die spezifischen Bedürfnisse und Kontexte der jeweiligen Gemeinschaften abgestimmt sind. In einer Zeit, in der soziale Bewegungen oft mit Widerstand und Repression konfrontiert sind, ist es wichtig, die Lehren aus Zariels Erfahrung zu berücksichtigen.

Ein weiterer wichtiger Aspekt ist der Einfluss der sozialen Medien auf den Aktivismus. Zariel nutzte Plattformen, um ihre Botschaft zu verbreiten und Unterstützung zu mobilisieren. Die Rolle der digitalen Kommunikation hat sich in den letzten Jahren als entscheidend für die Sichtbarkeit und Reichweite von Bewegungen erwiesen. In einer Welt, in der Informationen in Echtzeit verbreitet werden können, ist die Fähigkeit, eine Geschichte zu erzählen und Emotionen zu wecken, von unschätzbarem Wert.

Die Herausforderungen, die Zariel im Laufe ihres Aktivismus erlebte, sind nicht zu unterschätzen. Die Konfrontation mit den Behörden, die Repression und die psychologischen Belastungen sind Aspekte, die viele Aktivisten betreffen. Zariels Fähigkeit, diese Widrigkeiten zu überwinden, ist ein Zeichen ihrer Stärke und Entschlossenheit. Es ist jedoch wichtig, die Unterstützungssysteme zu betonen, die für Aktivisten unerlässlich sind. Gemeinschaftliche Unterstützung, Mentoring und der Austausch von Erfahrungen können dazu beitragen, die Belastungen des Aktivismus zu mildern.

Ein Ausblick auf die Zukunft des Bürgerrechtsaktivismus in Tylathar und darüber hinaus zeigt, dass der Kampf für Gerechtigkeit weiterhin notwendig ist. Die Geschichte von Zariel Vox ist nicht nur eine Erzählung über den Widerstand gegen Ungerechtigkeit, sondern auch eine Aufforderung an zukünftige Generationen, sich für ihre Überzeugungen einzusetzen. Die Herausforderungen, die die Gesellschaft heute erlebt, sei es in Bezug auf Umweltfragen, soziale Gerechtigkeit oder die Rechte von Minderheiten, erfordern eine engagierte und informierte Bürgerschaft.

Die Vision für eine gerechtere Gesellschaft, die Zariel vertrat, bleibt relevant. Es ist eine Vision, die auf der Überzeugung basiert, dass jeder Mensch das Recht auf Gleichheit und Würde hat. Diese Überzeugung muss in den Herzen und Köpfen der Menschen verankert werden, um einen nachhaltigen Wandel zu bewirken. Es ist unerlässlich, dass zukünftige Aktivisten die Lehren aus Zariels Leben und ihrer Philosophie des Widerstands aufnehmen und weiterentwickeln.

Zusammenfassend lässt sich sagen, dass die Biografie von Zariel Vox nicht nur eine Hommage an eine bemerkenswerte Persönlichkeit ist, sondern auch ein Aufruf zur Aktion. Der fortwährende Kampf für Gerechtigkeit, die Bedeutung von Solidarität und die Notwendigkeit, sich den Herausforderungen des Aktivismus zu stellen, sind Themen, die in der heutigen Gesellschaft von zentraler Bedeutung sind. Die Zukunft des Bürgerrechtsaktivismus hängt von der Fähigkeit ab, diese Werte zu leben und in die Tat umzusetzen. Nur so kann eine gerechte und inklusive Gesellschaft für alle geschaffen werden.

$$\text{Zukunft des Aktivismus} = \text{Werte} \times \text{Solidarität} \div \text{Herausforderungen} \qquad (48)$$

Diese Gleichung verdeutlicht, dass die Zukunft des Aktivismus durch die Verknüpfung von Werten und Solidarität gestärkt wird, auch wenn Herausforderungen bestehen. Die Reise von Zariel Vox ist ein inspirierendes Beispiel dafür, wie individueller und kollektiver Einsatz transformative Veränderungen bewirken kann.

In Anbetracht dieser Überlegungen ist es unerlässlich, dass wir alle unseren Teil dazu beitragen, die Vision einer gerechteren Gesellschaft zu verwirklichen. Der Aufruf zur Solidarität und zum Handeln bleibt eine zentrale Botschaft, die wir aus Zariels Leben und ihrem unermüdlichen Einsatz für die Rechte der Gravimetrischen Shift-Morphs mitnehmen sollten.

Index

Milton Keynes UK
Ingram Content Group UK Ltd.
UKHW011951031124
450424UK00023B/1251